- 四川省哲学社会科学重点研究基地
- 四川省教育厅人文社会科学重点研究基地
- 中国盐文化研究中心资助项目（项目编号YWHZB17-02）

不由衷盐

㮾盐井历史新探

李群 编撰

·广州·

版权所有　翻印必究

图书在版编目（CIP）数据

盐不由衷：琅盐井历史新探/李群编撰．—广州：中山大学出版社，2019.4
（中国盐文化研究丛书/曾凡英主编）
ISBN 978-7-306-06583-4

Ⅰ.①盐… Ⅱ.①李… Ⅲ.①盐业史—研究—禄丰县 Ⅳ.①F426.82

中国版本图书馆 CIP 数据核字（2019）第 036916 号

出 版 人：王天琪
策划编辑：嵇春霞
责任编辑：王延红
封面设计：刘　犇
责任校对：粟　丹
责任技编：何雅涛
出版发行：中山大学出版社
电　　话：编辑部 020-84111946，84111997，84110779，84113349
　　　　　发行部 020-84111998，84111981，84111160
地　　址：广州市新港西路135号
邮　　编：510275　　　　　传　真：020-84036565
网　　址：http://www.zsup.com.cn　　E-mail：zdcbs@mail.sysu.edu.cn
印 刷 者：虎彩印艺股份有限公司
规　　格：787mm×1092mm　1/16　23.375 印张　343 千字
版次印次：2019 年 4 月第 1 版　2019 年 4 月第 1 次印刷
定　　价：68.00 元

如发现本书因印装质量影响阅读，请与出版社发行部联系调换

琅盐井鸟瞰图（局部）

李群工作照（摄于琅井）

李群工作照（摄于兰州）

李群和夫人张琼华

李群（左）和照圣方丈（中）合影

四川省哲学社会科学重点研究基地
四川省教育厅人文社会科学重点研究基地
中国盐文化研究中心资助项目（项目编号 YWHZB17－02）

"中国盐文化研究丛书"编委会

顾问：郑学檬　冉光荣　彭久松

主编：曾凡英

编委：(按姓氏笔画顺序排)：

丁长清　邓　昱　刘经华　杨天宏

吴　斌　林文勋　黄　健　曾凡英

"中国盐文化研究丛书"缘起

盐，历来被称为"百味之祖""食肴之将""国之大宝"，它不仅富含维持人体及其他许多生命体内部机能正常运行不可缺少的重要元素，也是人类的先祖们得以生存和生活，进而创造出光辉灿烂的早期文明的源泉。盐资源的开发利用与人类社会文明的步伐同步共振。人类早期的集居和城市的形成都和盐有着密切的关系，都和盐的感召力密不可分，比如长江流域及北方早期文化遗存都集聚在天然盐池、盐泉的周围，尧、舜、禹围绕解池而建都为其典型之例，而南方"天府之国"的由来也与蜀中盐铁之利的开发与利用息息相关。同时，人类早期的战争也缘于对盐这一特殊资源的争夺和控制，炎帝与黄帝正是为争夺山西池盐而演绎了"中华第一战"。进入阶级社会后，盐税成为国家财政收入的三大支柱之一，出现了"天下之赋，盐利居半"的繁荣局面；在漫长的封建社会，盐业、盐利成了直接影响社会稳定与政权安危的重要因素，故强盛的大唐帝国在盐利的枯竭中走向衰微。进入现代社会后，盐仍然居于五大基本工业原料（盐、铁、石油、石灰石、硫磺）之列，其产量、消费量与使用方式是反映一个国家工业发展水平的标志之一；且盐产品已达14000多种，是人们赖以生存和发展的不可替代的宝贵资源。即便在21世纪的今天，盐对于人类自身生存与健康乃至经济社会的进步发展的作用并没有因为科技高度发达而黯然失色，反而更加熠熠生辉，因为其在人类历史上的政治、经济、科技、军事、法律、教育、卫生、饮食、旅游、宗教、文学艺术、民族民俗、城市发展、生态环境等诸多领域产生的深刻影响和巨大作用，所拥有的丰厚而独特的文化特征与内涵，日渐被人们认识、了解和挖掘。

正是中国盐文化所蕴含的特殊价值，令历代的学者们倾注了无限精力去探究其历史价值、科学价值和人文精神。近半个世纪以来，国内外学者对盐资源的开发利用进行了不懈的探索，把中国盐业历史，尤其是盐业经济史和盐业科技史的研究推向了一个新的高峰，取得了丰硕的成果，使中国盐业研究的学术地位明显提升，影响力也大为增强。但总体来看，中外学者们主要是把盐业当作社会经济部门或行业部门加以研究的，而较少从文化视角对盐资源的开发利用进行全方位的探讨，忽略了盐这一特殊资源在推动人类文明发展的漫长历史过程中所孕育、派生出来的独树一帜、风情万种的"盐文化"现象和事象，从而使丰富多彩的盐文化内涵至今没有得到足够的重视与深入的研究。换言之，中国盐文化这座可以供社会科学与自然科学多学科共同研究的宝矿还有待不断挖掘和开发，盐文化学科体系在中国还远未建立。这不仅决定了对盐资源的开发利用进行广义文化学研究的必要性和重要性，更显现出这一研究具有很高的学术性、创新性和现实意义。与此同时，在该领域的学术研究中还暴露出研究信息不畅、与企业界沟通不够、对外交流乏力和后继力量不足等问题。

对四川省的井盐文化研究开始较早，有专门的研究机构和一支水平较高的研究队伍，创办了国内外公开发行的专业研究刊物。20世纪80年代以来，不仅成功地举办了首届"中国盐业史国际学术研讨会"，在盐业经济和盐业科技等研究领域还出版了诸如《川盐史论》《滇盐史论》《中国井盐科技史》《四川井盐史论丛》《中国古代井盐工具研究》《中国盐业历史》《中国盐业经济》《中国盐业史论丛》《中国自贡盐》等富于创新的成果，受到学界的关注和好评。鉴于四川历史文化内涵的特殊价值和文献资源的优势，地方高校也成立了"地方历史文化研究室""中国盐文化研究所"等机构专门从事四川近现代史、城市史和盐文化研究。2005年，四川理工学院在整合内部资源的基础上，在四川省内外盐史研究专家的大力支持下,联合自贡盐业历史博物馆、四川久大盐业(集团)公司共同组建了"中国盐文化研究中心"(以下简称"中心"),从广义文化学的角度开展围绕盐资源的开发利用而产生的诸种文化形态的研究。同年9月,该中心被认定为四川省教育厅人文社会科学重点研究基地。2007年10月,中心被认定为四川省哲学社会科学重点研究基地。近三年来,在省教育厅的关怀支持下,在四川理工学院领导和共建单位协同努力下,中心充分利用各种有利条件,抓住机遇,强化研究队伍,逐步形成规范化、制度化的管理,坚持走"产、学、研"一体化道路,在整合省内外高校及有关科研机构的盐文化研究力量、促进盐业企业和地方文化建设等方面取得了可观的成绩,尤其在盐文化、盐业契约、盐业生产关系、盐业旅游等研究领域取得了可喜的成果:"中心"发布了两次课题指南,评审通过立项28个项目,启动研究总经费近60万元;中心专兼职研究人员承担并完成了省部级科研项目8项,其他纵向、横向项目24项,研究经费51万元;研究开发了"中国盐文化特色数据库";出版了《中国盐业契约论》《从远古走向现代》、"盐文化研究论丛"(第一辑、第二辑)、《西秦会馆》《遍地盐井的都市》《生命的盐》《中国盐业人物》《自贡休闲旅游》等9部专著;在《四川理工学院学报》(社会科学版)开辟并主持"中国盐文化研究"专栏;中心还与省内外多所高校及科研机构、研究中心、盐业机构等建立起资源共享、信息畅通的合作平台。中心作为省级重点科研平台,有力地支持了四川理工学院的历史学、法学、文学、经济学、社会学、旅游学、民俗学等学科的建设。目前,中心按照发展规划,制定了从政治、经济、科技、军事、文化、艺术、民俗、旅游、宗教等方面进行跨学科综合研究计划,正朝着"省内一流、国内知名"的哲学社会科学重点研究基地的目标前进。

"中国盐文化研究丛书"旨在推动对中国盐文化进行深入、系统、全面的综合性研究,推进学术观点创新、学科体系创新和科研方法创新,展

示本领域基础研究与应用研究的最新成果,推动中国盐文化研究的更深入发展,为行业改革、产业结构和产品结构的调整以及地方经济社会的繁荣发展尽绵薄之力。因此,"中国盐文化研究丛书"拟陆续出版中心审批立项资助的研究项目的最终成果和中心专兼职研究员的相关成果。我们真诚地希望得到中心专兼职人员、学界同仁,以及社会各界的大力支持和帮助,以使这项工作开展得更好,共同推进中国盐文化研究的发展与繁荣。

"中国盐文化研究丛书"编委会
2018 年 2 月

前　言

遵照习近平总书记"要系统梳理传统文化资源，让收藏在禁宫里的文物、陈列在广阔大地上的遗产、书写在古籍里的文字都活起来"的指示，梳理和探索琅盐井的历史文化资源，编撰成《盐不由衷——琅盐井历史新探》，以便更好地加以传承，为建设新琅井服务。

一、琅盐井在重要文献中的缺失

（1）《中国盐业史·地方篇》（唐仁粤主编，人民出版社1979年9月第1版，第695页）引《新纂云南通志》说："览赕井产盐最鲜白，惟王得食，取足外，辄灭灶缄闭其井。"我认为这是从樊绰《云南志》转引而来的。其原文是："升麻、通海已来，诸爨蛮皆食安宁井盐，唯有览赕城内郎井盐洁白味美，惟南诏一家所食，取足外，辄移灶缄闭其井。"对于这45个字的理解，对琅井的正确评价至关重要。览即今楚雄，赕即坝子。在楚雄坝子中，没有任何盐井（即使有个别井水能熬出盐，也无历史记载和盐产记录），尤其是楚雄城内更无所谓览赕井，只有食盐的王家。若将楚雄扩展为楚雄地区，则不唯郎井，乃至阿陋井、元永井、黑井、白井都可以生产洁白味美的盐。何以樊绰要单指郎井呢？所以对这45个字的正确理解，应该是：升麻、通海已来，诸爨蛮皆食安宁井盐，唯有览赕城内的南诏王家，吃的是洁白味美的郎井盐，每次取足外，都要移除盐灶填闭卤井。这样理解方符合行文的原意，也符合当地的实际情况。郎井即现在的琅井，距离楚雄八十里，走山路要翻两座大山，要一天的行程。有充分

盐不由衷
——琅盐井历史新探

理由表明：狼井—郎井—琅井是同一地点在不同时期的称呼。只有这样才符合历史的、地理的和人文的实际，而不致弄出张冠李戴、莫衷一是的尴尬。

（2）1952年琅盐井停产、封井以后，行政编制等级连年下降，到最后变为一个村。1953年3月修订初版的《中华人民共和国分省精图》，第21图（中国地图出版社）尚有琅井的位置，而到1988年2月第6版《中国地图册》（中国地图出版社）云南省图中，"琅井"就已消失。这种按行政级别出版的地图册，抹去琅井，是可以理解的。而《中国盐业史·古代篇》（郭正忠主编，人民出版社1997年9月第1版）清代井盐、池盐产区分布图中，也抹掉琅盐井，这就很奇怪。

（3）《盐文化研究论丛》第四集中，赵小平先生的文章《清代云南私盐与缉私制度演变研究》《清代的盐务缉私》一节开始就说："清承明制，清初设盐法道于省会昆明，在黑盐井、白盐井、石膏井三大井，各设盐提举一人……"其实，清初设提举的不是石膏井，而是琅井。琅井自明天启三年由安宁提举司移驻琅井起，到清同治十三年（1874）提举司又移驻石膏井，有清一朝，自1644年到1911年的267年中，前230年，三个提举司之一设在琅井，最后37年才由琅井迁往石膏井，这是史实。

（4）在《中国盐业史学术研究一百年》（吴海波、曾凡英著，巴蜀书社2010年10月第1版）附录四《盐业史研究史料集》（第458页）只列入张约敬撰于康熙五十一年（1712）的《琅盐井志》，而赵淳撰于乾隆二十一年（1756）的《琅盐井志》、同是赵淳撰于乾隆二十三年（1758）的《白盐井志》、杨璿撰于康熙四十九年（1710）的《黑盐井志》都未收入。这说明云南资料很少。

以上所引四项资料，无疑都是业界的权威资料，无一例外地忽略了琅井，同时在井名、历史地图、提举司机构、资料等几方面都出现漏洞，不利于客观了解云南盐业史，以及正确评价琅盐井的历史贡献。正是因为出现了这些漏洞，才引起我们的关注和思考。

二、本书内容简介

虽然历史上琅盐井有三部志书，但保留下来的只有两部：

康熙某年由提举来度创修的第一部《琅盐井志》（已佚，无修志时间）。

康熙五十一年（1712）由提举沈鼐主持、张约敬编辑续修的第二部《琅盐井志》。

乾隆二十一年（1756）由提举孙元相主持，赵淳编辑续修的第三部《琅盐井志》。

但是在"旧志"之前的历史，《琅盐井志》说"唐宋无可考"，需要重新探索；"旧志"之中的问题，需要解析；"旧志"之后的历史需要补充。汇集史料、搜罗物证，便构成本书之全部内容，具体有下列各项：

（1）唐咸通四年（863），樊绰所著《云南志》中有关郎井的 45 个字，是清朝志书编纂者所未知者。这 45 个字是："升麻、通海已来，诸爨蛮皆食安宁井盐。唯有览赕城内郎井盐洁白味美，惟南诏一家所食，取足外，辄移灶缄闭其井。"及对新近发现的三块石碑（唐宋时期）的解读分析，指出对其"正解"和两种"误解"。

（2）在琅井发现的《威楚盐使司琅泉郡梵海大师杨教主墓铭并序》碑，是元朝至正十七年（1357）所立，据碑文所述，上推三代（按 100 年计）应是南宋咸淳三年（1267），在元至正十五年（1355）云南行省檄景善为寺院提点之前。笔者将在书中解读该碑文。

这两条文献说明琅井的历史并非"唐宋无可考"。并因此确认：狼井、郎井、琅井是同一地点在三个不同时期的称谓，是同音异字，沿神化、雅化而发展。

（3）探求由提举来度首纂的第一部《琅盐井志》的成书的时间，分析其未保留下来的原因，并且解析来度及其同僚们的文化表现。

（4）搜集云南盐法道李苾在黑、白、琅三井志书中保存的文章；为他做较为详尽的小传和评价；并借他的文章为琅盐井在康乾时期云南盐业中的地位做定位。

（5）平定吴三桂反叛后，云南盐政"经制纷更"的种种现象。

（6）琅井之灾和提举沈鼐的反制与建设。

（7）黑、白、琅三井四部志书编撰人：杨瑽、张约敬、赵淳以及小吏孙复的相关事迹。

（8）琅井开井及开宁寺建寺时间的探讨、奇峰寺的奇事、琅井洞经谈经及耍钟馗灯艺。这些都是在琅井盐业经济基础之上的上层建筑，也是历史文化、盐文化的表现。

第三至七条，系对志书的解析。主要涉及七位历史人物：来度、李苾、沈鼐、杨瑽、张约敬、赵淳、孙复。第八条是对最新碑匾的解析。

（9）乾隆二十三年（1758）以后，黑、白、琅三盐井的大事粗集：清缅战争对云南盐业的影响；黄辅、高其人堕煎欠课案——至云贵总督李侍尧对该案"一刀切""一风吹"；云南的压盐事变；杜文秀义军对盐井的争控；琅盐井提举司从琅井迁往石膏井的真正原因。土巡捕李氏世袭谱、杨道台事迹等（涉及袁旻、杨时行、戴武大人三位琅井人物）。

（10）琅盐井的物质文明和非物质文明。

遗存的物质文明：开宁寺及其历史追溯和明清铜佛群（被中央电视台称为"深山里的金铜佛"）、魁阁、大龙祠、鹿鸣桥、土衙；张经辰烈士故居、温家大院、李家大院、武家大院、杨家大院等等；被毁的建筑群：学宫、提举司衙署、寺庙、宝塔等。

遗存的非物质文明：文物照片、契约、景点诗词、特色盐产等。

写有关琅井的文章，则李瑛、李成生、杨敬先等先生都是先行者，而笔者只是以黑、白、琅三井的四部志书为基础，广泛涉取有关材料。鉴于琅井只是云南经济、云南盐业的一部分，因而把琅井放在黑、白、琅三井中，更广一点放在楚雄、牟定、广通、禄丰等州县乃至全省大事的环境中来考察和解读。

然而，一是笔者水平有限，怕解释不清，故多引用文言原文；二是远离故乡，且年已耄耋，不会利用现代远程查询新工具，因此所涉其他材料，多为二手，并非原件。三是各章节可以独立成篇，故有重复的现象。

本书编撰的目的是为了补充目前云南盐业史研究中琅井资料的缺失，同时查漏补缺，客观展示琅井盐文化历史。2007年，云南省批准琅井为历史文化名村，并编制了《琅井历史文化名村的保护和发展规划》，整理琅井的历史文化和盐文化是落实规划的措施之一，这是要给那个时期的琅盐井给予定位。所以补缺、查漏、定位是本书的具体目的，更是传承琅盐井的历史文化的需要，希望它们在新的历史时期活起来！

附录一　琅井的地理参数、地理坐标

妥安乡：东经 101°37′51″ – 101°48′42″；
北纬 25°14′7″ – 25°22′42″
海拔：1578 米，琅井 1600 米（估计）
人口：951 户，3927 人（2016 年前后）
耕地：4030 亩
年平均气温：16.4℃
年降水量：567mm

盐不由衷
——琅盐井历史新探

附录二　清代井盐、池盐产区分布图

（此图引自《中国盐业史·古代篇》，清代井盐、池盐产区分布图，琅井位置在黑井西南，系作者所加。）

附录三　琅井的退变史

十多年前，琅井是禄丰县的第一大行政村。然而，琅井有文字记载的历史有1100多年。

从明朝天启三年（1623）到清朝同治十三年（1874）这251年间它却是一个以煮盐为业的五品官的治所，称为"琅盐井提举司"（相当于现在的地州级）。

6

清朝同治十三年（1874），因战争的破坏和人为的因素，盐灶被烧毁，盐产下降、资源枯竭，提举司迁往石膏井，琅井变成盐课司，相当于县级。历时40年。

民国三年（1914）成立盐兴县，琅井是区（镇）级。区级治所历时38年。

1952年2月宣布停盐封井，结束了绵延千多年的产盐历史。从第二产业退变到第一产业，成了纯农村。琅井为乡级。

1958年琅井并入广通县，随后又并入禄丰县，再后由禄丰转入牟定县，又由牟定县划回禄丰县，折腾一圈，琅井折腾为村级。

正是产盐而兴，停盐而衰，每况愈下，一撸到底了！

目 录

第一章 唐宋可考：狼井—郎井—琅井 ……………………… 1
  一、琅井演变 ……………………………………………………… 1
  二、因"神狼舔地而卤出"而被称为"狼井" ………………… 8
  三、卤井受 ………………………………………………………… 8
  四、樊绰《云南志》称为"郎井" ……………………………… 10
  五、觅赕城是琅井？！对最新资料的认识 …………………… 13
  六、"杨善墓碑"称为琅井 ……………………………………… 15

第二章 明朝加强对云南盐政的管制 ……………………… 20
  一、《初议刊盐政考牌》及其序论 ……………………………… 21
  二、《全滇盐政考序》 …………………………………………… 24
  三、对简高《重建学宫碑记》的解读 ………………………… 36

第三章 康乾时期琅盐井的志书和来度其人 ……………… 42
  一、琅井志书：修成三部，现存留两部 ……………………… 42
  二、来度其人 …………………………………………………… 44
  三、"二官"们的自白书 ………………………………………… 52

第四章 李苾之文和事 ……………………………………… 56
  一、滇南盐法图说及跋 ………………………………………… 56

　　二、《琅井记》……………………………………………… 62
　　三、《修五马桥记》………………………………………… 63
　　四、为黑、白、琅三井直隶案所作的签呈 …………………… 66
　　五、李苾小传 ………………………………………………… 67
　　　　附录　黑井士绅、乡民为李苾所立的去思碑 ………… 71

第五章　黑、白、琅三井"盐课提举司"是什么机构 ……… 73

第六章　什么叫作"以卤代耕" …………………………………… 83

第七章　平叛后的"经制纷更"——官、商、灶围绕盐课、盐利的博弈 ……………………………………………………… 92
　　一、平叛后琅盐井的"经制纷更" ………………………… 94
　　二、官、商、灶围绕盐课、盐利的博弈 …………………… 97

第八章　提举沈鼐的反制与建设 ………………………………… 101
　　一、三牌 ……………………………………………………… 102
　　二、三详 ……………………………………………………… 107
　　三、一示 ……………………………………………………… 111
　　四、一约 ……………………………………………………… 112
　　五、建琅井会馆及其他九项建设 …………………………… 113

第九章　杨璥、张约敬、赵淳志书编撰思想的异同 ………… 115
　　一、从盐法志（赋役）的序看 ……………………………… 115
　　二、从艺文志的序看 ………………………………………… 118
　　三、从其他方面看 …………………………………………… 121

第十章　小吏孙复 ………………………………………………… 126

第十一章　云南盐业的三件大事 ………………………………… 131
一、清缅战争对云南盐业的影响 ……………………………… 131
二、压盐事变 …………………………………………………… 145
三、杜文秀起义军对盐井的争控 ……………………………… 150
附录一　清缅战争概述 ………………………………………… 158
附录二　清缅战争枝蔓四条 …………………………………… 178
附录三　两淮盐引案 …………………………………………… 180

第十二章　对《云南盐业议略》的引介和简评 ………………… 182
一、清朝嘉庆、道光时期云南盐业的新总结 ………………… 182
二、存在问题 …………………………………………………… 187

第十三章　开宁寺的历史追溯及文物 …………………………… 189
一、开山建寺（开井时间）之谜 ……………………………… 189
二、规模宏大，僧侣众多 ……………………………………… 215
三、文物众多，铜佛精美 ……………………………………… 216
附录一　为《禄丰县妥安乡琅井开宁寺参加六好模范寺院评比》
　　　　而写的材料 …………………………………………… 223
附录二　罗应起《琅井发展简史》中《开宁寺简介》摘录 …… 227

第十四章　蒙文？梵文！——一个尚待开垦的领地 …………… 229

第十五章　奇峰寺奇事三则 ……………………………………… 234
一、"千瓣白梅一株，一花三实，遇有祥瑞，即开红梅一枝，
　　必按方位" …………………………………………………… 235
二、寺名与人名相同 …………………………………………… 241
三、为官、修寺早有前定 ……………………………………… 243
附录　琅井的城隍庙 …………………………………………… 245

盐不由衷
——琅盐井历史新探

第十六章 琅井的洞经会 …… 247
　　一、琅井洞经会的历史和现状 …… 247
　　二、"耍钟馗"——独特的民间灯艺 …… 256
　　三、需要探讨的几个问题 …… 257
　　　附录一 黑井洞经会探源 …… 260
　　　附录二 白盐井的洞经 …… 261
　　　附录三 本章参考资料 …… 262

第十七章 杨道台（时行）的事迹 …… 263
　　一、简历 …… 263
　　二、倡修星宿桥 …… 264
　　三、扩修杨家大坟 …… 267
　　四、杨时行思想行为的探讨 …… 269

第十八章 土司李氏袭承谱及其简评 …… 270

第十九章 特恩袁旻、戴武大人 …… 273
　　一、特恩袁旻 …… 273
　　二、戴武大人传略 …… 275

第二十章 江西会馆和琅井的瓷器 …… 277

第二十一章 旌表烈妇 …… 281

第二十二章 琅井的古建筑 …… 285

第二十三章 契约 …… 294

第二十四章　琅溪八景 ·· 297
　一、琅溪八景的文献综录 ································ 297
　二、琅溪八景分说 ·· 303
　三、琅溪新八景 ·· 320
　　附录一　玉皇阁碑记（提举赵作梅）················· 323
　　附录一　玉皇阁碑记（提举孙芝兰）················· 323

第二十五章　咏盐诗赏析 ······································ 325
　一、历代咏盐诗作 ·· 325
　二、黑、白、琅三井井志中的咏盐诗 ·················· 333
　三、奇诗赏析 ··· 338

第二十六章　盐业特产 ·· 343

参考文献 ·· 344

后　记 ··· 346

第一章 唐宋可考①：狼井—郎井—琅井

一、琅井演变

（一）狼井—郎井—琅井

琅井最早名狼井，以后雅化为郎井，再雅化为琅井。狼、郎、琅三字同音，其拼音都是 láng，不论普通话或是云南话都是一个音。历史上初名、初事都有向神化和雅化发展的倾向，狼被称为神狼，狼井雅化为郎井，只是取其音同；再雅化为琅井，则不单是音同，而且赋于形似了，即琅井盐洁白似玉，坚美如石。更有一段神话故事：天庭中招待贵宾时，"王母命诸侍女、王子弹奏八琅之璈"（璈即镶有八颗宝石的古乐器）。因此这是在神化、雅化过程中的三个阶段的称呼：狼井时期、郎井时期和琅井时期。

"琅井"是元朝时的称呼：《琅盐井志》载，元至正十五年（1355）云南行省檄景善为"寺院提点"，称为琅井。有石碣为证。现石碣已湮灭，但有较晚两年的杨善墓碑存在，此碑题为《威楚盐使司琅泉郡梵海大师杨教主墓铭并序》。此碑用"琅"字。

唐朝樊绰在咸通四年（863）所写的《云南志》卷七"云南管内物产第七"中用的45个字："升麻、通海已来，诸爨蛮皆食安宁井盐，唯有览

---

① 琅盐井史志都说琅井历史唐宋无可考。

赕城内郎井盐洁白味美，惟南诏一家所食。取足外，辄移灶缄闭其井"，是用"郎"字。

而更早的碑文"开元二年，智严禅师驻神狼井宝应山，开创宝泉寺"，用的是"狼"字。

狼井、郎井、琅井是否同一地点？解答如下：

先从字音字义起解。

按《说文解字》，"狼，从犬声良"；"郎，从邑声良"；"琅，从玉声良。"三个字都声良。现代汉语拼音都是láng。三字同音。同音异字是常见的情况："有一显著例子，现在居住在维西、兰坪、碧江的白族支系，傈僳族称之为'勒墨'，纳西族称之为'那马'（一作拉马）……乾隆《丽江府志》也说'剌毛'。"（引自《云南志补注》第170页）"那马""勒墨""剌毛"三者读音不全相同，尚且是同一民族支系。"狼""郎""琅"三字完全同音，属同音异字向雅化发展的情况，由"狼"雅化为"郎"，再雅化为"琅"，三字不仅音同，更是形似：琅盐坚硬如石，洁白似玉；更有王母命诸侍女干、子奏八琅之璈以娱宾客的神话背景。同音异字，狼井、郎井、琅井就是同一地点。

再从段落大义续解。

引用《云南志》中几段文字来表述："其盐出处甚多，煎煮则少。安宁城中皆石盐井，深八十尺。城外又有四井，劝百姓自煎。……升麻、通海已来，诸爨蛮皆食安宁井盐。""泸南有美井盐，河赕、白崖、云南（按，应指祥云）已来供食。""昆明城（此处所指的昆明应是盐源）盐井为满足勿邓、两林、丰琶、磨些各族之间交往的重要媒介（此句为木芹先生语。《云南志补注》第15页）。""剑寻东南有傍弥潜井、追沙井、西北有诺耶井、讳溺井。剑川有细诺邓井。丽水城有罗苴井是当地土蛮自食。"这四处都是说哪里产盐，供哪里的人食用。现在反过来说，"览赕城内郎井盐洁白味美"，览赕城内根本没有盐井，只有吃盐的王家。而这些王家吃的是洁白味美的琅井盐。只有这样解读才符合这一段落的大意，才符合现实和历史的实况。所以说"郎井"在览赕城内是一种曲解，将郎盐井套

唐宋可考：狼井—郎井—琅井

解为"觅赕井"也是一种曲解，都与当时、当地的历史、地理实际情况不相符。

实际上琅盐井在觅赕城北边，距离觅赕城约80里山路，步行要翻两座大山，要一天的工夫。它被称为狼井时期的上限无法确定，在本地有新石器时期的石斧，有战国时期的墓葬出土的青铜器27件，说明此地很早就有人类居住、繁衍。李成生先生曾说："太古中，神狼舔地而卤出，邑人以为奇异习狼食之得咸也。"其上限为太古，何其遥远（见李成生的《琅井赋》）。称'狼井'的下限，即为称'郎井'的上限，就是樊绰写《云南志》的唐咸通四年（863）之前。称为郎井的下限是称为"琅井"的起点，即元朝至正十五年（1355）。尽管它在1952年停盐封井，但它1000多年的产盐史积淀了丰厚的盐文化和历史文化。2007年云南省将琅井定为历史文化名村之后，琅井必将焕发出它深藏不露的文化潜力，迎接新的时代。

既然狼井、郎井、琅井是同一地点，而且有1000多年的文字记载，为什么清朝的三套志书没有这样写？因为清朝写志书时《云南志》已湮灭无传。《四库全书》总编纪昀说过："（该书）自明以来流传遂绝。虽博雅如杨慎，亦称绰所撰为有录无著。则其亡失固已久矣。"《四库全书》编成于乾隆四十六年（1781），而最迟的《琅盐井志》成书于乾隆二十一年（1756），都在《四库全书》成书以前。《云南志》是从明《永乐大典》中辑出的，而《永乐大典》只是写本抄藏，连杨慎都看不到，写《琅盐井志》的人更没见过，当然无从使用。杨慎编写的《南诏野史》只说了："盐井滇中共十四处，惟楚雄府姚州之白井，楚雄县之黑井、琅井为佳。蒙化时洞庭龙女牧羊于此，羊忽入地掘之盐水出，故名白羊井。若黑、琅二井因黑牛与狼舔地知盐故名。以狼为琅，取音同也。"因杨慎没有见到《云南志》，所以他只写了从"狼"变"琅"，"取音同也"的结果。而从"狼"变"郎"这个过程，杨慎或许也不知道。

从"狼"变"琅"是不是中间一定要有一个变"郎"的阶段？从字面上看，倒不一定。但是从一个盐井的发展过程来看，称"狼井"时期应

3

盐不由衷
——琅盐井历史新探

是发现盐泉的时期；而称为"郎井"时，正如樊绰所说是间断生产时期；到称"琅井"时，则应是连续生产时期。因此，狼井—郎井—琅井就是一个发现盐泉—间断生产—连续生产的完整过程。这个过程在清代未曾认识，现在我们有了新的认识，就应该舍弃旧的认识，按照新的认识完整地陈述历史，恢复狼井—郎井—琅井的本来面目。

现实的问题是，唐仁粤主编的《中国盐业史·地方篇》（人民出版社1997年9月第1版，第695页）说："览赕井产盐最鲜白，惟王得食，取足辄灭灶，缄闭其井。"显然这是将樊绰《云南志》的"郎井"改为"览赕井"了。但其注④即引自"《新纂云南通志》卷147《盐务考》"。我们在前面说过用览赕井代替琅井是由于曲解了《云南志》。这种曲解不在于《新纂云南通志》，因为在《新纂云南通志》卷147第144页已经注明："览赕井就是琅井"（见该书云南人民出版社2007年版）。但是《中国盐业史·地方篇》未引此注。我们关注的问题更在于，《新纂云南通志》又是从哪里引来的。经查把"郎井"改为"览赕井"最早的是《新唐书》。

木芹先生的《云南志补注》附录二中，《新唐书·南蛮传》摘录樊绰《云南志》之文，内有："览赕井产盐最鲜白，惟王得食，取足辄灭灶。昆明城诸井皆产盐，不征，群蛮食之。"①《新唐书》是宋代欧阳修、宋祁等所著，成书于嘉祐五年（1060）。此即将"郎井"改为"览赕井"的最早来源。为什么《新唐书》要将"郎井"改为"览赕井"？我们引用《辞源》对《新唐书》词条的评价来解读："《新唐书》，宋欧阳修、宋祁等撰，二百二十五卷，自庆历四年开局，至嘉祐五年成书，共十七年。修撰本纪、志、表，祁撰列传。曾公亮进书表谓比之刘昫旧唐书事增文省，如黄巢、高骈等传，较旧传翔实。但因修祁反对骈文，文字有意求简往往不免晦涩。同时吴缜撰《新唐书纠谬》二十卷，专驳新唐书。虽有是处，但过当之处亦不少。"②也就是说《新唐书》有刻意求简、不免出现晦涩的

---

① 〔唐〕樊绰撰，向达原校，木芹补注：《云南志补注》云南人民出版社1995年12月第1版，第101—103页。

② 《辞源》修订本，商务印书馆1980年8月版，第二册，第1376页。

唐宋可考：狼井—郎井—琅井

问题。

将樊绰的《云南志》和《新唐书》中对云南盐业的叙述做比较，樊绰用243字，记录云南的盐产地、食盐销地和制盐技术的变化；而欧、宋只用31个字。樊绰写了云南产盐的安宁、郎井、泸南美井、剑寻东南傍弥潜井、沙追井、西北的诸耶井、讳溺井、剑川细诺邓井、丽水的罗苴井，指名盐井9处；而欧、祁只列昆明、览赕两处，而且用昆明代替安宁盐井，用览赕井代替琅盐井。这当然是刻意求简，用两个大地方名代替具体盐井名不单晦涩而且会引起许多误解，把本来简单的历史弄混了。这在历史书中是一种什么手法？清朝有位历史学家崔述写了一部《考信录提要》，其中有一节是"取名舍实"，说"贵人买磁器"和"商贩卖烟叶"一样，只相信名窑出产和名店售货，而不管是否真假。昆明和览赕都是大地名，安宁和琅井都是小地方。取大地方的名而舍小地方的实，这是《新唐书》在这个问题上的漏洞。而《新纂云南通志》和《中国盐业史·地方篇》又"辗转相因，误于何底？"当然事出有因，这种漏洞过去无人指出，也就罢了。我们提出上述意见，敬请行家审视，如果可信，希望今后能得到纠正。

（二）"八琅之璈"探解

《说文解字》没有收入"璈"字。

据《康熙字典》，璈："乐器，王母命（诸）侍女（王子）弹八琅之璈，吹云和之曲。"

《辞源》商务印书馆1979年版。在"璈"词条中："古乐器，旧题汉班固汉武帝内传：'上元夫人自弹云林之璈，歌步弦之曲'。"

《辞源》没有"八璈"和"八琅之璈"的词条。在"云璈"词条中有："乐器名。1. 弦乐器。旧题汉班固汉武帝内传'上元夫人自弹云林之璈，鸣弦骇调，清音灵朗，玄风四发，乃歌步玄之曲。2. 即云锣，元史礼乐志五：云璈，制以铜，为小锣十三，同一木架，下有长柄，左手持，而右手以小槌击之。"（在"云锣"条下"乐器名，亦名云璈。以小铜锣

盐不由衷
——琅盐井历史新探

十面,共一木架,中四,左右各三,大小皆同。厚薄殊致。四正律,六半律与编钟相应。四周各为孔,以黄绒穿系于架,用小木槌击之。按亦有十三面、十五面、二十四面铜锣者。")

据《现代汉语词典》商务印书馆1978年12月第1版,璈:古乐器。

据《乾隆琅盐井志》(禄丰县志办1997年内部版)卷四注176,璈:古乐器名。

可见对"璈"有两种解释:一是云锣,二是弦乐器。而对"八琅之璈"没有解释,现在我们试做如下探解:

如前所述,狼井—郎井—琅井,是同一地点的三个不同阶段的称呼。而琅井的"琅"字有神话背景:天庭王母娘娘宴请宾客时,命诸侍女和王子奏"八琅之璈"以娱宾客。有人问:康乾时期的琅盐井志书中,并没有这一说法。疑为作者新加杜撰。其实在乾隆《琅盐井志》中有诗云:

亭亭梵刹见清操,时伴松风气概豪。
满树月斜金殿冷,一枝雪压玉山高。
春深南国垂三实,梦入西滇奏八璈。
试问冰心谁寄取,只今官阁有仙曹。

这首诗是清朝乾隆年间,琅井庠生张惠秀所作的诗,题目是《古寺奇梅》。这古寺是开盐井时建的三座寺庙之一,也是琅井八景之一的奇峰寺。寺内有一株"奇梅";明朝提举陈荀产在《奇峰寺碑记》中说:"余足迹半天下实未见之,即光福为吴中胜地,十里梅丛何下千万株,不能得此一本也。"此梅之奇在于开一朵梅花而结三个果实,即诗中"春深南国垂三实,梦入西滇奏八璈",以"三实"对"八璈",都是琅井的本色典故,非常恰当。这首诗明明白白地写了"奏八璈",即王母命诸侍女、王子为宾客奏"八琅之璈"的神话故事。"璈"有两解已如前说,因此我们认同璈是弦乐器之说。

"八琅之璈"又是什么呢?

唐宋可考：狼井—郎井—琅井

"琅"字。《说文解字》："琅玕似珠者。"《康熙字典》："琅玕石似玉。"《辞源》："玉石。旧题王母命诸侍女、王子弹八琅之璈。"《现代汉语词典》："像珠子的美石。"那么，"八琅"就是八种（或八颗）美石（宝玉）。或者说是镶在璈上的美丽宝玉。是每一璈镶一种或是每一璈上镶八种？窃以为是每一璈上镶一种。八个璈各镶一种，构成一组才符合"诸侍女、王子"的"诸"字。

璈是弦乐器，才会有"鸣弦骇调，清音灵朗，玄风四发"的音色。也才会有"隔烟遥望见云水，弹璈吹凤清珑珑"（唐顾云雾《华清词》）、"灵璈清以集鸾"（吴均诗）的诗句。因此璈音必定是清越、清脆的。"八琅之璈"应是在八支璈上分别镶有八种不同的宝玉，而不是在一支璈上镶八种宝玉。如红、黄、蓝、绿、青、紫、黑、白八种宝石。不同的颜色代表不同的情绪：红色——热烈；黄色——快乐；蓝色——宁静；绿色——朝气；青色——厚重；紫色——典雅；黑色——寂静；白色——纯情。这些既是颜色的饰词，又是音调的饰词，所以用八色代表八种情绪，这也是"诸侍女、王子"的"诸"字所表达的另一层意思。

因此"八琅之璈"是镶有八种颜色的宝石的弦乐器，应是八只一组。至于璈的演奏方法，似不同于琵琶用手的"轻拢慢捻抹复挑"；胡琴用指和弓的推、拉、滑、捋；扬琴用琴竹的轻、重、快、慢；箜篌的双手拨弹；古筝用指的揉、拂、滑、压。究竟用何指法，取决于璈的形制，但璈的形制和演奏手法，我们仍然未知，尚待识者披露。

琅盐井，从狼井演进为郎井再演进为琅井，正是从原始象征取名，继而雅化、神化的过程。琅井产的锅盐，洁白、坚硬如白玉石，味美怡人。狼—郎—琅不但音同，且也形似，更有神话背景。琅盐井自1952年封井以后，再不生产盐了，而2007年，琅井却被云南省批准为历史文化名村。探解"八琅之璈"正是为琅盐井梳理历史，继承和发扬历史文化和盐文化的优秀传统，以推进现代新琅井的物质和精神文化发展。

盐不由衷
——琅盐井历史新探

二、因"神狼舔地而卤出"而被称为"狼井"

据第三版《琅盐井志》,"《南诏野史》载:'神狼舔地而卤出,故名狼井。后因不雅而改为琅井。'"查第二版《琅盐井志》也是如此叙述,想必也是从第一版《琅盐井志》中沿袭而来,可是第一版《琅盐井志》因来度是从逆叛臣而遭遇毁书,因此这"神狼舔地而卤出"的来源,就不能从志书寻找。幸有《南诏野史会证》,其"南诏古迹,盐井"中载有:"盐井,滇共十四处,惟姚安白井、楚雄黑井佳。若狼井、黑井因狼与黑牛舔地知盐,故名之。白羊井之讹为盐井。蒙氏时,洞庭龙女牧羊于此,羊忽舐之,掘之盐水出,故名白羊井。"这就是"狼井"的最早出处。在这里黑、白、琅井同时出现,也非历史的偶然。狼井时期的下限,自然是郎井时期的上限,也就是南诏时期。而其上限,则无从推测,而在本地,有新石器时代的石斧、有战国时代的青铜器,说明此地很早就有人类居住、生活。或有说:"太古中,神狼舔地而卤出。邑人以为奇异,习狼食之,得咸也。"(见李成生《琅井赋》)上限为"太古",何其遥远!在2017年出土的汉梵双文碑中有:"神狼舔地开井煮卤代耕,唐开元二年智严禅师驻神狼井宝应山开创宝泉寺……"此时称为"狼井"。

三、卤井受

在重修琅井"大唐开元宝泉井"时,挖出一件文物:砖雕。其上有"卤井受"三字。现就"卤井受"三字做些解读。

先说"卤"字。许慎《说文解字》:"西方咸地也。"《康熙字典》:"盐泽也,天生曰卤,人造曰盐。"《辞源》:"咸地所生之盐类。《史记》一二九《货殖传》:'山东食海盐,山西食盐卤'。'正义':'谓西方咸地也,坚且咸,即出石盐及池盐。"总之,卤是天生的咸盐水。经人力加工后,卤才会变成盐。

唐宋可考：狼井—郎井—琅井

再说"井"字。

《说文解字》："八家一井。"

《康熙字典》："穴地出水曰井。"又有："清也、深也。田九百亩曰井，象九区之形，即'井田'。井乃常汲之所，因井成市即'市井'。"

《辞源》中，"井"有五种解读：水井、井田、井井（整齐、有条理）、《易经》（井卦）、中医名词。凡形似水井的如天井、盐井、汤井（温泉）、星宿名（井星八颗）《易经》有井卦等。

结合原在此处出土的"大唐开元宝泉井"石刻，可证此处确是唐朝开元时期的盐井。前因有碑文"清泉涌出"四字而判为清水井者，而今出土此"卤井受"残砖，二物结合，应予纠正。并因此宝泉井而将寺名由"宝林寺"改为"宝泉寺"。行政区划也因此得"宝泉乡"之名。

再说"受"字。从甲骨文看，上面是一只手，下面也是一只手，中间是一只舟，是一手交授，一手接受的意思。即一方给予，一方接受。许慎《说文解字》："相付也。"《玉篇》："得也。"《诗·大雅》："受天之祐。"《易经·既济卦》："实受其福。"《论语》："君子不可以小知而大受其福。"在上古，"授""受"是同一字，金文也是同样的意思，到小篆则简化为秃宝盖了（而砖上角左右两图似也是文字而不是图画，待查。《细说汉字》第 57 页）。如果图上角两个都是同一个字，而拖下来的羽形象是只鸟，就像一个唯字。唯、惟、维三个字其实可以通用（第 185 页）。唯鸟鸣之声，转为承诺，再转为希望、思想；连续、维系。则此"唯唯卤井受"就是一句诗。将连续的卤井授予和传承，以造福后世。能在那时写出这句诗的人肯定是一学问家。不论是否还有其他诗句，作为歌颂卤井的"授"与"受"都是好诗。即便不是"唯唯"，单以"卤井受"三字，也是好诗。不管写此诗句的人与用虞世南楷体书写汉、梵双文碑的人是否同一个时代，都是有学问的大家。即便不是琅井人，也能证明琅井当时得到的重视，并体现了琅井文化水平之高。

值得指出的是，乾隆《琅盐井志》中，孙复的《琅井论》就引用了《易经》的"井卦"："《易》云：可用汲，并受其福。""卤井受"的砖

盐不由衷
——琅盐井历史新探

刻，应是唐朝的文物，而孙复的论文则是清朝的志载，因唐有卤井而沿袭至清朝的共同"受"用。这证明了琅盐井1000多年盐文化的传承。孙复引用的是《易经》中的"井卦"。

《易经》的"井卦"说：

改邑不改井，无失无得。往来井井，汔至，亦未繘井，羸其瓶，凶。

初六，井泥不食，旧井无禽。

九二，井谷射鲋，瓮敝漏。

九三，井渫不食，为我心恻。可用汲，王明，并受其福。

六四，井甃，无咎。（甃音酬，意思是用砖砌井壁。）

九五，井冽，寒泉食。

上六，井收无幕，有孚元吉。

细读《易经·井卦》的全文，似乎与琅盐井的兴衰过程大有关系。井养无穷，琅盐井滋养了琅井1000多年"养而不穷"。改邑不改井，管理上层的多次变化，无论是定远县宝泉乡还是广通、禄丰县，是县属还是威楚盐使司属琅泉郡，或是直隶云南省，琅盐井仍是汲煮不变、产盐不变。因有琅盐井而形成市镇，井有汲、煮有灶、储有仓、管有提举、运有马帮、销有定区、荫有神明……井井有条。当其"汲深绠短"乃至"羸其瓶"时则是"凶"，"是以凶也"。《易经》告诫："井收勿幕，有孚元吉。"如果要"幕"覆盖乃至封井那就是吉的反面——凶，而"封"的反面是"修"。"井甃无咎"，无咎就是无错，就是有益。修井、甃井只有在英明的时候，才会进行，"可受其福"。现在修复"宝泉井"，琅井将要"受其福"了！

四、樊绰《云南志》称为"郎井"

唐樊绰《云南志》（又称《蛮书》）中说："升麻、通海已来，诸爨蛮

唐宋可考：狼井—郎井—琅井

皆食安宁井盐。唯有览赕城内郎井盐洁白味美。惟南诏一家所食，取足外，辄移灶缄闭其井。"有三个评价最能反映樊绰的《云南志》的性质。《四库全书总目》说它"实舆志中最古之本"。历史学学者马长寿说这"是第一手可靠资料"。历史学学者牛鸿宾说这"是今天保存得最为完整的云南地区有关专著"。简单说就是六个字：古老、完整、可靠。所以琅井有幸在这三个定语语境中，有前述45个字的记录，的确是琅井的光荣和幸运。

古老，是说琅井有文字记载的历史，始于863年，到2016年止，共1153年。这在云南各盐井中是少有的。

完整，就那45个字而言，它说明郎井的食盐已进入有目的的开采阶段。而且升麻（现寻甸地区）、通海已来，都是吃安宁井的盐，只有楚雄城内的王家才吃洁白味美的琅井盐，这证明食盐的销售地升麻、通海这一带历史上就吃安宁井盐，当安宁井被琅盐井取代后，这一带就吃琅井盐。而当时琅井盐只供楚雄城内皇家所食，一般百姓是不能吃的，这种状况也一直沿续到清朝。清康熙《定运县志》说："盐，黑、琅二井出，其色黑。行销迤东。明时听县地方买食，民间便之。今例食白井之盐，定民无与焉。"

清《广通县志·物产·盐》说："县辖有阿陋井、猴井。所产俱系商人运赴迤东发卖，广通人民食姚安府白盐井团盐，近井之民有食阿陋、猴井盐者。俱以私盐获罪。"

清康熙《楚雄府志·物产·盐》："黑井、琅井、阿陋井、猴井所产，均系商人运赴迤东云、曲、临、澄各府发卖。楚雄百姓反食姚安府白井团盐。近井愚民有食黑、琅者，俱以私盐获罪。山中彝人无力买食白盐，甘茹淡。地虽产盐，土著之人不获食盐之利，良可悲也。"

由此证明，附近府县食盐供应地，不是本区域内最近的琅井和黑井，而是白盐井的团盐。若有人胆敢运食黑盐和琅盐，均按走私罪处理。这些都是白纸黑字的志书中的记载。当览赕城内的王家食用的盐取足后，要毁灶和缄闭其井；下一次开采时，再重新寻井、垒灶、取卤、煮熬。这说明

11

盐不由衷
——琅盐井历史新探

当时是间断开采。这已经是生产和食用的完整记载。

可靠,是说《云南志》产生于当时南诏官方人士提供的第一手资料。按照上述理解,就不会拘泥于郎井是否在览赕城内,或要把览赕城内改为"览赕域内"了;也不会把"洁白味美的郎井盐",套在别的井头上了(见《千年盐都黑井》第 5 页,"这里是产盐洁白味美的览赕城")。

而且,按《云南志》这一段的语意,不单是对琅井有如此叙述,对云南境内的其他盐井,也是这样叙述的。如,"泸南有美井盐,河赕、白崖、云南已来供食";"剑寻东南有傍弥潜井、沙追井,西北有诺耶井、军溺井,剑川有细诺邓井,丽水城镇居民有罗苴井,长傍诸山皆有盐井,当土诸蛮自食无榷税"。这些叙述总是说哪里产盐,供哪里食用,和说郎盐井的 45 个字的语句结构一样。所以对郎井的 45 个字的理解应该是:览赕城内的王家吃的是洁白味美的琅井盐。将琅井改为"览赕井"或说"览赕城就是黑井"的说法,都是误解。其实《新纂云南通志》早就指出,览赕井就是琅井。①

这表明在南诏时期琅井已开始煮盐,不过是为览赕城内官家专采专用,采足后就毁灶并缄闭其井。下一次要采还得去找井泉。这一时段它被称为"郎井"。云南的南诏和中原的唐朝是同一时期。总体来看,南诏国的创立者细奴逻生于 629 年,那时唐朝才成立 11 年,南诏国灭于 902 年,五年之后(907)唐朝也就灭亡了。可见,南诏和唐朝相始终,其创立、鼎盛和灭亡的时期和唐朝几乎是同步的。所以在云南的南诏,相当于中原的唐朝。

既然琅井有文字记载的历史起自唐咸通四年(863),为什么写琅井志的来度、沈鼐、孙元相和盐法道李苾都不采用此说呢?樊绰写《云南志》的目的,是为唐朝对南诏用兵时做参考,当时未定书名。后来的抄、辑、注、校者各自加了许多名称如《蛮书》《南蛮记》《南夷志》《云南史记》等。唐以后,宋元乃至明初虽有流传,但不广泛。明永乐时辑录入《永乐

---

① 参见《新纂云南通志》卷 147,云南人民出版社 2007 年版,第 144 页。

唐宋可考：狼井—郎井—琅井

大典》，但仅以写本抄藏。清辑录入《四库全书》。就连《四库全书》的总编纂纪昀都说该书"自明以来，流传遂绝。虽博雅如杨慎，亦称绰所撰为有录无著，则其亡佚固已久矣"。《四库全书》编成于乾隆二十九年（1764），而《琅盐井志》即使是第三版，都在《四库全书》成书之前。井志的编纂者没有见过这部书，只能认为唐宋无可考罢了。

有关琅井在唐朝时期的文物和对这些文物的解读分析，将在《开宁寺开山建寺之谜》中叙述。这些文物是：

"大唐开元宝泉井"石刻碑头；

刻有"天宝"两个汉字的"梵文匾砖"；

出土罐藏大量唐朝"开元通宝"铜钱，其中年代最晚的是"乾元重宝"；

2017年6月拆修祖师殿时，在土墙中得出的三块石碑：一块正面刻有汉文151字，背面刻有梵文；一块刻有僧像；一块刻有36个梵文字母。

另有一块石碑全刻满梵文（据说与琅盐井开发有关）；

加上樊绰《云南志》中的45个字、《南诏野史》中的"神狼舔地而卤出"和开元二年（714）开山建寺的开宁寺等三项，共称唐宋十项物证。

这些唐朝文物都与开宁寺有关，与佛教有关、与琅井的历史有关。琅井盐的生产是物质基础，佛教是意识形态是上层建筑，二者联系紧密；但从行文方便的角度，将这部分解读分析放在《开宁寺的开山建寺之谜》中更为合适。

五、览赕城是琅井？！对最新资料的认识

据郭声波著《中国行政区划通史》（复旦大学出版社2017年9月第1版）唐代卷下，第1284页载："32 羁縻览州（649—756）贞元二十三年析昆州置羁縻州，治小览城（今禄丰县妥安乡琅井村）。注①以处徙莫祇蛮直属郎州都督府。永徽三年直属戎州都督府。开元五年割其羁縻南宁州

盐不由衷
——琅盐井历史新探

都督府;二十一年直属姚州都督府。天宝元年直属云南郡都督府。十三年直属南溪郡都督府。"

其注①为:"《云南志》卷六,云南城东'第四程至曲驿有大览赕、小览赕,汉旧览州也。'卷七有'升麻、通海已来,诸爨蛮皆食安宁井盐。唯有览赕城内郎井盐洁白味美,惟南诏一家所食。取足外,辄移灶缄闭其井。'故方国瑜考证在牟定县琅井乡,大览赕即广通坝子,小览赕即琅井坝子。"笔者认为方国瑜的两条考证引语,虽然承认"郎井"就是琅井,但琅井并不是览赕城,理由有三:

（1）方向不对。从云南（即今云南驿）向东行第四程,到曲驿,有大览赕、小览赕。而大览赕应是楚雄坝子,小览赕是广通坝子,而不是琅井坝子。因这条路不必要从广通绕向琅井①,广通可直向禄丰而达昆明。

（2）名称不对。大览赕、小览赕是汉时的览州,此是公认的（即向达、方国瑜、木芹都认同）。因此,大览赕应是楚雄坝子。若广通是大览赕、琅井是小览赕,那楚雄是览州这个结论就不成立。

（3）理解不对。对第二条引语的45个字的理解应是:览赕城内只有吃盐的王家,而不是览赕城内有产盐的"郎井"。楚雄城内历史上和现实上都没有食盐生产的记载。《云南志》卷七说云南的盐事时,整段都是说哪里产盐,供哪里食用。因此,洁白味美的郎井盐是供览赕城内的王家食用的。只有这样理解才是正解。把览赕城"治小览"理解为在今琅井,和把郎井理解在览赕城内都是不对的。再说琅井自古至今也没有"城"可住。

再说"羁縻览州,治小览城"（即今琅井）。除了上述《中国行政区划通史》唐代卷下第1284页有此记述外,唐代以后各代（宋、元、明、清）均无琅井设置行政区划的记载。但都有产盐的记载,唐、南诏、大理国,乃至元朝琅井的盐大约都是为览赕城内王家和官家专门生产的,明初设有盐课司,明天启三年（1623）安宁盐课提举司移驻琅井,直到同治十

---

① 琅井在广通县更北、西方向,距离广通约80里;琅井距禄丰县,约100里。

三年（1874）提举司又迁往石膏井，琅井仍为盐课司，而属白盐井提举司管辖。当然，在清朝康熙年间曾明确黑、白、琅三个盐课提举司是直隶省盐法道，在划定的范围内，不受府州县的管辖，除命盗大案外，其余行政事务均由盐课提举司处理。但这个划定的范围非常狭小。与"羁縻览州"的管辖范围，完全不是一回事。把小小一个"郎井"（琅井）的管辖范围扩大太多，过于抬高其行政地位，也不是历史的真实。

六、"杨善墓碑"称为琅井

《琅盐井志》中"琅井之名，三代以前无可稽。汉则为越嶲郡境。晋属安州境。唐初为西濮州境。宋大理国为高氏封地。元为牟州境，始名琅井。至正十五年，云南行省橄井民景善充琅井寺院提点事，石碣尚存。"这说明有石碣证明元至正十五年（1355），云南行省橄景善当琅井的寺院提点时才称为琅井。

但此石碣实物现已不存在。现在只有比它晚两年（1357）的杨善墓碑，墓碑式样如图。

盐不由衷
——琅盐井历史新探

威楚盐使司琅泉郡梵海大师杨教主墓铭并序

主名善姓杨氏祖讳政世当威楚岳牧高长寿时请为

琅井师考讳顺克承厥后至教主绰有祖父之风延佑

初明威将军高侯宠赐令号为一郡师为人和平

乐易兼教法训导子孙以勤为俭一郡之人皆诚奉之

事　佛律尤勤课念肇自祖父以来即本井之南山创

精蓝榜曰莲兰若至教主　能缮治庄严至正丁酉正

月因染疾卒于第即十有九日也春秋六十有八远近

闻之莫不叹息妻氏也有三男子庆其长祥其仲定其

季也庆与族属悉依

　氏教葬于右先祖之茔越月而长子庆来定远北山

　　求

　　　报善人云亡邦之

　　　　世

　　　　　尤为其成今其立也

岁至正丁酉三月孝男立石

行列字数注释

四行尾缺一字

六行原空第二字

七行所空一字模糊不明拟为未字

十一行首一字为国字之异写

十二行只有此一字

十三行首四字、行末十字模糊不清

十四行首六字模糊，也后无字

注：原碑为竖排，每行字数与现图一样，碑是大理石质，厚约6厘米，长约80厘米，宽约50厘米。此碑在1990年前是一户人家厕所的垫脚石，现已竖立在魁阁楼右

唐宋可考：狼井—郎井—琅井

侧。从石碑右侧的年份来看，立碑时间元朝至正丁酉年（1357）。按杨氏三代上推100年则为1257年，那时云南处于元朝统治之下，在江南则是南宋宝祐年之后。所以此碑所记述在琅井南山创建之精蓝（佛寺）当是宋元之事。

根据墓碑可做如下判断。

《元史》："宪宗三年征大理，平之。"这是1253年平定大理。之后在白城（白盐井）设有榷盐官。宪宗六年（1256）立威楚万户，宪宗七年（1257）高长寿内附，被封为明威将军，至元八年（1271）改为威楚路，置总管府。至元九年（1272）忽必烈用赛典赤到云南行中书省，1276年将行政中心从大理迁往昆明；楚雄在"世祖至元十五年，于威楚提举盐使司拘刷漏籍人户充民屯，本司就领其事"这说明在元世祖至元十五年（1278）已设有威楚盐使司。在赛典赤当政的六年中，经他请准，云南省原来使用的贝币和盐币仍可流通使用。1279年赛典赤死后，他在云南的各项举措仍获准照旧实行。

在黑井，后至元六年（1340）立有一块《万春山真觉禅寺记》碑。这是由翰林侍读学士、知制诰、同修国史、中奉大夫、云南诸路行中书省参知政事李源道撰，而由蒙速思丞相三世孙、承务郎、威楚盐使司提举完者秃①书丹②，再由秘书监著作郎、亚中大夫、佥云南诸路肃政廉访司事杜敏篆盖③。

黑井还有另一块碑记——《狮子山启明殿碑记》，是元至正六年（1346）所立，由"朝列大夫、威楚盐使司提举李慎斋撰、亚中大夫、嘉定路总管盐司副提举公孙　书丹。所以在元至正六年，仍设威楚盐使司，李慎斋是提举，公孙　是副提举。威楚盐使司，1340年的提举是完者秃，

---

① 完者秃的身份是威楚盐使司的提举，他是蒙速思丞相的三世孙，蒙速思在元史中有传。
② 书丹，是在刻碑之前用红色，在石碑上书写碑文，这书丹的人一定是书法较好之人。
③ 篆盖，碑铭例以两石相合，一石为盖，盖石题字，一般用篆书，称为篆盖。杜敏是否再当过威楚盐使司的提举，不详。立此碑时黑井设有威楚盐使司黑盐井司库。按此碑记："滇池西走六驿，有郡曰'威楚'。东北五舍，沿深山、入长谷有醎井，取雄一方，以佐国用，以资民生，厥利至博也。"

盐不由衷
——琅盐井历史新探

1346年的提举是李慎斋。完者秃，承务郎（五品以下）；而李慎斋是朝列大夫（五品以上）。六年时间提举的官秩有较大提升，反映出盐产量和重要性的提升。至正十七年（1357）立于琅井的《威楚盐使司琅泉郡梵海大师杨教主墓葬铭并序》碑，其称谓也是威楚盐使司。黑盐井有司库，琅盐井则没有官称。也许当时琅井盐只供威楚官家所食，产量较小，不必单设官职，虽然如此，也会有专人管事，如后来的李普政即是。所以：

第一，在元代，制盐和教务是分开的，制盐归威楚盐使司管，而国教佛事则属一郡师或寺院提点管理。杨善墓碑的作者是牟定人，他自然清楚琅井的行政归属，所以，既不属安宁州，也不归定远县，而直隶威楚盐使司，是其之下属——琅泉郡，此碑证明在元朝的时候使用的是"琅"字。

第二，在杨善之前，其父杨顺克、其祖父杨政，都是"一郡师"，而且是父子传承。高氏在大理国时称为威楚岳牧，1252年忽必烈出征大理国，次年大理国投降，袭用全部段氏官吏，高长寿于元宪宗七年（1257）内附元朝，封明威将军（官秩正四品）。延祐初（1314）高长寿赐杨顺克令号为"一郡师"。根据《元史·志第十三》记载："及高升泰执大理国柄，封其侄子明亮于威楚，筑外城，号德江城，传至其裔长寿。"查高升泰执国柄是1095年（在中原是北宋绍圣二年），高升泰是白族，当时有子承父名的习俗，同时依据其他资料，可以推出高升泰——高长寿的传承顺序如下：

高升泰（1095年，因段氏承嗣不贤，被推举执大理国柄）
|
高泰明（还政于大理国段氏，段氏感激，封高氏官爵世袭）
|
高明亮（《元史》中称其为高升泰侄子（按，有误，应为侄孙）被封于威楚）
|
高亮成［德运碑中有此人，是高明亮之子（或为高亮长）］
|

唐宋可考：狼井—郎井—琅井

高成长（以上下辈人名推出，如高亮成即高亮长，则无此推测之必要）
|
高长寿 [元宪宗七年（1257），高长寿内附元朝。其先前两到三代，都是大理国的威楚岳牧。所以碑中第二行的高长寿应为其父、祖辈。请琅井杨政为一郡师。降元以后封为明威将军。延祐初（1314）赐令为一郡师]
|
高寿贞（德运碑中有此名，应是高长寿子侄辈）

从高升泰执大理国柄起，到高氏赐令杨善为"一郡师"止，共219年，历五至六代。

第三，自杨政时起，在琅井之南山，创建寺庙，至杨善时因未能缮治庄严，至正十五年（1355）橄景善为寺院提点，实际上是罢了杨善的一郡师。两年后杨善即病死。那时建大寺庙称为"莲兰若"，小寺称为"伽蓝"，有小寺三千，大寺八百之说。

第四，在1257年之前，即高长寿降元之前，琅井属大理国，此时是南宋宝祐年间。琅井的食盐应仍是供皇家所食。到了元朝，特别是建立了威楚盐使司后，黑井、琅井的盐务都归其管辖，实行榷盐制。而佛教事务则由行省直接发橄，点景善为寺院提点。这一方面说明当时的"王师制"权力很大，另一方面则是琅井的寺庙很著名。

另外，在元朝还有刻满梵文的火葬墓幢，和另外六块梵文碑，我们不能释读。

以上四点是有关琅井在宋元时期的历史。至于佛事活动，在后面有关章节中，继续讨论。

第二章 明朝加强对云南盐政的管制

明洪武十四年（1381）九月，朱元璋派傅友德、蓝玉、沐英等率领30万大军，分两路进攻云南。十二月傅友德攻至曲靖，蓝玉、沐英直扑昆明，梁王把匝剌瓦尔密，见事已不可为，在晋宁自杀。十五年（1382）闰二月，蓝玉、沐英攻占大理，云南省平定。

在沐英率军攻大理时，琅井的李普政（原是梁王麾下威楚盐使司派往琅井督办官盐的头目）率地方百姓和户口册籍投诚，并在进攻大理时备献粮草，充当向导，随军攻破龙首、龙尾二关。斩获贼首级，验明记功。洪武十六年（1383）随颖昌侯班师入京觐见，赏给黄字命符，准授琅井土官巡检，子孙世袭。开启了李氏土司十六世的袭承之基。

洪武十五年（1382），在云南省设盐课提举司四个，分驻安宁、黑盐井、白盐井、五井（云龙）等地。"琅井盐课司属安宁提举司分辖。"琅盐井"开自洪武年间"。成化六年（1470），安宁灶民杨伏保等奏讨琅井煎盐，遂以安宁井灶丁81人及别省充发来的6丁，共87丁摘拨琅井煎办。连同原琅井的51灶丁，共138灶丁，分为32灶构成琅井盐业的基本形态。琅井安宁街即由安宁迁来的灶丁灶户居住地。

据明嘉靖三十八年（1559）所立《宝应山开宁禅寺碑记》中说："明嘉靖皇帝据唐宋野史记载：'神狼舔地而卤出，故名狼井。'皇帝奉敕钦赐'开宁禅寺'祈祷开盐井求安宁。皇帝喻圣旨：'铸造铜钟铜佛八十一尊'。"①

---

① 此即指杨慎于嘉靖二十九年（1550）所著《南诏野史》。但此碑所载是否真实可信有很大疑问，后面有专门分析。

明朝加强对云南盐政的管制

天启三年（1623）将安宁提举司移驻琅井。琅盐井盐课提举司设治251年，至同治十三年（1874）又移往石膏井。琅井只设盐课司，隶白盐井提举司，直到清末。

所以，由于明朝初年，琅井未设提举司，只设盐课司，归安宁盐课提举司分辖，盐课司没有保存对琅井盐政的具体考察材料，用当时最大的黑井盐课提举司的材料就可以代表全滇的盐政情况。

明洪武二十年（1387）十月，命湖广常德、辰州二府三丁以上出一丁往耕云南，对云南大规模移民。《黑盐井志》载，洪武二十六年（1393）奉旨迁移64人至黑井充当盐户及灶丁（包括户、礼、兵、刑、工等部主事、员外、郎中及巡按、府、州、县等各级官员和太医、生员、民户）。而《皇明制书》卷十八指明，黑、白盐井提举司是军盐系统，属四川盐井卫军民指挥司管辖，盐产"供军食用"。明宣德十年（1435）定制十三司，由户部山东清吏司，金科主管，包括云南的四个提举司。明弘治十六年（1503）的《铎风台记》说："楚雄黑井，蕞尔之地，又在深山大泽之中，男不耕，女不织，饮食日用，日视其井水煮以为盐，上与输课，下与资身。"

明万历四十八年（1620）巡按云南奉敕兼理盐法山西道监察御史潘濬组织编撰了《全滇盐政考》（已散佚），在黑、琅两井志中都载有他撰写的序。在《黑盐井志》中还有他下达的牌令《初议刊盐政考牌》和他撰写的"课额论""灶丁论""行盐地方""经费论""条议论""条款论""灾伤论""劝惩"等八段序论。这是全滇盐业的一件大事，因之将其牌、论、序三篇引录于后，以便研究明盐业史之参考。

一、《初议刊盐政考牌》及其序论

（一）牌令

察院潘为盐政事，照得滇南馈饷，大半取给盐课。而薮匿藏奸，至如

盐不由衷
——琅盐井历史新探

鬼神之不可测识。盖各员役倚填溪壑，各顽灶倚为窟穴，狼狈相倚，课日益亏，政体日益溃壤，而恶害己者，或去其籍。时欲综一成事，核一成额，而案牍半属乌有。若不编刻为书，何以备稽考。为此牌行该道，照牌事理即便。行大理、楚雄、姚安有井各府，将黑、安、五各井应载各事宜，应议各利弊，逐一列款大较：首地图，在州郡邑之某方，距若干里；次职官；次井名，某井居城郭，某井在山涧，各井各距若干里，或某年开，某年废；次课额，某井若干，或某年增若干，某年减若干，某年全豁；次井丁；次行盐地方；次经制，载一切公费；次沿革，历年条议，各载崖略数语，不用全文；次利病，应兴应厘，此其概梗也。如有未尽条件，不妨斟酌增加，备订明确，详道覆议，通详酌定，发刊名为《全滇盐政考》，庶徵往信来，开卷不啻列眉，别蠹厘奸，清醒无难措手矣！其刊刻工费，预先措处，俱毋迟错须至牌者。

（二）八段序论

1. 课额论

论曰：管氏轻重之法，盐百升而釜，由釜而钟，而百千万亿亿，此盐课之所由始也。夫课按卤而定，有日计，有月计，有岁计，何不足之与有？乃井有开有塞，卤有盈有涸。而课之增减因之。此亦因地之利，顺人之情而衰益之，使得其平也。顾逋员无岁无之，此何其故？语曰：天地生财有数，不在官则在民，今公家不得什伍之用，而贫灶日脊脊告困也，抑饱谁氏之橐乎！专责成而严考课，有三尺之法在。

2. 灶丁论

论曰：井灶丁徭有定额而无常法，来即吾丁，去亦随之，少则招之，多则均之；良则存之，奸则逐之，如是而已矣。班保之设，自今四十八年始。党正者，课长之总名，借以便督催者也。浸假而操纠，率以胁官，则灶病。保户者，省城之歇户，借以勾稽者也。浸假而借，比较以科索，则灶亦病。夫法立而弊生，弊愈滋，而法不得不严也。权缓急而操纵之，是在乎司盐官者。

3. 行盐地方

论曰：管子称十口之家，十人食盐；百口之家，百人食盐。此行盐之说也。夫行盐之地，其初出，计盐之多寡，量户口之繁简，较道里之远近，不知几经筹画，而疆界始定。故行之二百五十余年，莫敢逾越。近日稍稍侵轶，如白井之于五井，和曲纷竞方息，而邓浪之间犹烦，立店置逻以防白井之潜越者，此其渐何可长也。

4. 经费论

论曰：盐官之经费，胥吏之月饩，不可废已，向者载在经制，未始不详尽，而后稍浸淫也。复逐事派之灶户，此一公费，彼一公费，义则何居？今已厘正，禁约具严，凡款内所不载者，则无名之征，脧膏吮血心独何忍！有司者其恪守之。

5. 条议论

论曰：言之匪艰，行之惟艰。各司条议，言人人殊。有可行一井者，亦有哆虚文而未见诸行事者。要之，不以言取人，不以人废言，故并存之。后之官司，考利弊之原，镜得失之林，亦可猛然省矣！

6. 条款论

论曰：夫盐，农而食之，丁而出之，商而通之。贵上极，则病农；贱下极，则病灶；贵贱不得其情，则病商。故，人情以为田，而后鹾政可平也。以余所观，核正课、酌公费、革行税、豁悬课、损盈益虚，合乎时宜，其于政也平矣。不蠹国、不贼农、不亏灶、不害商，一举而四善备焉，推而行之可以经久。

7. 灾伤论

论曰：天灾流行，何国无之？沧桑变更，理亦或然。但此中率多夏潦，数日之后，涸可立待。即有宕压，掷浮石，寻故址，数卒之任耳。若夫借影响以告灾，张虚声以闪课，官与灶两相缘为奸也。种种诡谋，有巧历所不能穷，隶首所不能算者，此则人为之灾，天乎何与？

8. 劝惩

论曰：豪杰之士，卓然自兴。其次必籍劝惩矣。历稽往牒可书者，何寥寥也？比年以来，两台贞宪肃纪，各司凛凛，争自濯磨。贤者固不乏人，其如刺于例何若；不肖者，民实有口，严于铁钺，即存而不论可也。虽然人之好名，或胜于好利，其好义也。司诠者提举等职，悉补廉吏，三年绩最，得从优录。如是而吏治不兴，国用不足者未之有也。

二、《全滇盐政考序》

"汉史"称滇有盐池之饶尚矣。晋唐以来，法不可得而闻也。明兴，张官置吏分理，各有司存岁简，巡方使兼董事其事。边饷国储，取给于斯，政綦重已。滇井醝与海异，滇醝政又与淮浙异。彼其海滨广斥，原美利饶，故边商竖贾，能设巧智、操奇赢，以致富美与王者醉。豪猾奸民，亦窃之以为利，往往张帆列舰于江海间，小者匿，大者抗，轻重之柄倒持而法不行。

滇则不然，司醝之官，谨按其籍，日持筹以与丁灶，量升斗酌低昂而征其额。即行醝之地尽滇而止。商贾营贩知尽能索，非必有猗顿之资，计然之策，争时趋利也。政宜易理，而法宜易行。惟是源溢而利丛焉。利丛而奸蘖焉。吏恣溪壑，灶营窟穴，而国课告匮矣。课日以亏，政日以弛，或恶害已也。而去其丁徭岁课，时欲综一成事而不可得，则法之不行也，自盐官始。

明朝加强对云南盐政的管制

不佞奉简书从事，义不敢蘧庐视之也。行部时，每询黑白诸郡，山川风土，与夫政务否臧，凡得崖略，归而筹之，会署鹾曾君，理鹾杨君，偕藩伯施君后先同志，相与条晰其利弊而折衷其当否。于是浊者汰之，渚者清之，溃者塞之，坠者兴之，呦竞者调剂之。仍岁有校，季有核，月有程。反覆商确，颖几敝心而几呕，而后鹾政次第举矣。顾不酌为画一之令，编为一成之书，何以征往事，风来者。适学使樊君，校士之暇，文笔藻润，寿剞厥氏，人贮一帙，用备综稽。

夫官海佐赋，以属大农，军与之费，日出其中，禁奸纠墨，持斧之责，导利疏滞，总鹾之职。王言如纶，人臣奉法，三尺而已。故，首敕书，律例次之，率土王臣，于旬于宣，虎拜稽首，对扬王休，敷奏述职所以宣猷也，故志表笺，入觐因之，官司次之。原大则饶，原小则鲜，肥确盈固，或通或涩，而巧者多赢，拙者寡羡。故渚列诸井，地图先之，井名次之，底慎厥赋，取则三壤，或衰或益，与时消长。而食卤之乡，贸迁俯仰。故额课先之，井丁次之，行盐又次之。成赋制用，什一而足，费出有经，平准式谷，苟为无名，饕餮其腹，故记公费，杂费次之。权衡重轻，不歆则均，剔蠹绳奸，以革以因，人情为田，可以有年，故述沿革，天灾次之，建置又次之。道之以洁，犹虑其污，道之以污，渐不可图。漩源节流，惟二三廉吏以为鼓桴，故以劝惩终焉。

呜呼！管子有言，惟官山海，谨正盐䇲。是书也，考古准今，规前条后，蕲于法行而止。所以饬盐官正盐䇲也。凡三易稿而后成览者，毋以敝帚享之，顾予不佞，款启寡闻，智有所不逮，虑有所未悉，后之君子，通变神化，使民宜之，虽行之久而永不敝，可也。

皇明万历四十八年岁次庚申仲秋月

巡按云南奉敕兼理盐法，山西道监察御使潘溓撰

明朝万历年间，由于皇帝长期不问政务，不见朝臣，奏疏留中不发；一直晏处深宫，嗜酒、恋色、贪财、尚气，以至于"一事之请，难于拔山；一疏之行，旷然经岁"。官缺职虚，职钱谷而摄军屯，职兵戎而摄盐

盐不由衷
——琅盐井历史新探

马,朝政一片混乱。万历二十年(1592)宁夏用兵平叛哱拜,军费二百余万;援朝抗倭,用兵八年,军费七百余万;贵州播州平杨应龙叛,用兵军费又二三百万,三大征踵接,"国用大匮"。而万历二十四年(1596)乾清、坤宁两宫大火;二十五年(1597)皇极、建极、甲极三殿连续火灾,无钱营修,于是,大兴矿税,派出大批太监为矿监税使,直接向民间搜括,不仅直接掌控矿源,而且"视商贾懦者肆为攘夺,没其全资;负戴行李亦被搜索,又立工商名目,穷乡僻壤,米盐鸡豕,皆令输税。"大学士吴道南曾慨叹说:"自榷税之政行,而貂珰盈余于远迩,网罗遍于闾阎。始犹取之商旅,既则取之市廛矣;始犹算及其舟车,既则算及其间架矣;始则征之货物,既则征之地亩、征之人丁矣。穷天际地,搜括靡遗,由公逮私,挪移殆遍,或借这赎锾,或扣之各役工食,上下交征,官民并困。"云南就派了太监杨荣坐镇搜括,万历三十四年(1606)引起民变和兵变。这股矿监税使贪赃枉法之风一直刮到万历四十八年(1620)七月二十一日,皇帝死时才遗诏罢止。这就是潘濬在仲秋(八月)编成《全滇盐政考》,整顿云南盐业的历史背景。

下面就黑井在万历年间的奸宄之事,列举数条,以资佐证。

万历二十五年(1597),黑井旧例,岁解布按二司食盐,所费工无几,而奸灶反借名科敛。抚院陈禁革。

万历二十七年(1599),提举徐有造呈条经准:①旧将琅井牙行税银二十五两抵充黑井官吏俸钞,以作养廉。"非制也"。税银解布政司充饷,官吏俸钞于定远县支给。②东井与大井窝卤,每日各给六桶,而大井日纳二钱,东井止纳一钱,于法不均,今两井俱日纳二钱。③东井台坐落河心,夏秋雨多浸没,每年只征课三季,一季停汲,而灶民每窃汲肥私而不补课,今应补课。

万历三十五年(1607),署黑井临安通判汤嘉宾条呈获准:①小尽课银向来照大尽额课取盈,虽日计无多,而灶民亦苦赔累,以后遇小尽除免。②井司有称段役三人,即名库子,不用天平而用大戥,不收之官库,而收之私家,登记白头文薄,浸弊何所不至,改由灶户自称入柜。③住井棍徒，往往以钱债斗殴，小事捏词，赴府县耸告，差人拘提到井，三五成群，将灶丁锁禁，歇家敲打或畏惧躲避，淫乱妻女，逼费索诈，不厌不已。一丁受害即亏一丁之课，宜行禁革。

万历三十七年（1609），提举何图呈条获准：①提举到任，旧例灶户四百九十五丁，并东井、琅井、阿陋井盐课司灶丁二百三十余丁，每名纳见面银一两，提举秩亦不簿，新任灶民观瞻，一染指即得七百余金。首宜革禁。②提举官往府谒民，议革。③四季解课，灶民出银雇勇夫护送到省，今议于征课余内支给。

万历四十二年（1614），大理府同知黄廷凤署黑井印，申称蠲除羡耗，不尅正卤，不派使用，则灶民煎盐自旧其利，利之所在熙攘而来，又安有弃卤不领，逃窜他方，鬻妻卖子，拆毁庐舍之理；原领卤十日为一班，纳课十日为一主，职今定，五日即纳其半，后五日又完其半。盖愚民得财即费，顿而征之，不若渐而输之，即后雨多则卤多，许以尽将余卤给之，使其夏秋不赔，待至秋冬获利，亦俱服贴，勒石遵守。

万历四十二年（1614），永昌府推官童述先请黑井盘查允两条：①该井正课各项银只二两九钱，今收五两，多收二两一钱，致课多逋，请颁法马每两只加五分，违者以不职参论。②黑井额编公费工银三百两零，征收在官，答应司官将银乾没入己，复派各灶。应将前项公费银两，佥支销吏一名，支用登报循环。

万历四十七年（1619），内右布政使司，带管盐法，守安普道副使曾会签覆详、按院潘允革下八条：

革销折：该司银匠既给有工食，销银责以足色锭而镌刻姓名，设有低假，责在银匠，销折应免征。

革添针：设近用广东天平，灶民亲身称兑，何容加该添？应免征。

革火耗：银既足色足数，自兑自完，火耗免征。且以前每丁每班该银一两七钱，加火耗至三两二三钱者，并革。

革京耗：先年课银解京，方议此款。今已解司，其京耗亦不必复解充

饷，应免征。

　　以上四款查各灶丁每月于黑、复二井每丁征银二钱一分，年共银一千二百七十八两零，今永革，不许仍复混派。

　　革换桶：桶换一次，费止只二三两，而年换四次，一换辄科百余金，狼吏讨为作兴，印官大半克橐，殊为可恨。近经历诸天英已议自置矣，应永革。

　　革民情：老人先年用此辈秤兑，大理黄同知已议汰革，后又复用。今灶民亲身轮纳，何须再用，以滋揩索，应永革。

　　革称锯：行此辈籍报充纸扎为名，任索牙钱。今纸扎既以公费抵支，应裁革。

　　印官初到与年终时节，日逐供应，及其公出至府，灶丁上班，吏书皂役查盘，俱不许复肿旧规，科索毫厘。

　　万历四十七年（1619），带管盐法守安普道副使曾　　覆详。按院潘允行后七款：

　　革耗：盐井夙称利薮，盐官向系贡监，多不自爱，先收私课后给官卤。灶丁目而把持拖欠。宜行先课后卤之法。仍令府县正官，将各司贤否，两月一报，贪横者问革。课不完者补完方许离任。

　　酌卤：大井卤淡一桶止煎盐八斤，旧每丁日领十桶煎盐八十斤。今复隆井卤旺且咸，每桶煎盐四十五斤，卤多值又太轻。今议每丁日给大井四桶，复隆二桶，使掺和熬煎。其复隆卤多余，恐民窃汲，议筑石墙、建铁门，以时启闭。凡汲卤仍运往大井煎办，居民不许近复隆，以杜滥窃。

　　复仓：黑井旧有盐仓数座，后被回禄，今设法建复。顺序编号，随给卤，随收盐，随上课，随给盐，则事权在官，煎卤者无怠，办盐者无匿，纳课者无捱，给盐者无揣。一切奸弊，有所提防。法之最善者，即先课后卤，遗意也。仓亦旋报竣工矣，即欲带征旧逋于此收扣，更为直截易行。

　　议僦班：余卤僦班课银原非正额，官借以润橐，民借以齐官，所遁反溢，于僭所止，以利贪猾，国课何利焉。始僭为九日，旋又僭为八日，月多六日之卤矣。盐益壅，值益贱，灶民益称苦。今经豁此项，而以复隆新课抵，以后仍十日一班，毋许再僭半日半刻，致坏醝政。

禁奸豪：查各盐井原非农桑本业，皆射利小人趋之。如聚敛穿穴，把持扛都是也。甚至乡绅黉士，或身作市魁，仆充牙侩，恣意横行，许可官不时揭究。

严查验之法：旧于沙矣旧巡检司设一官验票，后渐废。商或通灶潜去，灶或收课不交，以致瞒官逋课。今议：完课日司给完票，令巡司查明放行，无票不许、稽防一法也。

比保：各井欠课，严提只如故纸，差人又恐生事，查省城有井各歇家与保户同，一切课银之低昂，官吏之消息皆此辈居间，今只拘歇家，立限比责，则城市中与井上痛痒关切，既省差人生事，又使灶丁畏法，气脉常通，不致呼而不应矣。

万历四十八年（1620）四月，本道副职使杨详允：

查得各井煎办旧例，先课后卤，原无逋欠。后来一二奸灶，巧中司官，为其挟制，装成圈套，倡言抚不领卤，司官乃通融，变为先卤后课，由通融生逋欠，藉逋欠掩侵渔。今已复先课后卤，应通行各井，将每日给过卤数，收过课银，照班次具花名细数一月一单，递报本道查考。则灶户赖课无所容其奸；即经收员役亦不复借口逋欠，别生情弊矣。

万历四十八年，署井通判伍礼顺覆详盐法道副使杨按院潘允行后四款：

（1）查东井正课：该伍通判查得，东井产于河滨之东，故名。东井卤，每桶煎盐二十二斤，洁白堪食，从来岁征课三千一百三十六两，至万历二十年，始减为二千六百九十一两八钱四分九厘，至二十七年井石台弗

盐不由衷
——琅盐井历史新探

坚，洪水冲没，逐年借口拖逋，仅完九百两遂为定案。至四十三年奉带管粮盐道李左布政牌仰署井李知州校勘，又凭此数为额征详允在卷。其实卤数亦饶，卤价亦腾。非该井之不能完课，由从来先卤后课，灶丁顽习，故为捆拖，井官不得其人，急私橐、缓公帑者贻之也。嗣自大使车应星四十五年五月到任，调停为先课后卤，不拘老灶，不拘街民，有价便卖，随纳价之多寡，为给卤之桶数，于是拖逋之计穷，而从前之额足，论给卤昼夜不休时，论纳价尚盈余于额课，于是以其盈余租，帮贴东井之不足。盖谓西井自复隆未开之前，原与东井咸淡挽煎。后东西分灶不得不裹益，以安两井之民情耳。至四十六年四月，经灶民杨顺德迫于司庭之刑，遂将余租百出，而增数二千五百五十八两，至五月内，蒙前李府台临勘，复井众灶告减，止增一千两，合正课九百两，共一千九百两。今该卑职奉委校勘，一日一夜有一百八十余桶，虽夏秋雨多水涨，比冬春河干水涸不同，总之一百五十余桶，四时可常足也。井台砌以石，锢以铁，坚牢可百年无虑，纵迂淫雨淹没，不一二日即退，无经月恒淹之理。今为该井长虑，宁照前免两月不算外，但以十个月为率，可有四万五千桶卤数，除每日窝卤六桶外，而四万三千二百桶可常定也。据该井卖卤，每桶不止六分，即虑低昂，而定画一，每桶以六分为率，而四万三千二百桶有二千五百九十八两之价课矣。此熟计一年可常足之算，不亏官，不损民，即以此定额课可也。要之前人不能完而今完之，前人之不能增而今增之，不可谓非车大使先课后卤之功也。再照此一井，众官视为奇货可居，而营谋署管者比比而是。彼耽耽逐逐而来，势不大嚼而去不已，吮民剥国，其所必至。本提举司业有吏目空闲，何必舍近而远求，为众灶啧啧弗便哉。又念西井并东井共一箐地，而行盐地方亦同，西井限桶以节盐之壅，而东井任其昼夜长汲，未必不为西井妨也。亦当如西井限定桶数，则每日一百五十桶之外，不许再放，亦易完课之一策也。到道该本道副使杨覆：看得东井盐课初额三千一百余两，已无问矣。即就二千六百九十一两八钱之数，以二十七年，偶被水冲，不过数日旋复，而奸灶遂借口拖逋，年止完九百两，相沿一十六载，道文之催，课司之解，仅如其数而止，其中奸弊，不问可知。

及四十三年委李知州校勘,依样葫芦,漫无成算,始犹在可上可下之间,本官一申,即据为定案,牢不可破矣。至车大使经管,卤有盈余。课有浮数。使其具一申文,从新厘正。本官贤能,岂不卓然可纪,计不出此猥云,藉补西井不足。夫东西各有额课,职掌各有攸司,舍己田而芸人田,灶实有口,其谁信之。于是杨顺德以余卤报租二千五百要之,余者正之别名,不过朝三暮四,借以盖前失,非正课少而余租反多也。今据伍通判校勘,不避劳怨,尽数报出,每昼夜一百八十余桶,第就一百五十桶要为率,每桶定价六分,照旧免除二月外,计课有二千五百九十八两,岁可常足,即应以此定为成额,将余租名色删削,通改变为正课,毋用增减。至于汲卤,亦应与西井一例,日止一百五十桶,此外不许多汲,则官可免于卖卤之讥,西井亦不受盐壅之柄,二十余年积弊,可一洗而清之矣。

详按院潘,批允牌开:该井卤咸,煎盐比西井几盈二倍,以前征课三千一百三十六两,国不沾丝粟之利,后增减无常,既委署印伍通判校勘,一昼夜得卤一百八十余桶,而定以一百五十桶,四时汲放不绝,照旧减两月,止算十个月,每桶可得价一钱七八分,而定价六分算,共卤四万三千二百桶,该银二千五百九十八两。如此着着从宽,灶民厚获,薄输官府,用一缓二,自今伊始,毋须告减毫厘矣。严谨关销,每日止放一百五十桶而止,不得多放,以致盐壅课亏,其委官即属本提举司吏目,为便吏目缺然后另委,庶杜此辈闻营胺削之弊。

(2) 查东井公费:该伍通判查得东井公费,除皂吏二名工食银十二两;大使油烛银一两;新任伞盖执事银一两;新任公宴银五钱,编载经制,系提举司征给外,至于载在该井自征用者,止春秋祭祀银六两,朔望行香纸烛银一两五钱;书手工食银三两五钱;皂吏四名,二季工食银十二两;年终造册纸扎工食银一两七钱;差吏比销倒换循环银二两;油烛银一两;解课盘缠银八两;日行纸扎银七两二钱;年终桃符门神银三钱;共银四十三两三钱耳。如表覆银一两五钱;历样银一两;岁会比草银一两;提举司吏书比销银六两;稿书工食银四两者,非经制所载,系帮提举司也。事由历年旧例也。如楚雄府稽迹银一十二两者,非经制所载,系帮本府

盐不由衷
——琅盐井历史新探

也。事在四十二年鲜同知始也。如定远县丁差银九十四两三钱；楚雄县丁差银三两三钱者，非经制所载，系灶丁多两县之民也。事在四十三年灶民闫相臣告批，定远县议也。如盐法道纸扎工食银八两；封筒银一两五钱者，非经制所载，帮道取用也。事在二十六年灶民李显六告增窝卤充之也。如撑节银四十二两；添针银一两二钱者，非经制所载，乃扣减各项工食助辽饷也。事在四十六年侯知府所议也。如京耗滴珠银一十六两二钱者，非经制所载，乃解课正项也，事与正课从来。如生员灯油银二十五两九钱二分；井门子工食银三两六钱；非经制所载，该井自为优恤也。事在近年也。如解课盘缠增银四两，吏书比销增银六两，给卤灯油增银三两二钱八分，非经制所载，该井自增不足也，事亦无起始之年也。如三道河哨兵工食银一百零八两者，非经制所载，系何提举所议为防守也，事在三十年兵变之时也。如窝卤银七十二两者，经制仅载十八两，而后解司有七十二两也。夫窝卤有窝卤之价，原与正课无干。不必论矣。不至于酌议。万不容免而听动正课者，惟京耗、滴珠、井门子工食，三道河哨兵工食，与经制所载各款耳。盖课有定数，分毫难少，而滴珠既在课外，自应取足，课中井门子为守卤哨兵，为防卤俱势不可无也。无粮难以募兵，用其力当与之食也。若定远楚雄丁差，甚属不通，该灶丁非仅二县之民，何独征二县之差，况二县之民差，载该县版籍，自有该县征收，里甲听应，自纳于县，奈何代征于井？况概征不必尽县民之卤价，而偏帮二县之差银乎？至于减扣撑节，帮楚雄府稽迹，帮提举司各费，帮盐法道纸扎，优恤生员灶油，增该井诸不足者，帮非额制，犹为私情，增自取盈，随该井以其所余，供有所用，不得轻动正课也。公费多款，虽有相承之事例，而酌久通行，应从画一之规条，载诸盐政考者，措之全滇可遵也。

到道该本道副使杨覆：看得各井公费，载在经制或派之灶丁，或取之窝卤余租，未有不经申报，擅动正盐，滥触如东井者。盖以前一手握定九百两解司外，其余任意花销，而莫之问耳。今据伍通判逐款查议，极其明悉。除经制原额四十三两三钱照旧外，正课开销内，表覆一两五钱，历样银一两，岁会比草银一两，井门子三两六钱，共七两一钱。三道河哨兵防守卤课,势不可少。但坐食该井,平时既不操练,有事又不调遣,难以募兵一例,每名应裁定银六两共七十二两。以上共七十九两一钱,应准动支。至于撙节银四十二两,以助辽饷。查得抽扣各役工食,即司、道、府、州、县莫不皆然。何独东井以课充之,不知撙节者于何撙节?且辽饷自四十六年方起,以前作何支用?定远楚雄丁差九十七两六钱,壮丁非尽二县之民,丁银自有应征之额,若照此例,则通省灶丁差银,皆必取足于井,何以各井不然。京耗、滴珠一十六两二钱,课银既不解京,近蒙本院已出示免派,三项经应裁革。生员有本等优免灯油银二十五两九钱二分,课司自行示恩,安得动用正课?或与否听其自处。楚雄稽迹十二两,提举司各费与本道吏书、纸扎、工食、封筒共九两五钱,本道原无取解,系帮解。提举司解司窝卤银七十二两,俱不在正课内,以上通于经制外册开公费四百四十九两内,除准支七十九钱两一钱外,该剩银三百七十三两九钱,此后俱解司充饷。照校勘定额二千五百九十九两,除去准支七十九两一钱,年该实解课二千五百一十八两九钱。此则存所当存,裁所当裁,于司官不病,于国课无亏矣。

详按院潘批允牌开东井公费,除经制各款该银四十三两三钱,系编灶丁差银,照旧支用外,如表袱、历样、岁会、比草、井门子工食,并三道河守卤哨兵工食,共七十九两一钱,势不可缺,准予正课内支销。又款开楚雄府稽迹银十二两;提举司吏书比销盘缠银六两;稿书工食银四两;解课盘缠银四两;比销增银六两;汲卤灯油增银三两二钱八分;盐法道纸扎封筒银九两;系窝卤银七十二内动解,听其仍旧。至于撙节银四十二两;添针银一两二钱,仍驾言辽饷抵半、扣各役工食之数。又楚雄、定远丁差银共九十九两六钱,以井课代邑赋,大骇听闻。京耗滴珠银十六两二钱,课不解京,京耗何为?以上三项尽行裁革。生员灯油银二十五两九钱二分,各井所无,该井独有之,箪豆示恩,是可不与,即与之听另处给。总计勘定额二千五百九十八两,除准支七十九两一钱,实该解司二千五百一十八两九钱,毋用别支。盖该井年来额太缩,而卤太盈,官灶因据以果其腹,旁人亦竟起汲其润,遂至滥触。莫不穷诘,以正论充公费,最井上第

盐不由衷
——琅盐井历史新探

一蠹政,何惮而久不更此也。

（3）查阿陋井公费：该伍通判查阿陋井公费，额在经制，年该银四十七两九分三厘，不派于正课，而派于灶户者，起于万历二十二年，奇兴井新出，将原议黑井帮贴十两归入阿陋，因而遂议派出灶民，查未奉有明文可据也。大井、猴井、众小井每月派四两五钱，年该五十四两。要之公费工不可缺，正课既不动，则派在灶户，听其自然可也。即多派七两可以代别项之费，无妨也。先年老灶张志松开井一眼，定课十两八钱，后遭埋没，而以行税抵补者，因见行税大获利，故以此代偿耳。查该井行税，每盐一锅抽税肥九索，此税不入官帑，但储牙侩私橐也。据称每锅抬盐一索，据盐一索，日出盐五锅，年该一千八百锅，其抽税肥，一万六千二百索。亦在九索之中，既除此算尚年该一万二千六百索，该卖银七十五两六钱也，内补张志松埋课十两八钱，并巡道刷券赎银五两，尚剩银六十两。据该井回称，留为支销答应上司差役往来之费，则支吾之说也。该井僻处丛山深菁，原非冲途，较琅井远甚，以琅井之冲途，尚无此项费用，而阿陋独设此规例乎？况六十两多税，而尽销于无名之漏卮，徒为牙侩，饱鹰鸮之腹，使商贾受横征之扰，此项可革也，亦不必抵充公费，留此葛藤。总之商人乘除之算，必不肯错，多取于行税，必克减于盐价，而行税既免，盐价自增，而恤商民，正所以恤灶民也。张志松井既埋没，何必拘此数两之课而不可蠲免耶？至于刷卷，自有应问罪者在，而先留此代赎，何以警承行者之违错哉！则行税应照各井事例宜革也。到道该本道副使杨覆：看得阿陋井公费，经制额载四十七两九分三厘，今则银七两，因于大井、猴井、小井月派积有此数，应如伍通判所议，听其照旧外，至于张志松井一眼定课，止十两八钱，后因井埋没，仍以行税抵补，计盐算税，可得七十五两，抵课者不及其十分之二，于公帑何益，而朘商贾者血膏，以充牙侩者私橐，非法也。张志松井课，应除豁行税，亟宜禁革，仍勒石昭示永久。详按院潘　批允牌开：阿陋井公费，经制额款共四十七两九分三厘，俱派灶户征支，并大井、猴井、各小井月派，积多七两，俱听仍旧，至行税一节，盐一锅抽巴九索，年可一万二千六百索，值银七十五两，内

明朝加强对云南盐政的管制

只补张志松埋没井课十两八钱，余藉口供亿差使，夫人迹罕至之地，往来能几？而各商皮穿骨破，只为狡侩饱狼餐何为乎！今已刻示禁革，至于张志松课银准与豁免。

（4）乐丰等井悬课：该伍通判查得，阿陋井相传井眼甚多，有卤能完课者，除张志松一眼外，尚有二十八井，灾伤卤少，课不敷者九眼，计埋没悬课银，该一百二十三两四钱二分零也。该井眼数虽多，而卤出零星，故议课各眼不同，各眼有各眼之课，势不能代埋没者完课也。今奉院批，欲以复隆之余卤，补给阿陋之埋没，复隆卤诚有余，但阿陋远距复隆九十余里，势不能使阿陋灶民抬卤赴该井煎煮。然今日之黑井费尽调停者，不苦卤之少，正苦卤之多，行盐地方有限，复隆开而盐壅，价贱课增难完。今遵照咸二淡四之法，为之限制，课始勉强足额。若复代阿陋补给，又增多盐矣。且不仅盐多也，黑井虽处丛山之中，而柴薪炊桂，卤多则耗柴，即此一端亦有不便。据职意见，井既埋没，八井之课势不容别补，惟灾伤九井不敷之课，借资于该井，奇兴独旺一眼，无妨也。至于安宁与黑井、阿陋三处灶民，虽称杂沓，而课有各额，行盐各有地方，盐样各有分别，彼此不得混淆揽越也。到道该本副职使杨覆：看得课出于卤，卤出于井，阿陋埋没八井既已勘实，则此一百二十三两四钱三分之课从何措办？应如议除豁，若以复隆井补给，事有窒碍，亦不必别议抵补。

详按院潘批允牌开：乐丰等十八井，悬课共一百二十三两四钱三分，初欲以复隆余卤拨给，前办缘相距鸶远，不便搬抬，且恐盐壅逋课，寝之良便，前课出示豁免，以苏疲困！

以上从万历二十五年至四十八年（1591—1620），十三宗共三十二款查禁革除的情况来看，正好反映了万历时期朝政的混乱，各级官员为所欲为，奸灶也乘机肥私，不惮正课从3100两降为900两，官灶勾结，急私囊、缓公帑，积弊20余年，才得厘清。而且各种名目的科派盘剥，极尽搜括之能事，"非经制所载"之费用，多达数十种。

万历四十八年（1620）八月，皇帝死后的这次清理考察，是由巡按云

盐不由衷
——琅盐井历史新探

南奉敕兼理盐法、山西道监察御史潘濬为首，右布政使司施尔志、分守安普道副职使曾守身、盐法道副使杨为栋参与，具体清查工作则由伍礼顺负责，他是武昌举人，云南永昌府通判，在黑井志宦绩中说他"编丁定卤，详课惠政，多著载入盐政考"。明朝比较健全的盐政管理制度，是在这次考察的基础上建立的。但自万历皇帝死后的1621年起到明朝灭亡的1644年止，这23年中，四川永宁宣扶司奢崇明、贵州水西富慰司安邦彦先后发动叛乱，前后历时9年，极大消耗了国力，并且又有东林党的争权、魏忠贤宦官专权，再后有李自成、张献忠等领导的农民起义，更有征辽的长期作战，明朝已风雨飘摇，哪有精力来管盐政，本来，明朝提举是一年一换的规定，到最后，琅盐井提举简高，在明末清初竟在任近十年，他的上司已无暇管他了！

详列这些禁革事例，也是因为在清朝平叛吴三桂后，云南当政者中，有一股风，说要恢复明朝万历年间低盐税的政策，其实这只是收买人心的做法。如上所知，明朝的低税是和各种贪赃枉法共生的，也是和皇帝荒政、连年战乱的形势分不开的。只美化它的低税，而不顾及其他，显然是脱离实际的空话，难怪清朝中央政府对这种空论不予理睬。

三、对简高《重建学宫碑记》的解读

重建学宫碑记

圣天子徽典右文，必先临雍释奠。敕天下之学宫而鼎新之。由京畿以至郡邑，遍及乎王化所及之地，莫不知有庠序学校之教。圣治昭垂，历可稽也。故重学宫以重人文，重人文以重士风。士风振而国家收实用之才矣。余生蜀西古渝，自象勺之年，初知读史，至昌黎韩公知潮州，范阳祖公知袁州，皆于固陋之邦建立学宫，丕彰文教。每私心计之曰："吾儒根本之地，洵在胶庠，异日壮丽得行，当以兴起为任。"窃有志而未逮也。倏焉日征月迈，地北天南，负笈滇云，谬叨简命，职司醢务，时抱鹈梁。未蒞任时，意以井灶课饷之外无余事也。入其境,览山川秀丽,人物离奇,户口之中儒生居其半,且风土淳厚,科贡蝉联。虽不能妣美于通都大郡,亦仁里可风之俗也。至行香告庙,入旧设之学宫,见殿宇湫隘、方向偏倚。如因陋就简,非惟有亵于先师,而亦有局于风气矣!于是谋诸绅衿,欲为鼎创,悉辗然俞诺,鼓舞欣从。遂择吉匠营,捐俸起建。上而圣殿,旁而两庑并明伦堂,署外而棂星门、名宦乡贤祠。文峰拱向,泮池源流。擘画九年,厥功始就。外买置学田以供香烛,用著永久之需。虽不敢谓有功于圣教,亦求无负成童之初志而已。至于师儒之职,井地旧有专官,时因鼎革合归定庠。幸司铎者源源而至,升堂讲学,鼓励生徒,俾余育才养士之念时有以勃发而愉快矣!多士体余素心,懋勤精进,从此贤才蒸蔚,科甲炳麟,家珍国栋,代有其人;风虎云龙,世逢其遇。共庆文风之永振焉耳。虽然莫为之前,虽美弗彰;莫为之后,虽盛弗传。尤望后之君子官于斯者,有同志而时加补葺焉。庶乎亿万斯年永垂弗替!已因叙其事以为记云。

在琅井魁阁楼前,还立有一块简高写的《重建学宫碑记》。这篇碑记的全文,与《琅盐井志》中的完全相同。这是有碑刻实物,有志书文献记载的文物。在乾隆《琅盐井志·官师·提举》中载:"简高,四川巴县人,顺治十六年以原官投诚实授。"没有说他是哪一年到任的,他的下一任是来度,是康熙五年(1666)上任,而简高在碑文中说学宫是"擘画九年,厥功始就",但也未说明是哪一年开始,哪一年功成。明朝崇祯这个年号只有17年,而在井志中,包括简高在内有22个提举,平均每个提举的任期约9个月,而简高说"擘画九年",又如何理解?其实,若再读提举李国义的《重建琅井学宫碑记》就会明白:"学宫始建于本朝康熙四年井司简高。"就是说,学宫在康熙四年(1665)建成,往前推九年即顺治十三年(1656)开始建设。简高当然是这一年之前到琅井上任的。简高当了九年多的提举,说明当时南明政权已无力、无暇管理他的调动问题了。南明政权频繁更迭,各井盐课甚至不知向何人缴纳。这一年张献忠余

盐不由衷
——琅盐井历史新探

部李定国和白文选与南明联合,拥戴永历帝入云南昆明。第二年(1657),孙可望以十万大军进攻云南李定国,但是士兵们军前倒戈,孙可望走投无路,逃到长沙,投降清军。第三年(1658),清军分三路进攻云南;第四年(1659)正月初三,吴三桂攻陷昆明,云南归入清朝,即顺治"己亥开滇"。永历帝经楚雄,西逃大理、永昌、腾越进入缅甸。李定国在云南马龙磨盘山设伏,准备截击追击他们的吴军,但南明降官告密,截击失败,反遭冲杀,损失惨重。李定国退入孟艮。第六年(1661)三月,吴三桂派兵入缅,逼迫缅方交出永历帝,俘获返昆,第七年(1662)四月,吴三桂以弓弦绞杀永历帝于昆明篦子坡(今逼死坡)。李定国闻讯,悲愤交加而死。因此琅井学宫从开建以来,年年都是腥风血雨、战乱纷飞,能在那样的战乱中,建成规模宏大的学宫、文庙,简直不可思议。究其原因,与琅井远离交通干线,偏处一隅有关。也就是说,战乱没有影响到琅井学宫的建设,琅井地区是相对安宁的。此其一。其二,建设需要花大量的钱财,简高没有说花了多少银子,但是在后来提举李国义手上,重建四年却"计费千有余金"。所以,简高的首建只会多过李国义的重建所花的银子。何况简高还"外买置学田以供香烛,用著永久之需"。1000余两银子是什么概念?一名伞轿夫、铺兵等一年的薪俸只有6两银子,1000两银子要养活150多人全年全家的生活。

搞建设要有两条:一是社会安定;二是钱财充足。简高在这"擘画九年"间建成学宫,反证了当时的环境和条件。但是这又和来度的说法不同,这也是琅井的一个谜。来度在序中说:他接任时,"惟时井政覆辙,适届屯否;汲深绠短,几至瓶罍。非嚄使者下车布德,蠲除烦苛,则此孑遗几何不鸟兽散哉!"来度的"井政覆辙、适届屯否"是说琅井的盐政走上翻车的道路,已经到了屯否,即最坏的地步。而挽救的方法像打井水时,水位已落到井底,而汲水的绳索又短不可及一样,无法可用了。若非他这位嚄使下车布德,蠲除烦苛,那么琅井的老百姓将四处逃亡作鸟兽散了。笔者很怀疑来度的这些形容是否真实。其理由之一是来度接任,是康熙五年(1666)春,距己亥开滇已六七年,社会已经稳定,为何琅井的盐

明朝加强对云南盐政的管制

政还那么坏？其次，就在来度到任前半年，简高还主持了学宫落成和祭孔的隆重大典。正如前述，没有安定的社会环境和充裕的财力，学宫是无法建设的，这与琅井的盐政，又密切相关，也就是说不会坏到像来度所说的不可收拾的程度。据第三版《琅盐井志》载："本朝顺治己亥开滇之初，酌定卤额，委署盐道史文，仍照官三灶七详定。每灶日给卤二十四桶，日共给卤七百六十八桶。每月三十二灶共煎盐额一十三万三千三百三十三斤零。内给商课盐一十六票，每票二千五百斤。月共盐课四万斤，给灶工本盐九万三千三百三十斤零，俱奉盐法道给引运卖，以作柴薪工本。故彼时灶户无甚艰苦，煎办不误。"查第二版《琅盐井志》，也是一样记载："彼时灶时户无甚艰苦，煎办不误。"不正好说明了盐政未进入"覆辙"吗？来度在序言中的说法，是给自己评功摆好；而且在《宦绩》中对来度事迹的记载稍有差异。二版说："博学，能诗文，实心实政。数年课足民安。礼贤育才，士林至今称之。"而三版则删去"数年"二字，但在"礼贤育才"之后，加了"创修井志"四字。这样就把士林至今称之的原因，从单是"礼贤育才"，到和"创修井志"并列起来了，同时与沈鼐的"重修井志至今赖之"相呼应。三版井志的这点些微改动，意在肯定来度的创修井志，而孙元相和赵淳删除了简高在二版井志中的《募修七宝寺引》的文章，这一加一删，说明他们有"扬来抑简"的倾向；就因为来度能诗文，而简高则无诗吗？或者简是"二官"吗。可是来度不也是"二官"吗（见第三章"康乾时期琅盐井的志书和来度其人"）？最奇怪的是两版井志，都没有说明来度"蠲除烦苛"的具体事实。

据井志载，学宫后又经来度、谢球、李国义三提举再次修葺、添制和增建，做到殿庑祠宇悉照颁式；槛角门楹丹漆垩黝全俱以法。

大成殿五间，正中悬康熙御制："万世师表"匾额。

两庑各七间、左宿庙所，右祭器乐器库办祭所。

大成门三间。

名宦祠三间，在戟门外左。

乡贤祠三间，在戟门外右。

39

盐不由衷
——琅盐井历史新探

明伦堂三间，在启圣祠前。

启圣祠三间，在大殿左。

棂星门、泮池、黉墙俱全；中间为康熙御制"德配天地"坊，南面为雍正御制"生民未有"坊，北面为乾隆御制"与天地参"坊，三坊品列、翘角斗栱、金碧辉煌。崇圣祠在左，魁星阁在左前，文昌宫在北。学宫建筑群，体系俱已完备。

黉学的环境：鱼池蜿蜒，征化龙之象；鳌峰突兀，占文笔之魁；宝华环峙，天马西朝。孔老夫子迎着朝日批阅弟子的文章，困倦之余将擎天的大笔顺手搁在巍峨的笔架山上。何其美哉！

祭祀之日，钟鼓煌煌，八音俱举，佾舞翩翩，簠、簋、登、铏依次陈列，龙旗麾节整肃飘扬；仕官学子鱼贯循行，恭敬行礼，帛爵祭奠。何其壮哉！琅井人任广西训导杨润生有一首《琅学新成》诗：

地僻琅溪学，天开夫子堂。鳌峰桃李蔚，笔架松柏苍。
泮水环台阁，棂星肃庙廊。拜瞻新气象，声教迄遐荒。

井人杨诚明作《重建文庙喜赋》诗：

黉宫壮丽喜更新，金碧珲煌绝点尘。
殿宇巍峨迎旭日，栋梁笀峙逼星辰。
龙盘凤翥崇禋祀。鸟革翚飞妥圣神。
蔚起文明征肇造，安如磐石永千春。

井人江自涵作《登文星阁》诗：

凭虚结构矗凌云，入目溪山四望分。
东壁西园腾风采，光辉千载唤斯文。

硬件的完备也促使软件的完善，清朝规定：

享祭的对象：大成殿供奉孔夫子及配祭四圣；崇圣祠祭孔夫子的五代先人；两庑祭先贤先哲；魁阁祭点斗魁星和造字仓颉、造纸蔡伦、造笔蒙恬。文昌宫意在文运昌盛，供奉文昌帝君；名宦祠祭名宦；乡贤祠祭乡贤；明伦堂是讲习伦理礼义的场所……这些都有明确的规定。

规定每年祭祀的时间、祭祀的程序、祭器的种类和数量、祭物的品种陈设、祭舞人数和阵形、祭乐的曲调、祭文的内容、参祭人员资格和数量等等。这些规定都是由最高统治者或中央政府加以颁布，各地区人群应遵照执行，不能稍有差池。这一套规定和佛教、道教、洞经谈经的科仪在本质上没有重大差别，无非是要形成一种神秘、神圣、崇高、威严的气氛和习惯，让人们循规蹈矩，不敢越雷池半步，以达到维护社会稳定的目的。

第三章 康乾时期琅盐井的志书和来度其人

清朝在康熙十二年（1673）下令各省纂修通志。康熙二十四年（1685）正式下令纂修一统志。云南省志在康熙三十年（1691）续修。琅盐井志由来度首修，修成时间不确定；康熙五十年（1711）十二月初七又奉云南省布政司《行修志牌》要求，续修《琅盐井志》。

雍正八年（1730），雍正批复浙江总督李卫："志书乃大典攸关，应举行者。"同年又批复广东布政使王士俊："修辑志书一事，直隶各省殊觉过于迟延，当速行办理为是。"九年（1731），琅盐井"奉宪檄催修备采通志"。

乾隆八年（1743）修成第一部《大清一统志》。从《中国地方志联合目录》中，民国以前的地方志有8200多种，而清代所修的有5700种，约占70%。方志编纂风盛行，对发掘和保存地方文献具有极为重要的意义。

康乾时期修的志书，分为14类：通志（省志）、府志、直隶州志、州志、直隶厅志、道志、关志、卫志、所志、旗志、司志、镇志、井志和乡土志。现存清代的通志80多种，府志450种，县志3659种。所有府志、县志等成书后都由学政审阅，转督抚批示付刻。通志则径寄北京礼部审核。

一、琅井志书：修成三部，现存留两部

琅盐井的志书，首次是由提举来度主持编修，可能是康熙二十一年（1682）修成；康熙五十一年（1712），由提举沈鼐主持第二次编修；雍

康乾时期琅盐井的志书和来度其人

正年间提举李国义也酝酿第三次编修，但没有修成。乾隆二十一年（1756），由提举孙元相主持第三次编修。所以真正修成的志书是三部，即：

康熙某年，由来度主持创修的第一部《琅盐井志》（无准确修志年份）。

康熙五十一年（1712），由提举沈鼐主持、张约敬编辑续修的第二部《琅盐井志》。

乾隆二十一年（1756），由提举孙元相主持，赵淳编辑续修的第三部《琅盐井志》。

有人说琅井有四部志书，这其实是讹传。孙元相在第三版志书序中说，李国义虽想续修，但未得其人，"不克成书"。并在《凡例》第一项中特意申明："琅井志始于本朝康熙五年提举来公。续修于五十一年沈公。迨乾隆四年李公慨然重修，而或体裁不忠于通志，是以迄无成书。今俱更正。"这一则申明清楚说明李国义没有修成志书。可是，康熙五年（1666），来度刚到琅井上任，又没有皇帝要修志的命令，怎么能下车伊始就修志书呢？把来度到任时间说成始修琅盐井志，这一点正好说明来度修成志书的时间是有疑问的。孙元相和赵淳一方面想肯定来度是《琅盐井志》的首修者，另一方面又要掩盖其修志时间所反映的尴尬局面。这其中有机窍。

对来度来讲，康熙十二年（1673）发生三件大事：首先是朝廷下令各省纂修通志；其次是来度奉令调升山西潞州同知；最后是吴三桂造反。康熙十二年年中是吴三桂准备造反的重要时刻，十一月正式举起反旗。从皇帝下令修通志，经省内具体部署下达到琅井，一直到来度接到升调，时间不到半年。不到半年的时间，来度根本不可能修成《琅盐井志》。吴三桂为封锁要造反的消息，对往来云南的官员准进不准出，所以来度离任到了昆明也走不了。更重要的原因是：从各种清史资料中明确查出，吴逆的政府班子中，"户曹"（即清廷的户部）是来度。因此，来度无疑是从逆人员。从逆人员主编的志书，在平定吴三桂叛乱后，和其他伪政权资料一

样,是不允许流传散播的。所以,来度主持首编的第一部《琅盐井志》不可能流传下来。现在保留下来的《琅盐井志》只有第二部和第三部。

前面说过,来度在康熙十二年(1673)接到修志的通知,不到半年的时间,不可能修成《琅盐井志》。他离开琅井后,到吴三桂麾下当了"户曹"(财政部长),直到康熙二十年(1681)平定吴叛前的八年时间里,云南是吴的天下,来度也不可能纂修清朝康熙的《琅盐井志》。所以第一部《琅盐井志》,一定是在康熙二十年(1681)到二十一年(1682)间修成的(后面还有资料作为旁证)。

黑、白、琅三盐井相关文献

二、来度其人

从沈鼐主编的第二部《琅盐井志》中可知,来度是陕西三原人,他的任期是康熙五年(1666)到十二年(1673),康熙五年他从云南澂江府通判升调琅盐井提举,在任八年,到康熙十二年,行文上是升任山西潞州府同知。志中说他"博学,能诗文,实心实政,课足民安,礼贤育才,创修井志,士林至今称之"。

应该说,来度在康熙五年从澂江通判升调琅盐井提举,也是吴三桂的布局,当时正是吴三桂从康熙手中取得人事控制权的时候,有"西选之官

康乾时期琅盐井的志书和来度其人

遍天下"之说（吴当时称为西平王）。

来度是否受胁迫从逆？我们没有材料肯定或否定。但是当时若不参与造反，巡抚朱国治、布政使李兴元均被杀害。为朱国治送信联络的楚雄知府高显辰（即在来度为景烈妇旌表活动中作《景烈妇解》作者）被发配边陲，后也被害。这些事例都是明显的威慑。何况来度对现实不满，总觉得官小，不能施展他的抱负。这从第二部《琅盐井志》中保留的来度的一些诗文中可以看出端倪。

例如，浙江进士，官知府的冯甦（号再来）写的《寄澂江来别驾则庵晋提醝井》的诗中说来度（号则庵）之前任云南澂江州的"别驾"，而去当琅盐井的提举是职级的晋升。即使是晋升，来度也是"负才官兴懒""榷算虽非愿"，而冯甦要他把盐井提举当作宰相之业来"相业试羹和"，同时望他闲时要赋诗作书，把他去琅井当提举比作被贬的苏东坡："从今知肉味，聊以慰东坡。"

另一个是江夏贡生、官居"经历"的程封写的《寄来则庵醝司》诗：

少年曾读食货志，唐家卤井六百四。
汲来槹槹车连连，转贩官商数倍利。
历朝皆设盐铁官，笼榷从中入羡钱。
众人奔逐不知贱，群蚁齐慕膻羊膻。
君向长安见天子，一官复走乌蛮里。
垂头塌翼见除书，盐官炙热心如水。
我公坎坷我与俦，爵位向愿卑微休。
公侯衮衮兼台省，世人皮相争回头。
忆昔拔剑曾斫地，数言不合千人废。
泰山不倒海不枯，五徒莫堕飘摇气。
笙腰屈膝真可怜，何时醉卧青山前。
大雅寥阔高期在，千金掷地随云烟。
君不见，李陇西，供奉虚名竟何益。

盐不由衷
——琅盐井历史新探

又不见，杜襄阳，京兆参军皆浪迹，
二子如无万古名，满腔骯髒何时平？

诗中说众人奔逐，群蚁慕膻。本是可从盐榷中巧取羡钱的盐官，但对来度来讲是"垂头塌翼""心如止水"。以来度这样的才能，不能如武将李广、诗家杜牧那样流芳千古，那满腔的骯髒，何时才能平复。

吴三桂造反时，接任来度做黑盐井司提举（兼管琅井）的田元恺（定远县知县），还有两首诗暗喻来度。

骢马叹·小引

卧山子（田元恺的别号）于役，遭盐牛百十头于老黄坡下，中有骢马，亦负盐包，肃队而行，昂首云霄，长嘶不已，若问天状。卧山子下车拂拭，引辔而视其齿，犹壮。不禁喟然曰：此青骢耶？久脱鲍氏之骖，误充贾人之役，迁之穷也，物亦有然。石越父有言，士君子屈于不知己，而信于知己者。余既悼兹骢之失所，顾不能赎之而归，休以上厩。儒生博怜才之虚名，辄口惠而实不至，类如此，有愧吾家子方也多矣。聊赋骢马叹二篇，以谢之云耳。

其一
骢马驮盐上太行，谁怜骏骨减飞扬。
霜蹄蹩躄因拘束，玉腕蹒跚怯损伤。
拂鬃长嘶知有恨，低头短气怛中肠。
我为太息问驮夫，千队黄牛何所无。
驮盐亦是寻常事，焉用腾骧汗血驹。
驮夫笑我书生气，缓急权衡时势异。
只今财富视醝储，慎勿迟延豪贾訾。
漫嗟吁！功成许尔步天衢。

其二
黄牛驮盐循故道，青骢泛驾多颠倒。

康乾时期琅盐井的志书和来度其人

> 谁言骑马胜骑牛，盛名之下殊草草。
> 黄牛睥睨傲青骢，主人怪尔辜刍莝。
> 青骢矫首双垂泪，若诉生平不得意。
> 羽毛落地便惊人，东君许我青云器。
> 岂知一蹶时运乖，十年小试疆场利。
> 孙阳已老伯乐休，失身卖作贾奴骑。
> 已焉哉！谁敢与君较论才，
> 盼君绘像麒麟阁，我将脱辔隐蒿莱。

对于田元恺的诗《骢马叹二首》，有人认为是田元恺自己怀才不遇，借马抒怀，笔者认为是暗喻来度。这只是见仁见智的事，但笔者的判断是在诗中有最后三句："谁敢与君较论才，盼君绘像麒麟阁，我将脱辔隐蒿莱。"田元恺在康熙十年（1671），参与来度为琅井景烈妇的旌表活动中，一定知道来度写的《景烈妇传》，其中有"登进士榜，致身君父，托孤寄命，临节不夺，为不二心之臣"的抱负，只有这样的贤能人才，才有可能绘图麒麟阁，所以这《骢马叹》不是叹自己，而是叹来度。田元恺自己只望："但愿太平无一事，渔樵只合老青山。"（田的另一首诗《漫成》其二的最后两句）

《黑盐井志》中载有来度的诗三首。其中一首题为《康熙己酉九日朱梁父招饮龙祠题壁》：

> 溪声山色总天涯，十载荒凉故国花。
> 大醉不辞陶令酒，最闲才到梵王家。
> 相逢好友棋如敌，久识浮名战似蜗。
> 长啸岂忘风落帽，茫茫何处问乘槎。

己酉是康熙八年（1669）。朱梁父是当时的提举朱濠的字，《黑盐井志》说他是康熙六年（1667）任提举，该志第28页又说："康熙十二年

盐不由衷
——琅盐井历史新探

十二月吴三桂叛，提举司外另设委官，井地骚扰。"这另设的委官，应是田元恺。

这首诗表现的是怨气中来，才引颈长啸。但他心中知道，这种怨气很可能招来"风吹帽"——丢官摘帽，感到前途茫茫，像迷失方向的小船，不知飘向何处。

又一首的题序说："丁未花朝，招饮滴露庵，时恢远寅丈报迁临安郡承，即席漫赋。"

蚕丛经险道，鸡肋滞微官。天末风尘阔，山深草木寒。
佛山原不碍，世法可能宽。酗酒拼沉醉，新弹禹贡冠。

来度是陕西三原人，来琅盐井当提举（先在澂江当别驾），当然要经过四川的蚕丛险道。在这种即席漫赋中，可以说是随口而出的"鸡肋滞微官"，并不是说恢远寅丈同僚，因这报迁是升官，不能说人家升的是鸡肋官，只能理解为他自己把琅盐井提举当作微官，即食之无味、弃之可惜的鸡肋，可见他的抱负是远大的。

来度到底有什么样的抱负呢？在来度的作品中可以找到答案。他在《景烈妇传》中说，"（若景烈妇）使易以须眉，登进士榜，必能致身君父，托孤寄命，临节不夺，为不二心之臣；彼豫国士弃中行而报智氏者，甘拜下风矣。"其实这是来度心中的目标和抱负，比历史上的豫让只知"士为知己者死"的品格要高尚多了。可见来度的抱负的确很大。

吴三桂点来度为"户曹"（即仿清朝的户部，相当于财政部长）。户曹"掌天下户口土田之籍，一切经费出入悉统理"，是吴的财政中枢，在吴三桂的六曹中除吏曹是追随他多年的方以琛外，就数来度的户曹最吃香。吴的叛乱持续八年，波及大半个中国，时间长久，影响巨大，来度的户曹在财政经济上对吴的支持应该是巨大的。就可知的材料看，来度在盐业上为吴做了两件事：一是举荐田元恺掌控黑、琅二井，从而保证两井的税赋，支持吴的叛变；二是提高盐赋，如黑井盐赋增加9600两。另外在

康乾时期琅盐井的志书和来度其人

吴三桂叛乱的第二年（1674），铸造和发行了"利用通宝"，以后又铸造和发行了"昭武通宝"和"洪化通宝"。这些铜钱的铸造和发行，是其"户曹"的当然职责。但来度毕竟不是吴的嫡系，吴在准备造反时期的一系列财经政策，来度能否有实质性的参与，因资料缺乏，我们不能判断。吴三桂死后，其权力中枢发生了一次争权夺利的斗争，以其女婿夏相国为首的嫡系掌控了大权，非嫡系受到排挤。来度有可能是受排挤后，溜回黑井或琅井；也可能是在清军围攻昆明、吴孙自杀，余众全部投降后，来度溜回黑井或琅井。

查第二部《琅盐井志》，在康熙十二年（1673）到二十年（1681）间，琅盐井没有提举，实际上是没有清朝的提举，而应有吴三桂的盐官，此盐官应是户曹来度的下属。经查，此时黑盐井（和琅盐井）的盐官是来度的好友，时任牟定县知县的田元恺。田元恺是陕西绥德人，和来度是同乡，康熙十年（1671）到云南牟定任知知县，同年来度为琅井景烈妇举行了大型旌表活动；程封，官居经历，代表布政史司参加并撰写了《景烈妇论》；知府高显辰代表楚雄府参加并撰写了《景烈妇解》；来度撰写了《景烈传》；知县田元恺代表牟定县参加，并写了和诗。二版井志中，共有挽诗17首。后来田元恺又邀来度等到牟定县治去游览，来度在牟定县志中也有题诗。吴三桂造反后，经来度举荐，田元恺当上了黑井的盐官（兼管琅井）。

《黑盐井志》记载了田元恺在的一篇《重修海德寺碑记》："洎甲寅夏初，于缪承当事者所知，乏承醝署"。甲寅即康熙十三年（1674），可见他是得到当事者的推荐的。这个当事者就是来度。因此，来度和田元恺过从甚密。因在黑井或琅井有他的好友田元恺当着盐官，照顾他的生活用度，就在这时（平叛后的康熙二十年到二十一年间）他编修了第一部《琅盐井志》。

在第二部《琅盐井志》中，来度还有一首有关长啸的诗，题《古梅远荫》：

盐不由衷
——琅盐井历史新探

琅溪水清天不雪，老梅古干空如铁。
小亭寂历几黄昏，横斜影覆前朝碣。
托根萧寺不记年，色香已证花中禅。
嶙峋劲骨疑久脱，纷纭桃李亦嫣然。
相传三实子离离，寒胎何复能多儿。
固知此种不可失，春阳独放条风吹。
前余亦自冷曹至，素心相照复相视。
携樽徒倚可自由，巡檐能不同花醉。
我闻博望事凿空，葡萄泻绿安榴红。
封侯直可动天子，区区草木皆丰功。
吁嗟老梅真可惜，山僧头白数晨夕。
扬州梦断何逊诗，孤山齿折林逋屐。
热肠随去问寒高，冰霜千古留心肝。
好友举杯更长啸，雪中且共寻袁安。

明朝琅盐井提举陈荀产的《古梅远荫》诗中有"冷曹谪吏代庖人"句，冷曹是小官的意思，而来度这首同名诗中说："前余亦自冷曹至。"上一次是从澂江别驾这一小官来当提举，可见来度又一次到了琅井。

袁安是东汉时人，为官清廉，刚正不阿，东汉永平十三年（70），因楚王刘英欲叛乱，受其牵连数千人，袁安为其平反昭雪400多家。来度和他的好友们举杯长啸，要寻袁安，目的是为他自己平反昭雪。所以这首诗显然不是来度在琅盐井提举任上的作品，虽然他嫌官小，不能施展抱负，但至于要求寻找袁安来为他平反。所以这首诗是吴三桂死后，来度再次回到琅井时所作，也只有在这此期间，来度有时间撰修第一版《琅盐井志》。

来度为什么要在平叛后修《琅盐井志》呢？

其目的是用志书来歌颂康熙盛世，并以此酬赎前愆；同时为他自己撇清和吴逆的关系，反复曲折地抒发怨啸，也就是要为自己澄清、平反。《黑盐井志》中田元恺的诗《次来则老滴露庵题壁》可以作为旁证：

康乾时期琅盐井的志书和来度其人

骨鲠宜三刖，蓬飘愧一官。世情堪发指，仕路总心寒。
淡泊存吾素，艰贞强自宽。澄清如可俟，拭目濯缨冠。

这首诗是田元恺对来度在滴露庵的题壁诗依原韵的和作，在世情发指、仕路心寒的时刻，望来度淡泊、自宽，拭目等待澄清时刻的到来，为其濯洗缨冠。

田元恺的另一首《烟溪即事》诗：

万山一壑漾龙川，两岸人烟傍卤泉。
煮海有心供国赋，点金无术厝新钱。
临门债卒耗鸡黍，掌灶须奴费粥飧。
计吏只劳思补牍，可能驰达至尊前？

厝，是埋葬的意思，这里应是说埋葬吴逆的"新钱"，因此本诗作于平叛之后。

牍，是公务的案牍。田元恺作为一个盐务官，没什么公务案牍要直达至尊的，只有来度修的《琅盐井志》才有可能达至尊。对于能否达至尊，田心中也是存疑的。

补，是后者补续前者。所以从这首诗可以判断，田元恺知道来度在补修《琅盐井志》。但是，如此用心的努力，结果仍然是付诸东流，毕竟来度是吴三桂的"户曹"。

我们未查到来度最终结果的材料，但据李治亭《吴三桂大传》列举的大量杀戮从吴官兵的事实来看（当年副将以上都被杀头），"户曹"来度的下场也不会好。

康熙皇帝在平定吴三桂的过程中，曾多次下诏赦免一切归顺清朝的吴属部下和盟友，但是在吴的势力被消灭后，这些人中的骨干又被罗织各种罪名加以清除。原来的免罪诏令不过是一种分化瓦解的策略，是言不由衷的。

盐不由衷
——琅盐井历史新探

来度主编的《琅盐井志》,也会像吴逆的其他文字资料一样被付之一炬,不让流传。所以我们见不到第一部《琅盐井志》。

三、"二官"们的自白书

原先既是清朝的官,后来又当了吴三桂的官,可称作"二官"。"二官"包括来度和他的好友们。

程封,官臬司经历。井志中《景烈妇论》《寄来则庵鹺司》诗的作者。吴三桂造反后,封他为七个"给事中"之一,是吴三桂起草各种文告的高级秘书。

冯甦,楚雄府(一说大理府)知府。井志中《寄澄江来别驾则庵晋提鹺井》诗的作者。吴三桂造反后,封他代替布政史,管"刑曹",是吴三桂的司法部长。

李匡。官职、爵里不详。井志中有《古梅远荫》《西来寺》《绀海寺》3首记游诗作,其中有"浮生偶息鞯"句,俗话说文官坐轿武将骑马,李匡将记游诗写作偶然息鞯之时,说明他是会作诗的武人,他又有诗句"归路莫骎骎",但无论是骎骎疾驰还是缓辔慢马,吴三桂的武装都是要瓦解的。在《三藩史略》(中国社会科学出版社,滕绍箴著)一书中有:"康熙二十年三月赵良栋令其子赵宏灿……追剿胡国柱、王绪、李匡等于观音岩。"这说明李匡曾为吴三桂带兵打战。胡国柱、王绪、李匡三人自杀、自焚,他们的家属已投降。康熙帝以三人罪行重大,伊等子弟法难宥,悉行处斩。妻女、家口、财物籍没,送交内务府。

田元恺,定远县知县。参加来为旌表景烈妇的活动,井志中有《挽景烈妇》诗一首。经来度推荐,吴三桂委他为黑盐井提举。直到康熙二十年(1681)八月,仍在黑盐井任上。

高显辰,与上述4人相反,他是楚雄知府,也是琅盐井志中《景烈妇解》的作者。于康熙十二年十月十八日,因为吴三桂搬迁回东北"备夫马刍粮",前往交水城时,被吴骑兵逮捕,而后劝降不从,后在昆明三市街杖四十，放逐永昌卫，再后也被杀害。

田元恺在《黑盐井志》中还有一些作品，如《万春山玉皇阁碑记》，他自己说他是"承乏醝司"（即提举），但文章的落款却为"定远县知县田元恺撰"。成文时间既不具清朝年号，也不具吴三桂的年号，而是"岁在丁巳年仲秋月吉旦"。其实这个年号正好是康熙十六年（1677），也是吴三桂造反的第五年。正如他在文中说的："天堂、地狱只在一念间，可不慎哉！"。这种情况正好说明中下层的"二官"们在当时的一种惶惑心态（从田元恺所写《重修海德寺碑记》的落款时间可知，他在康熙二十年（1681）八月十五日，仍在黑盐井任上（清朝平叛后委任的提举应是八月以后才到任的）。

在《黑盐井志》中，还有一篇《新建黑盐井前汉将军庙记》。这篇文章没有作者姓名，只在第二段开头有："岁乙卯，予奉命任井司，……予见文庙侧有旧行馆，风雨飘摇，间架腐坏，而其地固可用也。因异移神像来，遂建庙其上。井之人士莫不快予之有是举者。"这个"予"究竟是何人？乙卯年，前有明万历四十三年（1615），中有康熙十四年（1675），后有雍正十三年（1735）。《黑盐井志》成书于康熙四十九年（1710），显然不会是雍正年间的人所作，而明朝封关羽为帝为王，为其建庙不会称为"汉前将军"；因此，只有在康熙十四年（1675）的可能。而这时已是吴三桂造反的第三个年头，作者不具清康熙年号，也不具吴三桂的年号，这在前面已有先例，这时的井司，自然是吴三桂的官，因此这人应是田元恺。他是在"甲寅夏初（即康熙十三年，1674），予谬为当事所知，承乏醝署"。所谓当事者所知，应是来度当了吴三桂的"户曹"，对他的举荐，到黑井当"醝司"，而在次年（乙卯）正式任命。此事见康熙二十一年（1682）八月十五日田元恺所作《重修海德寺碑记》。这是平叛以后所作，所以落款时间是康熙年号。但是他又把"奉命任井司"改为"予谬为当事所知，承乏醝署"，这一改就把吴三桂的任命变成了当事者的推荐，这是有意在文字上耍手段。其实文章内容也很符合田元恺这些"二官"们当时的思想和心态，请看他说："关公当其时、值其势，亦有不得已者。"又

盐不由衷
——琅盐井历史新探

说:"天下分崩,士大夫之出处,固当以共主为断耳。乃叔季之浇薄起于流辈,处常则矜才猷为表荐,迁变则托明哲以保身。一前一却遂以酿夫篡弑之阶。且学问之途,事功之际,最忌者游移,最贵者守正。平日研理未精,审几未至,执一不迁流,为匹夫之小信,而隳天下之义者不少也。"这是说关羽之降曹,是情势所迫,不得不降;在天下分崩的时候,士大夫的出路应当以"共主"为决断,在学问和事功两者都要做选择的时候,最忌犹豫不决;最宝贵的是守正。那么,什么才是"共主"?什么才算"守正"?田文未做明确的回答,他只是进一步说,若是由于平日研理未精,时机判断不准而固执一面,不随潮流行动,只能是匹夫之小信,而不是睿智者之大信。其实,田元恺以自己的行动已经表明了,为吴三桂办事就是"守正",就是随潮流而动,吴就是"共主",虽然也是形势所迫,不得不动而已。接下来田又以苏轼和太史公司马迁对《春秋》可以决疑难、明大义的功效,说明关羽置生死、荣辱、成败、利钝于不顾,全大义于时势俱穷之日,得益于关羽研读《春秋》的结果。对于关羽之败亡,"成败关于国家,议论集于道路,显留缺陷以愧后世",后人不应苛求他。须知"士君子涉世道之末流,宁为知已知刻求,勿为庸人所轻惜"。这就是说在乱世之时,"士为知己者死"都可以,吴三桂若能重用"二官"们,"二官"们也当为吴拼死效力!"勿为庸人所轻惜。"至于人,哪能没有"缺陷",就连汤武圣人也有"惭德",武王义士也有"非议"。后世给关羽封帝封王,其实对他是一种"非礼"。明朝京兆尹赵氏著书宣称对关羽的感应可致福祸,像是深视其实是浅视关羽。用现代的话说就是既不要拔高,也无须忌讳非议。此文作于田元恺受命的次年(即丙辰年),其时正是吴三桂旗开得胜之时,田是借为关羽建庙这件事,写出这一大篇文章为他们这批由清官变成的吴官们发声、申辩和壮胆,寻找历史根据。所以这篇文章是"二官"们的自白书。这是不可多得的文字,所以对其加以剖析是值得的。

来度不是信誓旦旦地要做临节不夺、不二心之臣吗?可是,他却当了吴的"户曹",后来又连连喊冤;相比之下,黑井的宿儒李尔白,对吴三桂的数次敦请,始终不肯出山任事。至于对吴的起事(或叛乱),民间议论横流,莫衷一是,连三十年后的《黑盐井志》还说:另委官司,徒增滋扰。加上田元恺的这篇文章,或可做当时的思潮纷乱之一瞥。

平叛后,据清官方统计,逆臣共有26人,其中20人是明朝降清的武将,其余6人并未做过明朝的官,有两人是清初进士。各省布政使以下文职从贼官523员,这些从逆官员如何处置?尚未查到资料。

康熙二十年(1681)十月二十九日吴逆余众开昆明城投降,城中归降文武官员2300余人。

乾隆二十二年(1757)六月因总兵段昌绪抄存吴三桂反清檄文,降旨处斩。乾隆四十六年(1781)乾隆根据《圣祖实录》所载云贵总督卞三元的事实,参以国史本传,对卞三元重新评价。他说:"朕恭阅《皇祖实录》,内载云贵总督卞三元与张国柱、李本深等合词奏留吴三桂总管云南事务一节。因检阅卞三元列传与张国柱等俱倾附吴逆,即当日共疏乞留,三元疏词尤为迫切,可见三元实为吴逆用人。"认为卞是一个进退无据、首鼠两端之人,皇祖念其在开国之初曾有带兵转饷之劳,因此曲予包容,保全始终。"今事阅百年,详加论定,不得不明白宣示,以昭彰瘅。朕于臣工功罪,论断一秉至公,即如前代诸臣之怀二心以事君者,犹且另为立传,不稍宽假。况卞三元逮事两朝,宠承恩遇,乃始则攀援党逆,力疏保留,继则抽身远引,以图避害。其居心行事,殊不可问。幸而老死牖下,未被显戮,已邀国家宽大之恩。若复以饰终令典,永荷殊荣,将何以肃纲纪而示惩劝乎!"下令将"所有卞三元生前官秩及死后谥法,并所得诰敕,俱着追夺,其祭葬碑文,并着该旗查明,一并仆毁"。这百年前的旧事,尚且要翻算旧账,其祖康熙尚能宽容,乾隆却要重新定论,乃至祭葬碑文一并扑毁!可见乾隆对"二官"们之严酷!这也是来度版《琅盐井志》不得流传的主要原因吧。

第四章　李苾之文和事

李苾，是云南各盐井提举司的上级——云南盐法道的官员，他是制作《滇南盐法图》的主要促成者。该图完成于康熙四十六年（1707），现保存在中国历史博物馆，为一级藏品。图长1108.7厘米，宽56.6厘米，共9帧，即黑井、白井、琅井、云龙井、安宁井、阿陋猴井、景东井、弥沙井、只旧草溪井。每井一帧，每帧都有"图说"。卷末有"盐法绘图跋"。本文全录入，以求资料的完整。

对李苾，有人曾为他作过小传，但除了盐法图外，其他未有涉及。我们根据已有资料，对李苾的文和事汇录如下。

（1）在《琅盐井志》中，他撰写的《琅井记》作于康熙四十四年（乙酉，1705）。

（2）在《黑盐井志》中，他撰写的《修五马桥记》作于康熙四十六年（丁亥，1707）。

（3）当他因丁忧离任时，黑井灶民为他题的"去思碑"作于康熙二十四年（乙丑，1685）。

（4）在《白盐井志》中，他为黑、白、琅三井盐课提举司直隶事，所作的文案签呈，作于康熙四十三年（甲申，1704）。

一、滇南盐法图说及跋

（一）黑井图说

滇南盐井有八，黑居第一，盖八井课价，黑井过半焉。去府治北一百五十里，峭峻数峰青峙，长桥卧波，人烟稠密，洵为财赋重地。总名之曰黑，分言之曰大，曰复隆，曰东。大井开自元末，产危崖下，宽八尺，深二丈五尺许。复隆一名崖泉，始于嘉靖年间，其源溢深普，以枧槽接流入池。隆庆四年浚。东井涌于中流，环皆溪水，砌以石，宽二尺五寸，深三丈二尺许。计二十六灶，每灶一座，长二丈余，宽六尺许，驾大锅十，傍附桶锅二十二口。汲卤五十九桶四分，需柴七百余桐。自卯至戌成盐三锅。锯分为四，色微黑，故名为。役之徒皆裸体垢面，狰狞似鬼，或披羊皮而戴半枷。劳瘁之状，有不忍睹者。稽全滇盐政考明万历年间岁额二万二千六百零。因本朝定鼎之初，伪管盐课总兵官史文投献邀功，倭报课额九万六千两，几四倍其额矣。复于康熙乙巳吴逆称家口众多，盐不敷食，每月加课二千两，额重课繁，迄今官灶甚惫。

（二）白井图说

井胡为而名白？因盐之色白，故名。在姚安之桃花玉象山中，江流浩瀚，亦大观也。明万历时，额课止一万五百余两，亦被伪员史文倭报二万八千五百零，已增倍半矣。共计七井，如观音、小石、旧井、乔井、界井、灰井、尾井，状若七星，形如棋布。或在山之阴，或在水之涯，其大小、深浅不一，较黑井略同，即煎煮事宜亦不甚相远，无容赘述者。独汲卤用皮桶，煎四昼夜成盐沙，惟妇女手始能捏成团状，重五六斤、二三斤不等。或曰昔有龙女，羽衣翩翩，牧羊于溪水之畔，羊舐其土，土人迹而浚之，遂获其源。虽属无柄之谈，姑述之以见边徼盐法之异耳。

（三）琅井图说

琅井之开旧矣，唐宋时无考，元时有土人景善充琅井寺院提点，琅之开当自元始。距黑井三十里，产卤一泓，味甚淡，且邻溪壑，水易浸。煮历三昼夜始成盐。薪食倍费，灶丁告匮矣。色较黑盐微白，状如覆锅，分以锯，与黑井同。计三十二灶，岁输额赋不下万缗。亦盐赋重地。属定远县之宝泉乡。此乡以井而得名，风俗颇称淳朴。山川古迹秀丽可观，当甲

盐不由衷
——琅盐井历史新探

于八井。明万历时额课止二千四百两零,亦被伪员史文佞报九千六百两,恰四倍其额矣。

琅井灶房(引自吕长生:《清代云南井盐生产的画卷——滇南盐法图》,《中国历史博物馆馆刊》1983年6月刊)

(四)云龙井图说

云龙,州名也,地处极边,与僳僳野人接壤,且无城郭。披山带河而治,在雒马山西。两水夹流,环绕数百余里。一名浪沧江,雒马江也。云井乃八井中之二,不知一井之中亦复有八。其一名金泉,出州治之式江之浒,宽四五尺,深六丈,用车盘索,牵皮囊以汲。薪出丽江兰州,圆蛮伐木,泛流而下。煮经两昼夜而成。盐色似井,又天耳井及山井。其事宜形势与金泉略同。山行二十里,山之坞,有诺邓井焉。由诺邓遵江行百余里,复有师井。两井煎煮之法无异,独味较数井稍淡,地处蛮烟瘴雨之区。再自师井环流百五十里,有井曰顺荡,去州治已二百四十余里,愈出愈奇,源从石孔中出,无事盘汲,味更咸,色益白,较之各井,将毋同。

(五)安宁井图说

天地自然之利,所产甚奇,如安宁井在州治廓外,洪涛巨浸之中,嵌样江心使之翻然仰出,构亭其上,遥视之宛如芙蓉,亭亭水面耶。井口状如腰子，深一丈二尺，周围六丈余。用竹竿系皮袋提汲，舟运以煮，两昼夜而成盐，其色青白，味稍苦，形如釜，不用锯解。灶皆裸体跣足，与他井之苦较倍。异者，江水弗浸，长汲弗减，不汲弗溢，足见造物之神。

（六）阿陋猴井图说

八井中之井眼最多者，莫如阿陋。盐政考内共载四十井。或以人名，或以地名，总名为古额小井。除突伤、埋没、弃废外，现开计十井，曰大井、奇兴、吧喇、罗木、丰际、十二丁、袁朝俸、袁信、纳甸、猴井，僻处丛山深菁，环溪上下左右，但井眼虽多而源微流细，故课价亦无几也。井之深浅不等，卤之浓淡多寡亦各稍异。均系车牵皮袋以汲。煎历三昼夜成盐。色青白，味不甚咸。距广通县治东南五十里。阿陋之名，不识何所取，义名虽陋，而盐法事宜颇称嘉焉。

（七）景东井图说

景东府治南一百六十里，有磨外井焉，宽三尺，深二丈，砌以鹅卵石。又有磨腊井，实是二坑，宽三尺，深二尺，离磨外井三十五里。卤源飞溢，泛流不止。冬春时水落石出，味倍咸而易煎。夏秋之交时，汩没于洪涛巨浪中，莫识其处。土人用竹桶领卤，每井设灶六座。经昼夜煎成盐，俗呼为叶巴盐，用箧盒托成，其形方。煎时杂以灰，面白背黑，亦名黑盐。每方约重二三两、四五两不等。虽额盐课价无几，仅供景郡民食，并无别处行销地方。但紧邻按板、抱母二土井赖此以杜充斥，所关亦非浅鲜耶。

（八）弥沙井图说

弥沙井乃八井中之最小者，四面环山，中流九曲。井产西山之下，卤从石中出，色若琼浆，不疾不徐，截竹为筒，引流入池。煎熬一昼夜而成盐沙，捏为个其形如钟，重二两，色似灰。傍有一小井，其煎汲事宜亦与大井无异。灶皆垢面麻衣，额盐无几。去省最远，在剑川州辖，居民寥

盐不由衷
——琅盐井历史新探

寥，较之黑白诸井，奚啻云泥耶？但锱铢皆关国储，岂可薄其少而忽之？

（九）只旧草溪井图说

和曲州之西南，深山穷谷中，产只旧、草溪二井，开自明洪武年间。只旧去州一百六十里，草溪去州二百里许。源浅卤微，额课二百五十余两，于康熙辛亥秋奉旨封闭。迄今课赋黑井代纳。惟留故址于危岩曲涧、荒烟蔓草之中。但井虽闭，而赋犹代输，故附之图末。

（十）盐法绘图跋

煮海之说尚矣，滇南独煮山。山岂可煮？以可煮之处皆在万山中耳。或傍危崖，或邻幽壑，或涌出急流之中，取之不穷，用之不竭。天地自然之利大矣哉亦异矣。余尝叹曰："山河饶富居奇货，天地平成显化工。"但山海悬殊，而盐法因之迥异。即八井之中，事宜亦复不同，大抵煎煮难，工本费，器具繁。且崇山峻岭，挽运为劳，非若长江大河，可以片帆千里者。故课价倍于他省，兼乏富商充办，是滇南盐法大非江浙诸省可同日而语。余性本迂拙，谬膺特恩，复任边徼鹾政，于甲申阳月（按，十月），单骑衔命而至，今又三载矣，敢曰驾轻就熟，裕国储、惠元元耶？惟清宵露照，搔首问天，似可告无愧。或曰："公两任鹾使，未尝亲至其地目击其形状，安知其劳逸何如耶？"余曰："有劳无逸，闻之熟矣。安忍扰吾穷灶，子不闻入少文之室，可以卧眺苍峦乎，余将绘图以览焉。"因命画工细绘其山川形势、煎煮事宜、人物情状。且戒曰："弗以粉饰为工，聊学郑袖之故态云尔。"

　　时康熙岁次丁亥十一月之吉
　　滇南盐驿使者燕山李苾并说

　　比较李苾对滇南九井的图说，可以得出以下几点认识：
　　（1）九井中只有黑、白、琅三井提出伪员史文（明末降清的管盐课总兵官）为投献邀功而佞报课税，与明朝万历时相比，黑井由 22600 增为 96000 两，多于 4 倍；

白井由 10500 增至 28500 两，增近 1 倍半；

琅井由 2400 两增至 9600 两，增整 4 倍。

（而其他井税课微少未列更未提增税之事。）

因而造成"额重课繁，官灶甚急"的局面。按产量和赋税，三井的排序是黑、白、琅，其余不论。

(2) 黑、白、琅三井的发现和名称。

黑井：盐"色微黑，故名为"；未说李阿召牧黑牛饮水而发现盐井之传说。

白井："因盐之色白，故名"；但他又在后面说："或曰昔有龙女，羽衣翩翩，牧羊于溪水之畔，羊舔其土，土人迹而浚之，遂获其源。虽属无柄之谈，姑述之，以见边徼盐法之异耳。"

琅井："琅井之开旧矣。"这六个字表明，琅井开井时间很早。但他也不能确切说明。后面说："唐宋时无考，元时有土人景善，充琅井寺院提点，琅之开当自元始。"这句话在当时是对的，现在看是不对的。原因如下：

①唐人樊绰所著《云南志》中就有："升麻、通海以来，诸爨蛮皆食安宁井盐，唯览赕城内郎井盐味美洁白，惟南诏一家所食，取足外，辄移灶缄闭其井。"这说明唐有考，而李苾不知。

②在琅井出土的杨善墓碑中说：杨家三代都是"一郡师"，因杨善未能缮治庄严，故罢去称号，另檄点景善为寺院提点。这碑的题名就叫《威楚盐使司琅泉郡梵海大师杨善墓铭并序》，其落款时间为元至正十七年（1357），按一代约 30 年倒推 100 年则为 1257 年，是南宋"景定"前后。说明宋时有据，而李苾也不知。同样，他也没有提神狼舔地而卤出的传说。他说白井的白羊舔地而现卤是"无柄之谈"。那么，黑牛饮水、神狼舔地当然也是无柄之谈，也就不必"姑述之"矣。清朝写史有两派：一派主张每句话每个字都要有根据，而另一派则主张可以创作。李苾可能是前派，而撰写井志的那些人可能是后派，他们将传说也写入史志。

盐不由衷
——琅盐井历史新探

③琅井的"山川古迹秀丽可观,当甲于八井",这是李苾当时对琅井的评价。这个评价既指自然环境——山川,也包括人文历史——古迹。身为云南盐法道的官员,李苾并不以琅井的赋税只占第三位而湮灭其自然人文环境甲于其他八井(也就是第一位)的事实,这较之后人只重 GDP 的态度要客观得多了。

④关于史文之佞报。

据《明末滇南纪事》:"(大西军)甲午岁春,命学道孙顺考试滇南士子,随即开科,以西寺作贡院,命盐税司史文为监临……"史文在甲午年(1654)是大西军在云南管盐税司。

《黑盐井志》载史文的《鼎建真武洞碑记》,落款为永历十年丙申孟春,也就是清顺治十三年(1656),他自称:"钦命总理云兴省①盐政税务总镇史文撰。"在此碑记中还透露由姓林者在黑井当官,而史文自己则是"临井调徽",并应林君之请批允立碑,并撰此碑记(见康熙《黑盐井志》第 130 页)。如果说史文是佞报,对清廷而言,自顺治己亥开滇至吴三桂叛变,其间 10 年,就是"佞享",此其一。其二,自南明进入云南以来,接着大西军也进入云南,再接着清军吴三桂也进入云南,三路人马合计不下数十万,这些人马都要吃盐。因此,盐的产量相应要增加,盐课也相应要增加。其三,明末盐价每斤六到八厘,而大西军孙可望进入云南后,竟将盐价提高到每斤一分四厘,涨价 2 倍以上,这当然由吃盐的老百姓来负担,而涨价的好处自然是官方攫取。清朝掌控云南的头十年,不也享受着这涨价的利益。所以一味将罪过推诿给史文,也不够客观!

二、《琅井记》

天地有自然之利,无人作成之,虽有利不兴。古今有自然之利,无人因革之,则其利必敝。人知人之需利,不知利更需人也。昔唐刘晏以御史

---

① 清顺治六年(1649),南明权臣孙可望,向南明政权谋封"秦王"遭拒后,自称"秦王",改云南省为云兴省。

大夫领节度盐使,地虽甚远,低昂利害,故下不病而资用饶。汉汲长孺守东海时,在朝方扒搜盐铁之利,长孺静以图之,因易就简,而国富民食两利焉。利之需人不綦重哉。

余谬膺特旨,复任滇省醝政,于甲申阳月单骑啣命而至,虽稔悉各醝司之贤否,井灶之困顿,敢曰驾轻就熟耶?益加采风谣、资故实,尽求利弊,而张弛之。然一人知识有限,所赖二三晓人共披成焉。今滇处西南之极,万山层蠧,石田碛土,正供寥寥,边徼兵糈半于盐荚是赖。滇之盐井有八,课之最重者其一曰黑,次曰白,琅居其三。琅井之闻旧矣,唐宋无考,元时有土人景善充寺院提点,琅之名当自元始。自元迄今几经岁月,未闻修葺者,且邻溪罄淡水浸溢,工本倍费,井深数十尺,汲用皮兜,牵以苇索,盘车而上,术亦劳而且拙。适乙酉春,醝司周子目击其弊且坏,具文请修。余可其请。周子乃割俸鸠工,可仍仍之,否则易之,因其势,度其宜,变通其制,斜砌阶级循达井底,不事盘车上下提汲,便疾如猱,凿一池以贮醝水,别凿一池以分淡水。源清流洁,岈然洼然。索青而缱白,毛发可鉴。复于其上结危楼垩梵宇、樽栌节棁,玲珑幻起若蜃楼。虽曰修葺其功实与创始等。嘻!向之敝且坏者,今则焕然新矣。向之劳且拙者,今则逸而巧矣。始事于陬月毕相落成,请记于余,曰琅井自古从无碑记,且一字为荣,且归功于余。余笑曰:"余何功?子能善体余心,余乐成子志而已。"因思临晋之碑,蔡邕表焉;征南之绩,岘山记焉。铭功勒德,自古不废,且碑记者,正褒今日而鼓后来,未必非劝惩之一助,余何惜一言!窃慨今之服官者,传舍其官,佥谓笼鹤携琴,不知明年何处,其不因循胶柱者谁乎?周子异是。嘻!今日之周子,安知异日不可与唐汉诸君子争长耶?为之记。

三、《修五马桥记》

五马桥者,黑盐井桥也。予奉命理盐法,既莅任,检阅图籍,云南产盐之九井,而黑井盐课十倍他井。考其里道关梁,乃知黑井去会城三百里，而五马桥其要津也。前井司王子策易以石，未几，西洞坏，费且数千，心已异之。以他务未悉。后，井司沈子以公事谒于予，问井形势及桥状，沈子曰："黑井者，统名也。井有三：大井在西山下，东井在河中，复井在绝峰山下；桥在大井上，在东井下，去司治里许，自西徂东，长二十丈，广二丈六尺；自桥面至水迹，高三丈六尺强，凡三洞。"予曰："井弹丸耳，桥之高且大，胡为者？"沈子曰："桥之广狭、高下因河为之也。河源出洱海界，经楚雄，受二州五县水，夏秋之交，百川来注。波翻流疾，泥沙水石，浊混不辨，舟楫莫能施。厉崖转石，雷轰电掣，有望之色变者。且井地在万山中，居民两岸相向，而五马桥其咽喉也。"心欲一至其地以快所闻，而道亦有巡行各井例，乃予既理盐法经年，所而壅滞者日疏，残废者日起，井务渐就理，遂无事。巡行至黑井，而见所谓五马桥者。后，予以内艰去，藩司摄道篆，其知井形势倍于予。

甲申秋，井司以水灾闻，云：入秋雨集，河水腾沸，东井去其半，五马桥东岸崩，桥圮。藩司闻之骇，谛问之，乃知坏者东洞，而中洞、西洞尚存也。东洞坏，往来不能通挽运，奈何！因以权宜计，檄井司沈子，因其未圮者架木成梁，以便挽运，而民食幸以无缺。且檄中有许其"水缩再议兴修"语。后十月，予复至滇理盐法，知桥状，有枝柱于心者。适沈子具文请曰："前桥之坏，以木代之者，权也。风雨蚀，木其能长恃乎？设也来秋水势如今年，则木架不可以图存也，谋新之。"予曰："子言是也。予亦念之，桥有三洞，互相依倚，势如唇齿，东洞去，而中、西两洞能保其无恙乎？无论木架不可以图存，即使可以图存，而中、西两洞不能无虑也，语曰：'多算胜，少算不胜'，子其善为我计之。"后又具文乞详："查前卷，井修此桥，共费银四千四百有奇，内动公帑三千两，所不敷者，灶户出三之一，牛脚出三之二，奈今日非复昔之日矣，不可为也。以今之时，处今之事，惟盐斤余羡或可加意耳。议于正额外行盐八万斤，该获价银若干两，以若干两修东岸桥，以若干两修东井，以若干两给灶作薪本。既不累灶户与牛脚，不碍正供，以公济公，此末议也。"予然其说，就商于藩司，适与予议合。请于两台，佥曰："可。"予乃檄沈子曰："达者识未萌，明者睹未然，天下事能预为之计，虽补偏救弊，足以为功。迨其废且坠也，即改弦易辙，徒滋扰耳。且修理桥梁道路，尔有司事也。例有殿最。通往来，便出入，苟有益于人者，人且争而为之，矧是桥为挽运要津乎！灶一日不出盐，则饷课逋；桥一日不通挽运，则民食缺。而国计民生其关系有如是者！予也鞭长不及，吾子其勉之，乘天之时，相地之宜，尽人之力，予将乐观厥成焉。"沈子如予指，经始于正月十一日，以度其形势，以鸠工凿石。二月十一日，撤水以量其深浅，下橛立岸，岸入地五尺，镇以巨石，石五层，层一尺。后施以料石十层，层八寸，乃加券，券八十八层，层七寸，长三丈三尺，高三丈六尺，广狭如东、西洞。补葺上岸之缺折者，以达其气；增长下岸之缺缩者，以壮其卫。制炼铁以联其泽，和矿灰爨隙，以其石之能激薄者，凿之，以杀其怒；石之能壅淤者去之，以顺其势。其上绕之以栏楯，俾往来有所凭；列之以廛肆，使商贾有所归。且设樵楼、建扉阄、置器械、列兵卒，以司启闭，以缉奸宄。又四月初八日告成。予览其状。予虽不至其地，而五马桥历历如在目前也。嘉叹者久之。一日，沈子具文请曰："桥工告成，俾往来有道路，挽运如流水，民食有资，饷课得以不匮，皆大人之赐也，不独井之人士载大人之德，即滇之食黑盐井盐者，且颂大人之德于不衰。"为文以记之，归功于予。予曰："是两台之赐也，是子之力也，而藩司之加意为尤厚，予何与焉？虽然言之者易，行之者难。服官者视官为传舍，借修缮储备之虚名，以罔其上，以行其私者，未易更仆数。予如是以诏之，子能即如是以应之，委曲繁重，不啻出诸予手也，可不谓贤欤？"沈子曰："唯唯，否否，两台固为国课民生计，而不有两大人左右其间，而舆情无由达，则桥未必修，修之亦未必果也。有司者，虽夙夜匪懈，罔敢陨越，亦不过奉令承教焉耳。使下作而上不应，虽有志计，亦穷于无所施。匪大人赐，桥何而成？"予听其言，察其行，盖非挽近世涂民耳目，以侥成功者。因记其颠末，勒之贞珉。以见两台之与藩司之为民生国计者深且重。而予与沈子与有荣施焉。是为记。

康熙四十六年，岁次丁亥八月初九日吉旦

盐不由衷
——琅盐井历史新探

督理云南清军驿传盐法道按使司副职使加一级李苾撰
云南黑盐井提举司提举沈懋价
盐课司大使任廷枢

四、为黑、白、琅三井直隶案所作的签呈

查得井地所居果系灶户、灶生、背夫、锯夫、汲卤、小工并井兵、衙役人等居住。井界内外原有分别，督煎课盐、督征钱粮，各有责成。其来旧矣。惟多此提举一官，不属官辖，致为该府眼中钉，苛求搜索，官灶均不得宁。查贵司前具文详议内所云，逃盗人命，一听地方官稽查承审者，乃真正命盗逃案，地方官例有处分之责，难容诿误耳。捐输谷石，运州县收贮者，以该府有盘查之责，难容亏缺耳。井地等事提举协力共缉，不得隐庇者，恐有逃盗命案井官讳匿不报，嫁祸于地方官耳。本道细译前详。至公至平至详至善。是地方井司各官自宜深遵，各安职守，何该府一旦不遂所欲，吹毛索疵，借命盗而搜求，凡斗殴、口角、火甲、门差、生员伺候、谒庙行香，种种细故，概欲禁绝，动令掣肘，是诚何心？夫斗殴细故，乡保头人亦可排解，况夫灶为提举所辖，岂不能剖析是非，而必执于州县之庭耶？且钦部案件尚令其径奉径申，何况此区区细故乎？井地原无城郭，凡存仓盐斤、贮库薪本，尽关朝廷兵饷，派拨火甲、巡更守宿是其常理，生员伺候、谒庙行香乃其固然，何为过分？且灶户类皆穷丁，一日有一日之业，一户有一户之谋，若是遇事生风，波连株及，将来误煎误课，谁任其咎？本道职司盐务，所论恐属左袒，在贵司自有持平，相应移请裁夺或会详两院批示，或径饬该府州井司遵照，惟听鸿裁酌夺施行。

李苾这篇文字写得义正词严，把姚安府对盐井直隶的强烈反应，批驳得体无完肤，像一篇檄文。如该府视井司提举为"眼中钉，苛求搜索，官灶均不得宁"，"何该府一旦不遂所欲，吹毛索疵，借命盗而搜求"，"若是遇事生风，波连株及，将来误煎误课，谁任其咎"，这些词句都很尖锐，一改官场行文中不温不火,温文尔雅的做派,真是一针见血!

这篇签呈的背景,对于黑、白、琅三井而言,直隶于省,不属府州管辖,减少了中间环节,这是三井的共同利益,因此联衔上报申请恢复直隶。并于康熙四十三年(1704)十二月十二日得到批准复文。

但是事件并不简单:

但自奉文(即批准复文)之后,姚安府即大张告示,谕令白井绅士、约保、灶丁、住户人等,嗣后人命、逃盗、户婚、田土、斗殴等,火甲门差以及新进生员迎送谒庙,一切巨细事理,概行呈报姚州审理,毋得借称井地混报。其五井五牌住户,不得应答夫役,州县师生亦不得伺候朔望行香。'如敢故违,立拿重责枷示'等语。随有姚州府差吏目王宜到井另编保甲,朔望逼勒乡保赴州点卯,差拘票唤,扰害无休,人人皆思逃亡,以避府州虐啖。

李苾的签呈就是针对这些情况写的。

五、李苾小传

李苾,字洁庵,直隶大兴人(一说顺天)。贡监。历任盛京别驾、部司农、川东观察等职,康熙二十一年(1682),平定吴三桂叛乱后,任他为"督理滇南驿传盐法",即盐法道,为云南巡抚下按察使司之下属。康熙二十四年(1685),因母亡而丁忧去职。康熙四十三年(1704)冬十月又再次复任云南盐法道(前后任相差19年)。他的《琅井记》写于康熙四十三年,文中指出,盐"课之最重者,其一曰黑,次曰白,琅居其三"。他知道琅井卤淡,"且邻溪壑,淡水浸溢,工本倍费",所以支持提举周蔚的修井之议。这是前所未闻之举,当然有风险。也说明李苾敢于担事。

李苾为黑井写的《修五马桥记》写于康熙四十六年(1707)。他知道此桥关系盐、课、食物的挽运,是国计民生的大事,但是提举沈懋价提出

盐不由衷
——琅盐井历史新探

筹措资金的办法:"议于正额盐外,行盐八万斤,该获价银若干两;以若干两修东岸桥,以若干两修东井,以若干两给灶作薪本。"这又是一种新的运作方法。在正额盐之外的加煎盐,且盐价的三种开支,并未提及其课税,不上课税的盐,是否属于私盐?此例一开,后续难免生出漏隙,为奸贪开了一条新路,然而李苾却毅然同意,也体现了他的担当精神。康熙四十三年(1704)为三盐井提举司直隶事而写的签呈,更是一篇犀利的檄文,一反官场不温不火的文态,直斥知府,须知,知府后面都有布政司、巡抚乃至总督的人事背景,这些都是李苾的上司,李苾还是敢于斥责,不计对自己的不利。正如他说的:"窃慨今之服官者,传舍其官,佥谓笼鹤携琴,不知明年何处,其不因循胶柱者谁乎?"那些"视官服为传舍,借修缮储备之虚名,以罔其上,以行其私"的人,比比皆是。所以李苾是一位有担当、有作为的不凡之官。再从他令人绘制《滇南盐法图》的行为来看,他也是一位有远见和历史眼光的官。此图绘于康熙四十六年(1707)。三文一图都是他第二次出任盐法道的产物,只有为他作的《去思碑》是为他第一次离任的"官颂"。康熙二十一到二十四年(1682—1685),这三年对于云南省督、抚、司、道而言,主要工作应是:①安抚民心。②减轻税负。③巩固平叛成果,恢复生产、安定民生。对盐业而言,则应调研云南盐业特点、变更吴逆的经制流毒,提出新的举措,尽快减轻战乱所带来的经济负担。由于李苾当时尚不是盐法道主官,即使他能积极参与上述工作,也只是建言献策而已。《去思碑》夸大了他的作用,但也反映出当时"官颂之风"何等浓烈。其实"颂官"的实质在于得利。它的真正发动者,并不是底层民众,而是上层绅士和下层官吏。什么"九井庶民""各驿兵卒",都是借来的旗号而已。

康熙二十年(1681)至二十四年(1685)的云南巡抚王继文就是一个收买人心的巡抚,时人称他为"王青天"。其继任巡抚石琳向皇帝的报告说:云南

自顺治十七年,归入版籍,其赋役大概准诸明朝之制,而因袭之,后

因逆镇,刚愎自用,拥兵加赋,以致民不堪命。……其亟应议减删除者有八焉。一、黑、白二井盐课过重,宜减也。查全滇盐政考内,盐井有九,除阿陋等六井年该课一万六百四十九两三钱六分,井小课少,办纳犹易,不议外,查明时黑井额课二万六千六百余两,白井一万五百余两,琅井二千四百余两。此办课之旧额也。自投诚伪总兵官史文开报,黑井课银九万六千两,每斤征银一分六厘;白井课银二万八千五百六十两,每斤征银八厘;琅井课银九千六百两,每斤征银六厘,此系明末乱时额外横加,较原额不啻数倍矣!滇之灶户,从井汲卤始,及至锅煎,其柴薪背负肩挑,人力工本所费既繁,又复加以重课,则灶困矣!行盐之商,率皆朝谋暮食之人,非若淮浙巨商,挟重资而行运也,且驮运于崇山峻岭,脚价倍费,岂能损本而贱卖?则盐价贵,而彝猓遂有经时不知盐味者矣!即如浙盐课价,上则每斤不及二厘,下则不及厘许;又如附近之川盐,每斤只完税六毫八丝。同一盐课,何与滇省之课,轻重悬殊若此也。又查山东、福建、四川、贵州、广西等省,虽省份大小不同,盐课多寡不一,而滇省僻处天末,环彝偏小之区,不惟不能与小省之课同例,而且倍多于大省,此滇民之甘心食淡,地方官之不督销者,值此故也。今议:以黑、白二井,照琅井每斤六厘之例,黑井除减川额外,岁征银三万三千八百四十两;白井征银二万一千四百二十两,琅井征银九千六百两,并阿陋等井征银一万六百四十九两三钱六分,共课银七万五千五百九两三钱六分。迁闰加银六千二百九十二两边钱四分零。于全书内更定者也。盐课之过重,商灶困于征输,升民苦于淡食。今当更造全书。圣谕谆谆,惟恐一夫不获。其所此正边境,黎民犹解倒悬之日也。臣遵旨,曾同经管钱粮诸臣,再四参酌,敬呈各条,恭候圣裁,以垂永久。

这是要修编《赋役全书》的报告,要求减轻盐税。所谓"曾同经管钱粮之臣,再四参酌",应该包括李苾在内。这就是省内高层调研的结果。但是这份调研报告,上去以后如石沉大海,杳无音讯。

继后,巡抚王继文在康熙二十八年(1689)又打报告:

盐不由衷
——琅盐井历史新探

看得黑盐井月增课银二千两,向缘吴逆自秦入滇,官兵家口不下数十万,食盐众多,行销稍易,因而题请增加,原非行盐旧额。迨全滇恢复之后,民多流散,户口寥寥,课额亏欠难征,于康熙二十一年经臣会疏具题,已将月增课银二千两,遵奉谕旨减除,今于奏销康熙二十七年各盐井课税案内,准到部文,仍令将此项银两,自二十九年照旧征收。查滇省自平定以来,仰荷皇恩遐播,商民安享太平,固已有年。但逆属家口,尽行起发,投诚人员已经安插各省,见今户口所增无几,食盐甚少,行销实难。现在月销盐额四十七万斤,征课七千八百余两尚苦。历年盐壅课逋,商受催比、官罹参处,岁不能免。曾经前任抚臣石琳于全书案内,将课重价贵情由题请照琅井课则议减在案。今若将此课银照旧增收,则增课势必增盐,盐愈壅,则有司无地疏销;即仍不增盐,价愈贵,而穷民亦难买食,商民滋累较深,各官徒受参处,国课仍然亏欠,究无裨益。是见在之额专望议减,已豁之银,万难加增。兹据布政使司于三贤、驿盐道佥事王照祥,据各该府州县并商灶军民,纷纷吁诉会详前来,所当仰体皇上爱养商民之意,据实入告。伏乞敕部查议,将此项银两,照前豁免。则井灶商民均沐皇恩,永永无极矣!

这个报告说,康熙二十一年(1682)已经批准免去的黑井每月2000两银子的税赋,从二十九年(1690)起又要照旧上交,而前任巡抚石琳要求按琅井之例,每斤盐交六厘税的报告,根本未予实行。所以,石琳、王继文收买人心、减轻盐税的许诺,从未实现。而《去思碑》"颂官"之风,却刮得很猛烈了。如果黑、白二井能照琅井之例,每斤盐只交六厘的盐课,当然获得很大的利益。所以要"去思"。而琅井虽然比明朝时盐税增加四倍,却不能得半分实利。所以琅井井志中,未对李苾有半句颂词;而对康熙二十年(1681)任琅盐井提举的朱启隆离任时,"塑其肖像于归善寺殿右,迄今睹其容貌,成乐奉俎豆焉"。因为他当时"滇南复平,经制纷更,毅然以蒇牧为己任,井灶安全、街民衣食,存活益众"。这大约是实实在在的纪念吧!

附录　黑井士绅、乡民为李苾所立的去思碑

（一）去思碑碑文

督理云南按察使司分巡通省清军驿传盐法道布政使司参议加四级李公去思碑

尝闻东汉吏治克精，人才最盛，而章帝言矫饰外貌者，皆俗吏。乃津津独取一不凡之刘方。于戏！吏至不凡，岂易得也哉。如我盐宪参政李公，则今日不凡吏矣。以珪璋之品，经纬之才，初任盛京别驾，随迁司农枢曹，迨至观察川东，参藩冀宁，谔谔之风，优优之政，播诸四方者，已非一日。及奉简命督理滇南驿传盐法。公下车之日，见课之重、盐之壅、灶之苦、民之困，即愀然曰："驿务固宜急苏也，盐政奈如之何？将骨而肉之乎？抑起而生之乎？"于是日夜忧思，上体国命，下念民瘼，察属吏之艰，悯商灶之苦，积弊陋规，悉行剔革。试问三年之内，有一事不便于属吏否？有一端不宜于商灶否？曾行一纸不善之令否？曾取一文不义之财否？曾有一念不合于天理、不当于人心否？从来官之清者必刻，公清而能慧，如雨露之润物而不觉也。官之廉者必严，公廉而能宽，如云汉之容物而不隘也。官之勤者必燥，慎者必苛，公勤而缓，慎而能和，如四时之运行而有序，如五音之调奏而有节。是以一年而盐消，二年而课裕，三年而吏属受其福，灶户被其恩，阖省之群黎百姓咸无茹淡之嗟。盐政之困既苏，所谓执邮传命之驿务，未尝滥给一夫，滥发一骑，以徇往来之情面。故数载之中，两迤驿所得享休宁之福焉。等阖省绅衿士庶与九井之属吏，并九井之绅士灶民，以及各驿之官卒，日望公为覆载，望公为怙恃。

奈何一旦而有太夫人之讣，公一闻忧，哀毁逾节，几不欲生。即刻归纂卸肩，治丧如礼。滇人士咸相惊愕，千口一辙，如失慈母。盖爱公之清，感公之泽，留公而呼天呛地，吁恳两台，特疏会题。嘉其才，重其能，请别一载，复任滇南，冀景星庆云再现于六诏，甘露时雨重沛乎万民

盐不由衷
——琅盐井历史新探

欤？昔召伯巡行南国，布文王之化，故诗有甘棠之咏曰："勿剪勿伐，召伯所芨。"此后人因思其德，爱其树而不忍伤也。我公即昭代之召伯，汉章帝所称不凡者其人乎！吾九井之属吏，九井之绅士、灶民、黄童、白叟，闻公之去，如失覆载矣，其怙恃卧辙、攀辕留之而不可得，乃号泣哀鸣，箪食壶浆，奔送于数百里外，树碑于省会之东，而系之铭曰："卓哉我公，昭代人龙，五车学富，八斗才雄。初迁别驾，敷政雍雍。司农枢部，雅操清风。川东冀宁，矢慎矢公。及来六诏，博大宽宏。品如山岳，仁若苍穹。其直如矢，其节如松。伊周之望，千载难逢。在家而孝，在国而忠。一旦东归，琴鹤相从。留之不得，思之无穷。志公于石，永誉能终。"公讳苾，字洁庵，直隶大兴县人。

时大清康熙二十四年岁次癸未　孟秋中浣吉旦

阖井绅士乡耆灶民人等仝立

（二）去思碑的扑毁

李苾的去思碑立在昆明东区某处，但后来在乾隆五十年（1785）四月十三日上谕："若其人并不留心民事，贪鄙不职，即使穹碑林立，百姓将唾骂之，是不足以为去思之荣，足以为子孙之辱。"因而下令扑毁去思碑。云南毁了100多块，山西毁了400多块，都得到乾隆的嘉奖。所以，李苾的去思碑当在被扑毁之内。难得在《黑盐井志》中保留了全文，今录以飨读者。即使李苾真是"不凡之吏"，也不应吹捧过头，什么"人龙""伊周之望"等，把康、雍、乾三帝置于何地？难怪乾隆要下令扑毁了。对一个四品官，竟比作千载难逢的伊尹、周公，可见"颂官"之风何其浓烈！

在康熙《黑盐井志》"宦绩"中，对李苾有如下评述："驿盐道，顺天人，贡监。初莅任，革陋规，裁冗费。九年利弊备悉上闻。初抚军犹未之信，后察之不诬，果盐行课足，因重之。公丁内艰，抚军特疏，保留再任盐道。今升本省臬司，不滥一役，不取一钱，各灶相安，九井宁贴。有去思碑记。"

第五章　黑、白、琅三井
"盐课提举司"是什么机构

云南自古产盐，为井盐和岩盐。汉代全国设 28 个盐官，连然（即安宁）是其中之一。汉以后至晋、唐其间也有如蜻岭、南广等。对于南广，各家指证纷纭，此不赘述。

据载，盐井有黑、白、琅三井。唐樊绰《云南志》载有昆明安宁、龙苴，剑川傍弥潜井、追沙井，兰坪讳溺井、若耶井，云龙细诺邓等盐井及其供应食盐的区域；另有 45 个字，专说琅井盐洁白味美，只供览赕城内王家食用（前已叙说，此不详谈）。

元灭大理国后，在白盐城设榷盐官；后在云南设中书省，政治中心东移昆明；相应在威楚设盐使司，黑井设盐库，琅井为其下属之琅泉郡（见琅井现存之杨善墓碑）。

明洪武十五年（1382），设盐课提举司四个：即安宁、黑井、白井、五井（云龙）等产地。琅井盐课司属安宁盐课提举司管辖，成化六年（1470）安宁灶民杨伏保奏讨琅井开煎，准拨 81 丁并别省充发六丁赴琅井煎办，加原井之 51 丁，共 138 丁。明朝天启三年（1623）安宁提举司移驻琅井，清袭明制，琅井盐课司是三个提举司之一（其余两个是黑井、白井盐课提举司），同治十三年（1874），又由琅井移驻石膏井，琅井仍为盐课司，隶白盐井提举司管辖。

清承明制，云南省盐政由巡抚管理，在按察司（即臬台）下设盐法道，直接管理黑、白、琅三个盐课提举司。它们不受府、州、县属地的管辖。除命、盗两案需移送属地府（州）县外，其余州、县治的各种事务（兵、民、刑、工、教），均由提举司管辖和处理。所谓"麻雀虽小，五脏俱全"。提举司对省盐法道可"径申径详"，即直接报告、申诉。不必由府、（州）县转递，盐课缴纳、薪本领取均直接与盐法道办理。

清代前期是云南盐业的大发展时期，盐的产量和税利超过了以往。据乾隆时张泓《滇南新语》、檀萃《滇南虞衡志》、道光《云南通志》、光绪时刘慰三《滇南志略》等史籍的记载，明末万历年间（1573—1620），政府管理盐业的盐课司每年采办的盐不到200万斤（盐业为官营）。当时云南的人口大约200万，平均每人每年只有盐一斤左右。清代道光年间（1821—1850）云南省盐的产量发展到3500万斤以上，道光十年（1830），云南省人口有650万，平均每人每年有盐5斤多。这些记载，尽管不太准确，但相差也不会太多，表明清代前期的食盐生产有了大幅度的增长。尽管如此，云南的盐产量还是不抵需要量，滇东北的昭通府、镇雄府、东川府需买川盐食用；滇东南开化府、广南府、广西府（今泸西、弥勒、师宗、邱北等县）需买粤盐食用。一些边疆人民仍有淡食之苦。清朝政府每年可得税课40余万两（银），加上盐业实行官营（产供销都由政府垄断经营），可得丰厚利润。因此，盐业利、税是政府的重要财政收入。

清朝康熙年间，两任云南盐法道的李苾在《滇南盐法图》和《琅井记》中说："滇之盐井有八，课之最重者其一曰黑，次曰白，琅居其三。""边徼兵糈，半于盐荚是赖。"

康熙年间云南的田赋、杂税、盐课三项共计征收42万多两银子（见表5-1）。

表5-1 康熙年间云南税收分项统计表

税种	征收	占比
田赋	136421两	32.3%
杂税	147665两	35.0%

黑、白、琅三井"盐课提举司"是什么机构

（续上表）

税种	征收	占比
盐课	138100 两	32.7%
共计	422186 两	100.0%

（此数引自何珍如《康熙时期的云南盐政》，见陈然等编《中国盐业史论丛》，中国社会科学出版社1987年第1版。）

（一）职务

三井盐课提举司，是省盐法道的直属单位，它们不受府、州、县的管辖。盐课提举司之提举，其级别是正、从五品。在官场的座次排列在通判之前，同知之后（总督是正二品，巡抚、布政使是从二品，按察使是正三品，盐法道的道员是正四品，知府是从四品，同知是正五品，知州是从五品，通判是正六品，州同是从六品，县官是正七品，州判是从七品，县承是正八品，县主簿是正九品，州吏目是从九品，典史未入流）。

黑、白、琅三盐井提举司这个职位是什么样的"缺"？按清雍正九年（1731）的规定，各州县按冲、繁、疲、难四字来分缺：

冲是该地当孔道要冲；
繁是该地政事纷繁；
疲是该地多拖欠税赋者；
难是该地民习俗悍命盗案件多者。

四字俱备为最要缺；兼有三字者为要缺；兼有二字者为中缺；仅有一字或无字者为简缺。黑、白、琅三井至少均为要缺。要缺之官，都要列名引见，即直接面见皇帝，听取圣谕。所以，黑盐井提举陈应科在康熙六十一年（1722）陛见，琅盐井提举来度也是在康熙四年（1665）或五年（1666）陛见（程封写给来度的《寄来则庵鹾司》中"君去长安见天子，

75

盐不由衷
——琅盐井历史新探

一官复走乌蛮里"可作证）。

相应的参照地：昆明县是冲、繁、疲、难四字都占，为最要缺；楚雄府是占繁、疲两字，为中缺；楚雄县占冲繁两字，为中缺；广通县占一冲字为简缺；禄丰县占一冲字为简缺；牟定县为简缺；新兴州为繁字简缺；安宁州为冲字简缺。

黑盐井应是最要缺；白盐井应是要缺；琅盐井应是要缺。

在划定的区域内的一切行政事务（命、盗两案除外），均由提举负责，主要职责是督煎督课。因而这些提举们的反馈如下：

琅盐井提举来度说："凡灶之瘠肥，商之淳滑，盐之通塞，课之盈缩，惟盐司是问，窃职綦重矣。"

黑盐井提举沈懋价说："以滇视井，则弹丸耳。而课额则当云南地丁之半，而八井则什百焉。故人之言赋税者，率以黑井为巨擘，而征求倍于他井。……煎盐多，办课重……饷甲于两迤……序通志有曰："疏通盐井，不病灶，不病商，因而不逋正课，法在经久，无弊不徙；补救目前，揭而出之，以为治滇者之纲领。"

琅盐井提举沈鼐说："国课于此输焉，民命于此系焉，司是井者，酌盈虚，全上下。任大责重，亦綦难哉。"

琅盐井提举孙元相说："井民煮卤代耕。岁供国课万缗……我国家养兵卫民，而饷运不匮，琅亦与有力焉。"

白盐井提举郭存庄说："闻管仲之相齐也，伐菹薪，正盐策，以富其国，后世因之。利所在而弊亦随起焉。白井无城郭濠隍之卫，其地可轮四里，广里许，泉山环之，若处于盎，然峰回岭转，谿谷洞达，藩篱之障缺焉不备。所产卤井五区，官司岁发帑金七万八千二百余两。为灶户薪本，令之供煎。而岁征其正余额盐七百四十余万，分拨二十二郡县行销，以归课款，故地虽偏僻而国赋所在，制设一提举两大使，专司稽煎缉私之务，责綦重也。"

（二）薪俸

从白、琅两井志中可以查到白、琅两井提举的年薪都是80两，白井提举的养廉银（养廉银是从雍正九年，即1731年开始实行的）是3400两（与四品道员差不多），而琅井提举只有900两。黑井提举无资料。由于养廉银是依据盐产量和盐课制定的，而黑井的盐产量和盐课要高于白井，因此黑井提举的养廉银要比白井提举的高，估计在5900两左右。

（三）司属

琅井提举司衙门有门子2名、快手4名、皂役12名、轿伞扇夫7名共27名。每名岁支工食银6两。可见提举和底层的一岁收入相差非常巨大。

白井提举司衙门有门子2名、皂快20名、铺兵2名、伞轿扇夫7名共31名，规模比琅井大，但其底层的岁入也是银6两。提举司衙六房书吏24名，年支工食银462两；

黑井提举司有门子2名、皂吏10名、书手2名、吏目皂吏4名、看库看监2名、盐课司皂吏2名、伞轿夫等资料不全，仅井兵就有66名，应该规模更大。但其底层的岁入也和白琅两井一样，则黑井提举和伞夫的收入差距就更大了。

提举养廉银的多少，与其担负任务多少相适应。而不问其管辖地域的大小。三井管辖的地域都很小，不及州县治下的乡镇，而且直隶前都是州县的辖地，所以姚安府称其为"旧属"。各井管辖地域小，人口也少。

（四）灶丁、人口

黑井：黑井、复隆井灶丁共4955丁，东井灶丁135丁；人口资料不全，粗略估计有30000人。

白井：灶丁409户，街牌住户共计1161户，以一家五口计，约为5500人。

琅井：灶丁138丁，住户约500户，以一家五口计，约2500人。

（五）地域

黑井。"黑井居云南之中""以滇视井，则井弹丸耳"，地域"南北长而东西狭，山出屋上，水流屋下；坡坎厄塞，叠檐架屋，初无所刍牧牛马之地，诚有人不得联袂，车不得方轨者"。然"课额当云南地丁之半"

"财赋奥区"。

白井。"井虽一区，周十余里，四山环绕一水中分，民依东西山麓而居。石羊引卤脉之精，碧象锁川源之秀，两峰雄峙，文笔献奇。相其大势：南连弄栋，北距金江，威楚东通，点苍西瞰。井地出卤百味之主，故商贩往来，车马辐辏，视附近州县，颇觉熙攘，诚西迤之重地，实财赋之奥区也。"

琅井。"琅壤方幅，不十里而尽，限无山川，恃无城郭，厚生无田土""琅邑蕞尔，环井皆山，耕以卤代，无异物，无他产。"

（六）盐产量

以井志所见数据列表。见表5-2。

表5-2 黑、白、琅三井的阶段盐产量

盐井	产量	时间	资料来源
黑井	7140000	康熙四十九年（1710）	《黑盐井志》
白井	6509316	乾隆二十三年（1758）	《白盐井志》
琅井	1599996	康熙五十一年（1712）	《琅盐井志》
	1993996	乾隆二十一年（1756）	《琅盐井志》

（七）盐课

以明万历年间与清康熙年间为例。见表5-3。

表5-3 黑、白、琅三井明清盐课对比

时期 盐井	明万历年间	清康熙年间	每斤征税
黑井	26000两	12万两	一分六厘
白井	10500两	28560两	一分八厘
琅井	2400两	9600两	六厘

黑、白、琅三井"盐课提举司"是什么机构

当时浙江的海盐每斤征税才二厘。众所周知，海盐的成本最低，云南井盐的成本最高，而盐课反而高于浙江海盐的3～8倍。云南盐课之重，可见一斑。与邻近县相比，也能看出差距（见表5-4）。

表5-4　光绪三十一年（1705）黑、白、琅三井邻近县的征银数

邻近县	征银
昆明县	8153两
楚雄县	9301两
广通县	3201两
禄丰县	2535两
牟定县	4438两
新兴州	6675两

以上六县的实征课银，是在生产发展后的光绪三十一年（1705），即便如此，黑、白、琅三井的盐课远高于各县。

（八）井兵

井兵配给见表5-5。

表5-5　井兵配给

盐井	人数	月给工食银	年合给	时间	备注
黑井	66	216两	2592两	康熙四十九年	十哨一关
白井	50	600两	600两	乾隆二十三年	练兵
琅井	24	24两	288两	乾隆二十一年	

因此，盐课提举司是省盐法道的直辖单位，不属府、州、县管辖，其行政级别是稍低于府，而高于州县；除管理盐务外，其辖区内的民事（如保甲组织）、刑事（命盗二案外，如打架斗殴、偷盗）、兵事（如井兵、

盐不由衷
——琅盐井历史新探

缉私、巡察）、政教（如学政、宣化、宗教、志书）等都要管理。

（九）衙署

琅盐井衙署分后衙和前衙两部分。

后衙是李氏土司（即土巡捕）的住所，琅井俗称为土衙。这是一座三坊一照壁的建筑，坐北朝南，北面是明三暗五的两层楼房，东西两厢房各有三间，也是两层楼房。还有后花园。穿过后花园有后门可通后街，所以从前衙大门外的卖菜街可以直通后街。历代李氏土司皆居住于后衙中；该地解放后，李土司后人李保谦将正房卖给李庭，现为李庭住所。在此住所的前面，即为提举司衙署，照壁的两道小门与前衙相通。后衙另有一门通向温家巷，是常用通道。现在常有游客到此观瞻。

据第二版《琅盐井志》，前衙是明朝天启四年（1621），"提举尹三聘，改坐东北向西南，增拓重建，又买井民李腾龙等屋基，以为内宅。本朝康熙己酉（康熙八年，1669）提举来度重修：正堂三间、东西吏舍各三间、大门三间、仪门三间、穿堂五间，厢房六间，内宅后楼五间，左右翼舍各三间，饮冰厅三间在堂左，石坊一间在穿堂右，与筠轩三间俱提举来度建，后倾圮。提举沈鼐改建书舍三间，题其额曰：高山仰止。厅三间额曰：适斋。凉亭在筠轩后，提举周蔚建额曰：溪水长流。仪门右为土地祠，提举周蔚建。右为迎宾馆，大门左为狱舍"。1952年停止煮盐后，整座建筑群给供销合作社使用，再后来全部卖给私人经营，翻盖为平房，原貌已无存。现在只能看出其原址的宏大规模。

衙署前有一广场，是耍钟馗、唱花灯的地方。广场前有一大照壁，照壁后为米市，米市边是施家茶馆，茶馆内经常有说书人讲评书或打围鼓，清唱滇剧。卖菜街上尽是商家店铺，这一带是旧时琅井最热闹的地方。在广场的照壁上绘一大幅画——罗应起说是"封侯挂印"和"麒麟吞月"。其实这是误解，那不是麒麟，这怪兽名叫"饕餮"，贪财为饕，贪食为餮。据《山海经》记载，饕餮与浑敦、穷奇、寿杭共为四大恶兽。饕餮特别贪

黑、白、琅三井"盐课提举司"是什么机构

婪，它已经占有五宝①，而贪心不足，仍想吞食日月。在官衙前画上饕餮，是警告当官的不能像饕餮那样贪婪。这反映了人民群众的一种美好愿望。清朝官方为养成官员的廉洁操守，除正供薪俸外，另加一大笔薪金，称为养廉银。文官从雍正五年（1727）起，武官从乾隆四十七年（1782）起，按等级发给不同的银子养廉。琅盐井提举的年俸是八十两银子和八十斛米，养廉银八百四十四两八钱，还有薪红纸扎银三十六两，一共九百六十两八钱。而兵丁杂役一年只有六两银子，相差160倍。

黑盐井盐课提举司衙署：创自明洪武二十五年（1392），在金泉坊中，大门（楼一所，东向，上设钟鼓）右盐仓，左义仓，土地祠（在仪门右）仪门三间（南向，东西列书吏房各三间，中甬道立戒石），正堂三间，堂左为吏目厅，右常川库，穿堂三间，右客厅三间，左书房三间，后寝楼堂馆所三间。

另有盐课司大使署，在德政坊下，大门一间，二门一间（西向），大堂三间（南向），后楼三间，左右厢房各一。

白盐井盐课提举司衙署在荣春坊。明洪武十六年（1383）建，主楼正堂各三间，二堂五间，楼前有两厢楼，东正房三间，旁厦三间，中房三间，前为新移厨房二间，楼西北房三间，南房三间，旁厦一间，书房二间，大堂东西为六房又班房一间，前为大门、为仪门。左为土地祠，右为常平仓。

另有观音井、白石谷、安丰井大使署三处。

这些衙署均为盐业历史遗迹，有保存的价值。

在《黑盐井志》中有一篇《黑盐井盐课提举司题名记》，内容如下：

国家设官分职，各有攸司。司，主守也。主，言其行止得以自主，他官不得干预；守，言其出纳必须循守，本官不得旁贷。司之为义，至严且重。而提举司之名，汉唐未见。宋淳化中，设运转司使，理常平仓事，今

---

① 所谓五宝是指：圭、璋、璧、琮四器（都是古时天子或诸侯的玉质信符），再加金印。

运转司举长使所部官专领之。熙宁遣使提领，此提举所始也。宋元迄明以田赋属州县，以盐课属提举。国朝因之，其来尚矣。

滇提举三，黑盐井其一也。滇产九井，黑盐井为最大，出盐多，办课重，故为井官难，而黑盐井官尤难，额盐不敷，唯提举司是问；办课不足，唯提举是问；临之以督抚，辖之以司道，清广以饬躬，苦节以从政，善已，然而难为上也；私谒不杜于居官，馈赠不绝于往例，善已，然而为难下也；盐与课非一日一时所能办，则不得不急，急则刻，刻则下民之怨生；盐与课非一手一足所能措，则不得不缓，缓则阿，阿则公家之赋堕；上与下稍不如措，则殿随其后。此其所以难也。士君子之进退，务使身之所处，各尽其分之所当，然而于吾力之所能为者，亦不留余以自处而已矣。兵农礼乐，各有勤施后世之实我，自顾理繁治剧，何事堪质诸夙夜。则虽事事可报朝廷，而尚惧斯位之难称，为刿斯职也乎。位民之上，处人之下，亢则虑民情之不上达也；随则患殊恩之不下究也。夤缘久而仕路通，朋比成而吏道杂，彼落落难合，岳岳怀方，抚字心劳，催科政拙者，吾知其覆束遗讥也必矣。嗟呼！郅都垂苍鹰之号，宁成有束湿之名，竟不问所师者何氏？黄霸课最于颍川，鲁恭化流于中年，又不知所读何书？自非破觚以为圆，斫彫以为朴，吾未见其可也。未期有济于世，先求无疚于心，与其问媸妍于鉴，无宁别是非于人。前事之不忘，后事之师也。故事载于志中，淑问传于遗老。明初，井原设运司如两淮，后裁去。设提举司，有正有副，有吏目，有大使三：本井盐课司大使、一阿陋井盐课司大使，一琅井盐课司大使，琅井天启三年，置琅盐井提举大使。裁阿陋猴井，仍旧井吏目，国朝康熙三年裁，现设盐课提举司，阿陋猴井盐课司。有明一代，官不一人，贤者、否者磨灭罔据。我朝己亥开滇，官斯土者，例得备书姓氏、里居，闻见必录，某也贪，某也廉，某也虐民奉上，某也因时制宜。公道自在人心，是非始于一念。戒之哉！戒之哉！斯记之作，或亦触目警心之一助也。

康熙四十九年十一月山阴沈懋价尔蕃氏撰

第六章 什么叫作"以卤代耕"

《琅盐井志》中，用"以卤代耕"来说琅井，什么叫"以卤代耕"呢？东汉许慎《说文解字》在释"盐"字时说："盐，卤也。天生曰卤，人生曰盐。从卤，监声。"这就是说，卤是天然的，而盐是人工制的。而"耕者，犁也。古时井田，故从井。"所以"以卤代耕"就是以煮熬卤水制盐来代替耕种田地向国家交税。清朝耕种土地是要上税的，有人头税（丁税）和地亩税两种，合在一起叫地丁税。

清朝的盐制，是循着康熙的思路制定的，康熙在读史至魏甄琛"请罢盐池之禁"时曾说："盐之产利甚厚，不操之自上，则豪强互相渔夺，闾阎之间，必纷嚣多事矣。况取山泽之资以薄田畴之赋，使民力宽然有余，其为益不已多乎？若不审度时势，辄弛其禁，则南亩之农夫不获沾毫末之利，而国用既绌，税敛渐加，亦必至之势也。凡为政者，只求实惠及民而已，何必以美名自托哉？"这就是说，盐禁不能开，必须由国家管理，不能让私人开采。一方面是盐利很大，是国家财用的重要来源，若是缺了这部分盐利，必然会加重税赋；另一方面有了盐利的国赋，才可以减轻农夫的负担。因此，盐税特别怕地方豪强渔夺，引起"纷嚣多事"。

清朝的财政收入，分为四大部分：地丁银、盐课银、关税银、杂赋银。所谓地丁银由田赋和丁银两部分组成。田赋以田地的肥瘦程度不同分等，向地主或农民按亩征收赋税，主要是收银子。而丁银即男丁的人头税，包括劳役和货币两个部分。清朝规定：凡在16～60岁的男子为人丁，每个人丁每年都要交人头税——丁税。康熙五十年（1711）的人丁数为2462万多人，丁银335万余两，以此作为固定基数，固定丁额，永不

盐不由衷
——琅盐井历史新探

加赋；在雍正年间进行了"摊丁入地"的改革，将各地的丁银并入耕地和田赋中一同征收。云南各盐井则不实行"地丁银"，而是征收盐课。这就叫作"以卤代耕"，就是让煮盐的盐户中的男丁，承担人头税（包括赋银和赋役）。而盐户和盐丁的划定有着久远的历史。汉代食盐生产，由官府或贵族豪强置备生产资料，招收被流放的人来制盐；唐代第五琦定盐法，在产盐区设盐院，派原业户和游民承办官盐，免其杂徭，称亭户；五代以后制盐户又称畦户、灶户、井户等等；宋时盐户或灶户成为通称，是具有特殊的户籍，承担产盐徭役的人户。所以灶户、灶丁多由被流放的人或流浪人口组成，他们社会地位极低，受的压迫和剥削最重。志书载明，琅井的灶丁138丁，分别是明朝原土著51丁，成化三年（1467）由安宁井摘拨的81丁，另有6丁是充军流放人口，32灶煮盐。一句话，琅井不交地丁税，以交盐课代替地丁银。这就叫作"以卤代耕"。

由于新增人丁并不加赋，随着社会稳定、生产发展，人口增加很快，乾隆六年（1741）人口数1434115万，乾隆二十七年（1762）突破2亿；乾隆五十五年（1790）突破3亿，不到30年增加1亿人口。

乾隆二十九年（1764）全国征收的税银3924多万两，见表6-1。

表6-1 乾隆二十九年（1764）全国征收的税银统计

税种	税银	占比
地丁银	2938万两	74.87%
关税银	459万两	11.77%
盐课银	384万两	9.79%
杂赋银	143万两	3.64%

乾隆三十一年（1766）全国征收税银4858万两。

而在云南，盐课银占的比例更大，约占50%。一个总督曾说云南省就是三件事：边防、铜政、盐课。云南多年的岁入大约就是30多万两，而什么叫作"以卤代耕"

黑井的盐课大约是10万至12万两，白井大约是4万两，琅井大约是1万两，黑、白、琅三井约15万至17万两，占岁入的一半多。

（一）灶户

黑井在康熙时计有26灶，琅井在康乾时期有32灶经过咸同年间的动乱，减为27灶，在中华人民共和国成立前后煮盐的灶户有12灶，情况如下。

后街：杨本芳家1灶；莫文举家1灶。

中街：江家3灶。

温家巷：温家2灶、武家1灶、赵纯奇家1灶，杨法先家1灶。

河对面：杨兰先家1灶，张诰家1灶

在马鞍山箐口有煮硝场一家；在开化井旁用淋水塔晒硝一家。1952年全部停止煮盐，井口封死，盐管处撤销，灶户自谋职业，工人转入农业，参加土改分得田地，由第二产业蜕变为第一产业。

（二）盐井

琅井产卤水的盐井，在两部志书中，都说只有一口盐井。而自乾隆以后，朝廷鼓励开挖新井。据罗应起的资料举出的盐井有21口，详情如下。

金泉井：斜口吊井，舍硝太重，日产硝水50挑左右，用竹笼皮兜拉水，在徐家村外。

龙珠井：斜井，产淡水；在马鞍山箐与樱桃园箐合流处。

长兴井。

阿尼井：斜井，产淡水。在小羊支箐支氏园地下面。

观音井：井形、产卤不详。在潮音洞左后侧。

逢源井：井形、产卤不详，在潮音洞大门下侧。

贺盐井：井形、产卤不详，在城隍庙右侧。

兴隆井：斜口吊井，淡水多盐水少，日产盐水40挑，用竹笼拉水，在观音寺山脚。

关春井：斜井，产淡水，在大龙祠左侧。

老大井："井志"所记之"琅井"。清康熙三十八年（1699），提举周蔚在井上盖筹井楼。在大龙祠岸脚。

复大井：斜井，产硝水在鱼池山脚。

长兴井、宝兴井、宝应井、振兴井、大兴井等 5 口井情况不详。另有 3 口井不知井名：一在开宁寺半坡，一在夺风台山脚，一在象鼻岭。

昇昇井：在宝华山脚。

开化井：石砌吊井，产卤量大，浓度较高，盐质高，用竹笼皮兜拉水，送入高架木枧槽流入各家灶房。

（三）琅井的煮盐技术

据《琅盐井志》记载："前任提举周蔚康熙四十四年详请盐道李公讳苾重修井眼，疏咸撇淡，捐俸兴工，四面开挖透底，咸淡分清，井中朽木尽去，四围俱用石砌，石梯级升至井口，卤用提汲，不用车盘。井上新构筹楼，额曰'筹井楼'。井后建有龙祠及两厢。工竣，盐宪制碑文（即李苾的《琅井记》），提举周蔚亦撰《筹井楼记》。"前人之为井筹，可谓劳心尽力。"奈修井后不数月，卤水愈淡，工本愈费。"这是对盐井硐的一次失败的"技术革新"，以后的井硐再无大的变化。

斜井以人力背运或竹竜（见图 6-1）汲取卤水。竹竜即唧筒，按井的深度由多级竹竜组成，一级竹竜由一人拉汲，出口处设一水池，拉竜工坐在池上，身后池中，是上一级竹竜的吸入口，一级一级提升至地面水池，再由人工挑至各灶，后来发展为用木枧槽渡送至各灶房，节省了人力和减少了泼洒损失。

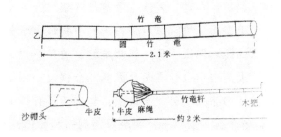

图 6-1　汲卤竹笕结构图

（四）灶型

在灶型上，康乾时期，每灶用锅九口：琅井和黑井相同。在《黑盐井志》中的《烟溪赋》说："（煮盐灶）其横也，以八尺为度；其纵也，比三丈且强；前开一户。旁列两墙，其势直，其形方；布小镪于左右，揸大镬于中央。前排驷马，后架鸳鸯；依稀菽结，仿佛莲房。"艺术地再现了当时的灶型，前开一户是烧火的灶门，其上层为火塘，下层为灰塘，中间用铁箅子隔开，柴火烧后的灰和炭，从箅子上漏到灰塘中。

琅井人用这些灰炭去烤琅井特产的霉豆腐。这种炭火不疾不徐，火温绵长，烤出的霉豆腐不焦不煳，皮黄心软，香脆可口，较现在用栗炭烧强多了，再加上用青绿的松针做烤霉豆腐的垫层，松针被烤，香气四溢，这种特殊的香味弥散在空气中，馋得人不行，非吃不可了。琅井霉豆腐是豆腐水筶的水、青松针的烧烤垫层、煮盐灶的炭灰三位一体的杰作。若加上烧烤的铁箅子，就是金（铁箅子）、木（青松针）、水（豆腐水筶的水）、火（煮盐的灶火灰）、土（烧后的灰土可以肥田）五行俱全了。

黑井盐灶，后改为每灶长二丈余，宽六尺许，架大锅十口，旁附筒锅二十二口，自卯时至戌时成盐三锅（即十四小时成盐三锅）。到张泓（乾隆二十年前后人）的《滇南新语》中则说：

（灶）架重六七十斤，大锅五；后层坎内真间以墙，高如坎，排大锅四或六。尽后安大锅二，高出前锅炉五六寸。各锅相次之隙，小则掩以

盐不由衷
——琅盐井历史新探

泥,大则以小桶子锅周匝实之。先注卤于前层各锅内,煮干三四分,则转注后层,而前层复上新卤。迨至极后锅内,以勺扬试,水盐已相半。锅或沸,以竹枝钳生豕油蘸之即止。尾二锅盐先结,边实中虚,名曰盐垭。取出安骑墙各锅内,火足则中边皆实而盐成矣。余锅大小剩微卤耳。其成盐各锅,始俱染以清油乃登灶受卤。及盐成,坚如石,犹锤凿始盐脱。每脱曰"一平",大锯解之,作五六十斤四块。乃利而加印记,载以归省鹭局。

根据另一资料,灶长期保持长5.5米,宽2.9米,前置桶锅36口,后置大锅两口烤盐,桶分:高热区15口称"前围",盐卤成浆;中热区15口,称"后围"盐浆浓缩;低热区6口,称"配堂"浆成盐砂舀砂聚大锅中,压实成盐,一锅盐曰"一平"。锯成4块,曰"一肩"。可见灶型和用锅数是不断改进变化的。

灶型后来又做了改进:灶前端安大锅两口,后面布小筒子锅4口一排,8排共32口,延伸了灶长,充分利用余热。琅井在康乾时期要三昼夜才能煮一锅盐,到中华人民共和国成立前后只一昼夜就煮一锅盐。时间缩减了两天。

白盐井灶型和工艺,又不同于黑、琅二井:盐灶连续生产一月才停煎,灶停煎后,隔一日让火气消退,才能挖灶。灶土在内层者其味咸,其质坚称为"壁哥";在外层者味略淡称为"泥使"。两种都可以泡在淡卤中让咸味浸出,以增其浓度。挖灶后用灶内湿泥填满灶底,待泥干后接灶,又待泥干后才架锅,锅分两种:一是大锅其壁厚4分,能装一桶卤水,其旁用11或13口小筒子锅围绕;不用大锅者,则可将11或13口筒子锅如蜂翅排列俗称"一窝蜂"。筒子锅口径一尺五寸,厚三分,深六寸。开烧以后昼夜不停,锅内每成盐,用长竹柄铁碗舀入箩箕内,箩箕口园底尖,置于盐桶上以沥盐卤。然后由女子用手团盐,放于灶灰上吸湿气后即成"团盐"。

图6-2 筒子锅

（五）工序

卤水在筒子锅中，随温度升高而逐渐蒸发，盐分逐渐加浓，最后沉积为盐沙，用大瓢舀入大锅中，装满大锅后再烧结实，即停火、冷却、起锅、凿开（脱锅）、锯解、称重、标记、入库后即可发售。一大锅盐，大约300斤，锯成4块，每块大约75斤，一匹马驮两块，大约150斤。

（六）生产组织

黑井：灶丁495丁半，每月分为天地人三班每班10日共165名。内议班正1人充正课长。每班分为3党，每党55人内议党正副二人，充小课长，一党分为五甲，每甲11人，内议甲长1人，俱于灶丁内逐年轮当外，每党用保户一人，俱于省城取讨。每班保户3名，督催班正副。班正副2名督催党正副，党正副职6名催督甲长。甲长15名，督催甲丁150名。年办黑复二井各项正课……。如一丁逃欠责同甲摊赔；一甲逃欠，责同党摊赔；仍提保户、班、党正副、甲长监此究治。

白井：康熙五十二年，奉命将原409户灶丁，编为120户，首用五户作灶长，轮流当月经管银两；次用五户作灶头，总管盐账；再用十户作十灶头，查煎交盐；再用十户作十课长，分催盐课应办公事。街坊分为五牌首，用二户为乡约；次用十户为保甲，每夜分拨值更，常川巡守，以杜私贩，以防宵小。至冬，每井分设大塘守夜，岁以为常。乾隆二十二年

（1747）提举郭存庄编立保甲，分给门牌注明丁口、生理，俾匪类游荡之人，均不得匿迹。

琅井：灶丁138名，其汲卤、抬卤、掌灶、带灶、挖灶、砌灶、运柴、烧火等工役由灶户自雇。在收盐仓内则有称行、发店、号字、包盐、抬盐、锯盐等人职，在外则有查盐捕役，自禄丰至井之沿途站兵、并安堆、守路、盘缉之井兵。

（七）驮运

据史料记载，盐兴五井（黑井、琅井、阿陋井，元永—元兴、永济算两井）在民国十四年（1925）共有运盐的背夫700多人，牛脚、马帮等驮户900多户，骡马7000多匹；小马帮有10～15匹骡马，大马带则多达七八十匹骡马。每年所产的盐，就是由这些背夫、牛脚、马帮运往各地。

（八）销盐区域

黑井盐销往：昆明、禄丰、嵩明、晋宁、呈贡、昆阳、宜良、罗次、富民、曲靖、南宁、沾益、马龙、陆良、罗平、寻甸、平彝、澄江、路南、江川、弥勒、师宗、广南、武定、元谋、禄劝等州县。

白井盐销往：大理、赵州、云南、邓川、浪穹、宾川、鹤庆、蒙化、楚雄、镇南、南安、广通、定远、大姚、和曲、禄劝、元谋、易门等州县。

琅井盐销往：建水、阿迷（开远）、华宁、通海、峨山、河西、新兴（玉溪）等州县。

正如《全滇盐政考》所说："夫行盐之地，其初出，计盐之多寡，量户口之繁简，较道里之远近，不知几经筹画而疆界始定，故行之二百余年，莫敢逾越。"这是长期形成的历史积淀，一般不能轻易变动的。

（九）官灶商的利益分成

明末到清初，黑、白二井初实行官四灶六的分成，琅井实行官三灶七

什么叫作"以卤代耕"

的分成。所谓官四和官三,就是"以卤代耕"的盐课。乾隆《琅盐井志》载:"琅只一井而卤淡,明季定制,止以官三灶七分卤算课。"而康熙《琅盐井志》除前句之外,还特地说:"本朝顺治十六年己亥开滇之初,酌定卤额,投诚委署盐法道史文,仍照官三灶七详定。"因此,清朝委任的第一个琅盐井提举来度,也是执行官三灶七的分课规定。为什么琅井能多分一成?其主要原因是卤水含盐浓度不一样,用现代的术语即黑井卤水的波美度一般是19左右,而琅井卤水的波美度一般只有13左右。数字越大,含盐浓度越高。也就是说,琅井的卤水,只有黑井卤水浓度的2/3左右,浓度低需更长的煎熬时间,就更费柴火和人工,所以官方课税只占三成,就像根据土地好坏的实行级差地租一样。另一原因是黑井漂运桐柴,沿龙川江直达黑井岸边;而琅井的小河基本上不能漂运桐柴,琅井若以龙川江漂运桐柴,则需在妥安起柴,再在陆地转驮15里,无疑要增加桐柴成本。

琅井的"官三灶七",本是明朝旧定制,尔后由大西军的盐务总兵官史文沿袭。史文投降清朝时,仍照此定制向清朝报告。清朝委派的第一任提举就是来度,然而来度因参加吴三桂的叛乱,并且当上了吴逆的"户曹"(财政部长),是为从逆官员,平定吴叛后,清算其余毒,这"官三灶七"就成了"负担不公"的代名词,而一再遭到挤压降低,最后酿成灶倒丁逃、3个月熄火停煎、课税全无的重大事件。

第七章 平叛后的"经制纷更"
——官、商、灶围绕盐课、盐利的博弈

所谓"官三灶七"或"官四灶六",是确定官方和灶户之间分卤算课的比例,没有涉及行商的利益分成。倪蜕的《云南事略》中说:"云南盐务,元时尚无课款,听民自行煎卖。与后世土井一例,征纳官食盐斤而已。明立课额,置提举官督之。亦任商贩买卖行销,价亦止八厘、六厘,至轻也。孙可望伪官增价至一分四厘。后平定云南,吴逆即以伪官卖数为课,遂增额四倍有余,而买卖仍在民间。吴逆反,始有逆党为总商。既恢复,亦因之数年。已而州县各签土商行销,其实官自踞之。"倪蜕是康熙五十四年(1715)随云贵总督沈国璧入滇的高级幕僚,对云南的历史非常熟悉,他这段话虽不全对,但大体是可信的。即元朝无盐课,只征官用食盐(这也应是变相的盐课,而且还设有榷盐的机构)民间自行买卖;明朝虽征盐课,其官灶按卤分课,即井志中所谓"官四灶六""官三灶七"的比例。也是由商贩自行行销而售价极轻,每斤只卖六至八厘。及至孙可望伪官抬价至一分四厘,抬价的好处是让清朝最初享受了十四年。而"吴逆反,始有逆党为总商""既恢复,亦因之数年"。有总商是从吴逆反时开始,那么盐利的瓜分,就不仅是官灶之间,必须是官、灶、商之间的利益博弈了。而各州县的行销商,"实为官踞之"。官的课税是不能减的,要商行销,商必得利,无利则不商,若商之利为官踞之,即为官商勾结,其利必然是压缩灶之薪本。

琅井,以卤代耕,就是不用交地丁银(地亩税和人头税),而要交

盐课。

第二版《琅盐井志》说：

顺治十六年，本朝开滇定制，岁征课银九千六百两，遇闰照加课银八百两，小尽不除。岁额公费银三百一十两九钱一分一厘四毫；商税岁该银三十七两六钱；盐行岁该课银六两；米行岁该课银八两；酒行岁该课银五两；原编协济安宁井公费银八十九两五钱；窝卤公费岁该银该九十两二钱。以上七项，岁共该银五百四十七两一钱一分一厘四毫。月该公费税款银四十五两六钱九毫五丝，闰月不征。以上课款银两，按月征解盐法道，转解充饷。

而李苾所言在云南的盐课中：
黑井每年交 96000 两，每斤盐交一分六厘；
白井每年交 28560 两，每斤交八厘；
琅井每年交 9600 两，每斤交六厘。

这是很重的盐税。当时，浙盐每斤盐税只交不足二厘；川盐每斤只交六毫八丝。这一比较就知云南的盐税是相当重的。李苾把责任推到明朝降清的总兵官史文身上，说他是为降清而邀功，实际上，接收的人是为清朝开滇的吴三桂。

第二版《琅盐井志》说："琅井卤淡非自今日。明季定制，他井则官四灶六，而惟琅井以官三灶七分卤算课。本朝顺治十六年，己亥开滇之初，酌定卤额，投诚委署盐法道史文仍照官三灶七详定（分卤算课），每灶日给卤二十四桶，日共给卤七百六十八桶。每月三十二灶共煎额盐一十三万三千三百三十斤零。其内给商课盐一十六票，每票二千五百斤。月共课盐四万斤。给灶工本盐九万三千三百三十斤零，俱奉盐法道给引运卖，以作柴薪工本。故彼时灶户无甚艰苦，煎办不误。"

下面就开始折腾了：官、商、灶之间的利益角逐、博弈，看似平淡，实则波诡云谲，暗潮汹涌，而官方主导"刻尽搜求"。

盐不由衷
——琅盐井历史新探

康熙八年（1669），盐法道赵奉抚院李的通知："将琅盐停止工本，概改票盐，归商行销。给灶工本之盐尽数停止，每灶每日减去额卤一桶六分，每月只煎额盐一十二万斤，编为四十票，每票额盐三千斤。商人按月赴井领支运办额课税款银两，月交灶户银二千七百两以为柴薪工本。"这里只说减少煎盐数量，没有说盐课也相应减少。盐课不减少，减少的只是煎盐量和柴薪工本（12万斤盐，给工本2700两银只合每百斤二两五实际上就改变了官三灶七的比例）。行不数年，吴逆叛乱。

一、平叛后琅盐井的"经制纷更"

吴三桂叛乱期间各井志书都避谈其盐业活动。但盐业应是照常生产、行销并以此支撑吴逆的叛乱经费。平叛以后，琅盐井的经制纷更如下：

（1）康熙二十年（1681）恢定全滇，仍照原额月煎133333斤。康熙二十一年，商人李和、叶秀等买运行销，议定井价每百斤银三两五钱。内除商人完解课款及各项使费外，每月灶得薪本月3100两。李和等方行8个月，即逋欠2个月之课。旋即退去（商人用脚投票）。盐归灶卖。各属土商，因地方缺盐，来井买运，时际岁荒，柴米高贵，井价每百斤四两以上。随遭盐道差提究问（随行就市则遭官方究问）。

（2）康熙二十三年（1684），悬示招商。议因米珠薪贵，每百斤盐以井价银四两，内除课款等项由商办纳外，月给灶户薪本银3978两。追米价渐平时盐价亦应递减。

（3）康熙二十五年（1686）十一月盐道郭　到井校验：每月只煎盐12万斤，减定井价每百斤三两一钱。计程添脚。立定各州县卖价不许多增，商人何文俊等年终告退（又用脚投票）。盐归灶卖。

（4）康熙二十六年（1687）自正月起，煎熬出之盐，因所定价使商人亏本，无人买运。提举朱启隆以课饷为重，激切申详：不得不剜灶户之肉以医商贩之疮，议将井价减去四钱以补商贩，每百斤盐定为二两七钱，每月仍煎熬133333斤，以此多煎之盐，作为补灶户减价之数（这是私盐公然准出之路)。以三月为始,是年内省商王明、王甫等照前商李和等例,每月仍给灶户薪本银 3100 两,王明等行不到 4 年,拖逋课款,灶户具诉,行追商人。至二十九年(1690)六月,盐归灶卖。

(5)康熙二十九年十二月内,省商王德等承认署提举事临安府经历陈士铨申详。月煎额盐照旧,每百斤按井价二两七钱算。商人每月给灶户盐价银三千五百五十九两九钱九分一厘。王德等自康熙三十年(1691)正月起买运行销。从前课款等项系商人完解。自此后全归灶户办纳。随有署盐道事盐永昌道毕忠吉亲临各井,查验核减,将盐价又减去二钱,每百斤定为井价二两五钱,每月只该盐银三千三百三十三两三钱二分五厘。灶户月纳课款俱照旧例。

从康熙二十年(1681)平逆以来,到康熙三十年(1691),十年间折腾五次:盐量从月 13 万斤,减为 12 万斤;薪本从月 3978 两,减到 2700 两;每百斤井价从四两减到二两五钱;三次招商,三次商人退市,三次归灶;康熙二十五年(1686)和二十九年(1690)两次由盐道亲自临井校验,"按井校煎,科算工本,清查家口,推敲殆尽","而课款、公费等项悉照旧例"不动。对于这种折腾,井志愤慨高呼:"欲灶户之不穷困,不可得也。自此以后,煎办亦难:始则以家产垫赔,继则卖人口供煎,再急则至轻生殒命。积之日久,故后有阖井逃窜,熄火停煎三月。至今(康熙五十一年,1712),月课尚有夙逋(拖欠旧课),皆由核减之所致也!"[阖井逃窜,熄火停煎三月,发生在康熙四十七年(1708)十月。]

在第三版《琅盐井志》中还有一句话:"数年后,复值省商克削,勒薪索称,以致众灶户逋盐欠课,死徙逃亡。核减流弊至于此极。"这句话中将两种情况混淆了:即"一再核减"和"勒薪索称"前面讲的是一再核减,而未涉及"勒薪索称"。在两版《琅盐井志》中,都未对勒薪索称做过深入叙述。但是在《黑盐井志》中,却有详细的记载:

(1)康熙二十六年(1687),按察司兼摄盐道蒋寅,委永宁府李成才,临井校煎,定议每月煎平称盐 47 万斤,外加称头 47000 斤,锯出盐沙,准抵称头,称交各商配发。每丁每月煎盐三灶,交平称盐 861 斤 11

两,三灶每丁月交盐 2585 斤,仍给柴薪银五千两（称头 10%）。

（2）康熙二十七年（1688）,盐道王照盐额仍依前定额数,盐沙不容准作称头,着令灶户另行改煎。以米薪价平,只给薪本银 4260 两（盐沙不抵称头,实际多加称头）。

（3）康熙二十九年（1690）署盐道毕忠吉,差管家至井,称收额盐,名虽平称,暗行折算,称头日加自此始（称头暗行折算）。

（4）康熙三十年（1691）盐道谢绪光,时因井地水灾临井踏勘,备得灶苦,旋省丁难。前署盐道毕忠吉,奉总督范承勋复署盐道,条陈再加核减,尽裁冗费,大减盐价。给薪本银 3808 两。

（5）康熙三十二年（1693）盐道王克善,稽览前案,知永宁府定制实为良法,目击核裁冗费实为沽名,着灶户具诉,灭去浮冒称头,灶稍得安。

（6）康熙三十五年（1696）,盐道于嗣昌接踵变迁,尽改成法,每百斤盐,称头增至二十六七斤,领三灶工本,煎四灶盐尚难敷额（称头增至 26%）。

（7）康熙四十四年（1705）,抚院佟毓秀,抚滇未几,不察来历,欲以小惠动人,复减盐价,课额薪本不敷,竟将浮放称头卖抵（额缺）数目。称头除不减外,日更增加,以为常例。

以上七例,自康熙二十六年至四十四年,共十八年中,又折腾七次,可以说,换一个盐道,变一种花样,其中心都是增加称头,竟至给三灶工本,煎四灶盐。这才是"勒薪索称"。

黑井杨璿在志书中对此现象予以深刻揭露并发出喟叹：

嗟呼！盐额多,则灶户难煎,盐价贵则小民难食,盖课本先重故也。而或者不察,徒斤斤于私盐是禁,是不揣其本而齐其末也。且每月行盐四十七万斤,正额也。正额之外更有浮羡,巧立名色曰"称头",以备擦损。人之不觉,擦损即称头也,称头即浮羡也。正额有定,浮羡无穷。挟浮羡于正额之中,上不纳国家课税,中不给灶户工本,下不与挽运脚价,计口而食，按籍而追，少不如意，则三尺随其后，嗟呼！同荷圣神之覆载，而独使井灶若民蹙额向隅也，何哉?!

二、官、商、灶围绕盐课、盐利的博弈

清朝分省、道、府、县四级行政机构，其主要衙门有 2000 多个，加上分支佐二衙门大约有 3000 多个。平均每省有 130 个衙门。但其特点之一是大官多、小官少。大官是治官之官，小官是治民之官，额定官员 27000 多人。其特点之二是各级衙门不设属官，都是长官负责制，因而是一人专政独断独行，而大量的事务都由长官私人聘用的幕友、长随、书吏办理。一个京官（翰林、部曹）一年的费用大约 1000 两银子，越是上级费用越高，一品官一年要 10000 两银子，地方官费用更多于京官的数倍。清朝一年的财政收入大约是 4000 万两，财政支出是量入为出，其中兵饷占 60%，养廉银、俸食银占 15% 以上，根本没有支持发展社会生产的支出。有人计算过吏、户、兵、工四部，每年不从财政支出的费用，多达上千万两，而地方上不从财政支出的数额约为每年 2000 万两，这每年 3000 万两都靠搜刮民脂民膏来开支。

低薪和收礼——盐的称头、浮羡——贪腐的必然

清朝入主中原的前数十年，一直面临着战后的休养生息问题，国家的财政收入很少，决定了对官员只能实行低薪制度。康熙八年御史赵璟对知县（七品）的俸禄做了分析："计每月支俸三两零，一家一日，粗食安饱，兼喂马匹，亦得费工银五六钱，一月俸不足五六日之费，尚有二十余日将忍饥不食乎？"

在《钦定大清会典则例》中有关俸禄的记载：

在京文、武各官，正从一品银一百八十两，米一百八十斛；

盐不由衷
——琅盐井历史新探

正从二品银一百五十五两，米一百五十五斛；

正从三品银一百三十两，米一百三十斛；

正从四品银一百有五两，米一百有五斛；

正从五品银八十两，米八十斛；

正从六品银六十两，米六十斛；

正从七品银四十五两，米四十五斛；

正从八品银四十两，米四十斛；

正从九品银三十五两，米三十五斛。

官员的钱不够花，势必采取收礼和贪污的行为，用赵璟的话说："不取之百姓，势必饥寒。若督抚势必取之下属。"这就是"节礼"必然之理。康熙的批示并不反对，只是说要慎重而已〔这是康熙五十五年（1716）十月，山东巡抚李树德的奏折上的批示〕。而武官则是吃空饷：五十八年（1719）二月江南提督赵珀的奏折则说："坐粮一项（即吃空饷）每月饷银九百七十两，又节礼每节一千二百两，……此系营伍相沿，前任各提督如此。"这说明康熙后期，官场腐败现象非常严重。

在此之前，琅井人把提举朱启隆〔康熙二十年（1681）到二十七年（1688）任〕当作神明，塑像供奉在归善寺，而他的申详报告写了些什么？请看朱启隆的报告——《议减井价详》。

看得从来琅盐之壅滞，其故不在盐多不行，其病实在价高难销也。蒙前任盐法道奉文大减盐价，今军民均食贱盐，此诚本部院首惩盐政之成效也。查琅井盐政，奉文归灶以来，自二十六年正月初一日为始，灶户遵照新定事例，将正月份课工额盐尽数煮出，堆贮在仓，查有建水、通海等处商贩到井与灶户买卖，通盘合算签云：琅井每盐百斤井价三两一钱，再加驮脚七钱，蓆索包裹二分，柴厂遵照详定税银三分三厘三毫，包纳新兴过坐税二分四毫五丝，通海过坐税银一分九厘二毫。各口岸进店出店二三分不等，每驼塘拨盐三分，总计出井价值三两九钱五分三厘，客身店用尚不

平叛后的"经制纷更"

与焉。驮至昆阳总店,卖价只有三两八钱。是空费辛苦、徒赔盘费,每盐百斤还要折本一钱五六分。即此昆阳一处,类推建水等七处,亦可概见矣。从来将本求利,原要养家糊口,谁肯做此折本生意?怏怏而去,且有来者亦闻风而走矣。今正月告终,盐不出井,不知此月八百两之课款,九十六两之税银,将来又作何追赔矣。

伏念国课川流,若不据实申请,设法调剂,眼见决裂,关系非小。卑职晓夜忧思,补救无方,再四思维,不得不剜灶户之肉,以医商贩之疮,惟有核减井价,疏通商贩而已。查琅井每盐百斤井价三两一钱,应否每盐百斤核减四钱,只定井价二两七钱,将此核减之数,算作商贩行盐利息,则盐路自通。庶课不遗而贩不病也,但井价一减,不免损灶益商,茕茕灶户,又万难供煎,况上年十一月间蒙前任盐宪按井较煎,科算工本,清查家口,推敲殆尽。卑职原不忍一旦详请议减井价是火上添油,益滋赔累。总为国计民生起见,出乎万不得已也。今查琅井现行事例,灶户月煎盐一十二万斤。详请宪台俯循开滇先例,官三灶七,灶户月煎盐十三万三千三百三十三斤,每灶循照旧额,日领卤二十桶,将此一万三千三百三十三斤,准补灶户核减井价每百斤四钱之数,诚一举而两得者也。伏望宪恩俯念课饷重大,商灶表里,万难偏累。俾得允从,不独课饷有赖,而百姓莫不欢呼也。

这个报告得到的书面结果是"宪批允遵行在案"。报告打了不久,朱启隆也离任了,而实际上不惟未照此报告的要求执行,反而变本加厉地又进行了更为严厉的校煎和核减,直至发生阖井逃亡,熄火停煎三月的事件。

这些官吏们的目标到底是什么?从薪本一减再减的情况来看,其目标就是琅盐井的"官三灶七"。琅井必须和其他盐井一样"官四灶六"甚至"官五灶五"。他们认为"官三灶七"是伪员史文的遗毒,也是吴三桂的遗毒,而来度既是史文遗毒的执行者[康熙五年(1666)至十二年(1673)],又是吴三桂遗毒的执行者,虽然他不再当琅井提举,但其又是

盐不由衷
——琅盐井历史新探

吴逆的户曹。从官吏层面看，要肃清吴逆遗毒；从井地看，要解决所谓"负担不公"的问题（黑盐井的报告特别强调"负担不公"，目标也是指向"官三灶七"）。他们把琅井卤水浓度低（一般琅井的卤水波美度是13，即三昼夜煎熬一锅盐，而黑盐井的卤水波美度是19，有的高达21，即14个小时煎熬一锅盐）的实际完全抛开，又弃黑盐井有龙川江（大河）可漂放盐柴的便利，而琅井小河不能漂流柴火的现实于不顾，脱离实际，偏听执信，把政治斗争和井际利争的矛头全都对准琅盐井。一而再、再而三地核减，用血水和泪水，浇熄琅盐井的灶火。这难道不是"苛政猛于虎"？

第八章　提举沈鼐的反制与建设

沈鼐，江苏长洲县人，贡监。康熙四十八年（1709），任琅盐井提举。康熙五十八年（1719），升山东青州府同知。

沈鼐上任时，琅井的盐业与以往相比，正处于极为不利的时期：昔日卤浓而此时卤淡；昔日薪平而此时薪贵；煎盐昔日较易而此时较难；而平叛吴逆后，又经过约二十年的经制纷更——即所谓肃清流毒。从康熙二十年（1681）平逆以来，到康熙三十年（1691），十年间五次大折腾：盐量从月13万斤减为12万斤；薪本从月3978两减到2700两；每百斤井价从四两减到二两五钱；三次招商，三次商人退市，三次归灶；康熙二十五年（1686）、二十九年（1690）两次由盐道亲自临井校验，"按井较煎，科算工本，清查家口，推敲殆尽"，"而课款、公费等项悉照旧例"不动。从康熙二十六、二十七年（1687、1688）起到康熙四十四年（1705），十七八年间又遭七次称头勒索、薪本核减的折腾。井志愤慨高呼："欲灶户之不穷困，不可得也。自此以后，煎办愈难，始则以家产垫赔，继则卖人口供煎，再急则至轻生殒命。积之日久，故后有阗井逃窜，熄火停煎三月，至今［笔者注：灶丁逃亡、停煎三月发生在康熙四十七年（1708）十月］课尚有凤逋（拖欠旧课），皆由核减之所致也！"正如他在序言中所说："每见灶民苦状，甚于流民。几欲绘图以告而未能。"这些就是沈鼐上任时的情状。

面对如此惨状，作为承上启下、督煎办课的提举，"奉莅兹土，身任其责，不敢辞难，逃散者为之招抚，危急者为之解救"。他带领全琅灶民，进行了艰苦的抗争，采取了"三牌、三详、一示、一约"的措施，十年间

盐不由衷
——琅盐井历史新探

使琅井的盐业再次得到恢复和发展。

所谓牌，就是上级批准的布告；所谓详，就是向上级打的报告；所谓示，就是提举的公示；所谓约，就是提举与民众的要约。

三牌：行修滇志牌、新兴行盐定案牌、琅井复直隶牌。

三详：借官本详、煎盐锅口请归本井自铸详、请通行广劝种树详。

一示：革除陋规以恤苦役示。

一约：谕琅井始教纺织约。

一、三牌

（一）行修滇志牌

康熙五十年（1711）十二月初七日，奉云南布政司"行修滇志牌"。因此沈鼐续修的《琅盐井志》是奉命之作，即使其矛头直指顶头上司——盐法道的苛刻盐政。这一方面因其是"凡地方事绩有关史乘"的实情；另一方面是牌令指出，修志要"宁谨勿滥，宁实勿虚，宁详勿略"。沈鼐就是在因盐政苛刻，导致"灶倒丁逃，停煎三月"严重事件的危难时刻，衔命而来的。他不像来度修志是"补牍"（补修志书以赎前衍）；也不像孙元相是应"井里士绅以修志请"。然而，第三版《琅盐井志》却删除了此牌，也就是删去了沈鼐修志的基本根据。他说："其可志而不容不志者，为井志之，申之上宪，则蕞尔之琅，形势可鉴，情苦可通。"在一般人眼中，琅井既为财赋奥区，灶户也应是锦衣玉食，但他到琅井后，看到灶民苦状，甚于流民，比叫花子还苦。流民们虽然饥寒交迫，但还是"自由"的，而这时的灶民是受强制管制的，他们不单饥寒交迫，还要卖儿卖女来完纳盐课，阖家逃匿，甚至轻生殒命。这种苦状是孙元相、赵淳们无法理解的。因此，在志书中记录下来的，是沈鼐和全琅井民、灶户的抗争史，是他们保盐、完课的良苦用心。在志书中，纂修提举沈鼐、校阅吏目孙复、编辑候补儒学训导张约敬、辛卯科举人杨阔生、公阅己卯科武举人朱煊等100人、缮写3人，总共107人参与了志书的工作。在仅有约五百户的琅井,动员这么多人来修志,可以说是阵势很大。有上司的牌令,有广泛的支持,据实情写志,即使再尖锐,又其奈我何哉!

(二)新兴行盐定案牌

这是因黑盐井仗其各种(盐卤浓、河柴便、财力大)优势,向新兴(即玉溪县境)倾销黑盐,并通过各种关节,动员澂江府出面,打报告要求新兴销售黑井盐。琅盐井的灶户就把官司打到省里,说:"大井悖制夺界,小井受害无休。"省里一查卷宗,早在康熙二十年(1681)十一月就有定案:新兴是琅盐的销售范围。"今若一旦更张,益此损彼,徒事纷争,终属无益。合仍循旧制为善""毋任恣妄争渎""惟令各属,严禁私贩可也"。这一官司从康熙二十年(1681)起,一直延续到康熙三十年(1691)九月。经巡抚、总督批示:要琅、黑井提举公布此牌,让官吏遵照执行。黑井盐行销地有滇东南的广南县,也有滇东北的昭通地区,但这些地方,销的却是广西来的海盐和四川来的川盐。用柴火煮的黑盐,争不过用日光晒的海盐,也争不过用天然气煮的川盐,只能压制成本更高的琅井盐。恃强凌弱、欺软怕硬,也是资本的天性。但黑盐井的官司,毕竟还是输了。这一牌布告,把此事件白纸黑字记录了下来。在《黑盐井志》中,虽也承认"琅井行盐与安宁井地方同",但却未载明此漫长官司的过程和最终的结果。

(三)琅井复直隶牌

康熙四十五年(1706)三月初三,经云南巡抚、云贵总督批准,黑、白、琅三井提举司恢复直隶省盐法道,并因此事发出牌令,让楚雄、姚安两府遵照执行外,黑、白、琅三井提举司官吏也应遵照毋违。

此示仰琅井绅士、乡保、排甲、灶民人等知悉,嗣后凡井地界内灶民,遇有真命大盗案件,听井官移解地方官承审。其查缉逃盗及平常争角、轻生一切细故,乡保就近投报井司,该提举径申径覆,亦不得擅越界

外，其井司拜牌、谒庙、行香、宣谕，各井生员俱照前伺候，排甲居民仍前承直守护，亟归安业，毋得因府州差扰，逃匿畏避，有误煎烧办课。倘有府州差官吏役擅行到井借端滋扰，许井官立即具报，以凭挐究不贷。特示。

这是地方（楚雄府、姚安府）和直隶黑、白、琅三井的矛盾。这种矛盾产生的原因既有经济上的利益纠缠，也有观念和制度上的困扰，而且纠缠的时间也较长。事件的起因是：

康熙四十三年（1704）十月二十一日，白盐井提举郑山在《请复直隶盐井等事》报告中说：

窃查除书广舆开载，姚安府所属一州一县，而白井不与焉。楚雄所属二州四县，而黑琅二井不与焉。又每年赍进表笺以及申上详验，只书各井衔名，并未将楚姚二府字样开列于上，则三井不为府辖明矣。况向来事例井司专管盐务，凡有案件径奉径申本道，并不干涉二府。惟有捐输谷石及缉捕逃盗等事，出具册结由府转申，以致每多迟滞。叠蒙严饬在案。且各井煎办盐斤、起解课款、一应交代计册，俱申本道核转。其行盐各府州县，未完课项系责井官督催，二府既无与考成，三井自不应隶彼所辖。合无请复直隶盐井之制。嗣遇捐输、命盗逃案，庶可随奉随报不致稽延，钦部宪伴以省案牍之繁，以免府差之累，则黑白琅三井官灶均沐培植之恩于无既矣。缘系请复旧制事理应联衔会详候批。

对于黑、白、琅三井而言，这是它们的共同利益，因此联衔上报。并于康熙四十三年（1704）十二月十二日得到批准复文。

但是事件并不简单：

但自奉文之后，姚安府即大张告示，谕令白井绅士、约保、灶丁、住户人等，嗣后人命逃盗、户婚、田土、斗殴等，火甲、门差以及新进生员

提举沈鼐的反制与建设

迎送谒庙，一切巨细事理，概行呈报姚州审理，毋得借称井地混报。其五井五牌住户，不得应答夫役，州县师生亦不得伺候朔望行香。如敢故违，立拿重责枷示等语。随有姚州府差吏目王宜到井另编保甲，朔望逼勒乡保赴州点卯，差拘票唤，扰害无休，人人皆思逃亡以避府州虐啖。卑职再三安慰方始事贴。查井地保甲久已清编在册，若疑户口脱漏，当编于未经奉文直隶之前，乡约灶长朔望赴州点卯是亦分所宜然，但白井距离州二百余里，往返须得五日，是必费时误业，何能煎办课盐？至于火甲、门差、夫役，久奉文禁何敢滥派？惟是白井乃办课重地，僻处崇山峻岭之中，并无城池维护，寥寥灶丁，仅可供煎，其一应巡更值宿，防卫国课等事，舍五牌住民将问谁耶？其生员虽寄府州县学，要皆白井灶籍，讲谕、拜牌、行香、祭丁而宣教化，治体攸关，何得禁诸生之伺候？蔑废典礼至于此极。若夫事关命盗以及斗殴、赌博、酗酒、行凶等事，该府不令报井官，卑职正可藉此偷闲，深为庆幸。第恐奸宄乘机窃发，有负宪檄有事协力共缉不得漠视之告诫耳。

以下写明：康熙三十一年（1692），云贵总督亲临白井，划定井界，建牌立界。界内井官管辖，界外州县管辖。这是由来已久之事。这就是白盐井提举郑山再次上申的报告内容。

此次是重申恢复直隶，岂料姚安府反应如此之强烈，举措如此失当，这其中自有不便明说的利害。有关这方面的分析，下面另谈。针对姚安府的反应，省里又如何应对呢？布政使司、按察使司均极为震动，批由盐道举行会议，定一规例，另檄行知缴……

盐法道李苾（时隔20年第二次出任云南盐道）写的咨司会议的签呈如下：

查得井地所居果系灶户、灶生、背夫、锯夫、汲卤、小工并井兵、衙役人等居住。井界内外原有分别，督煎课盐、督征钱粮，各有责成。其来旧矣。惟多此提举一官，不属管辖，致为该府眼中钉，苛求搜索，官灶均

盐不由衷
——琅盐井历史新探

不得宁。查贵司前具文详议内所云，逃盗人命，一听地方官稽查承审者，乃真正命盗逃案，例有处分之责，难容诿误耳。捐输谷石运州县收贮者，以该府有盘查之责，难容亏缺耳。井地等事提举协力共缉，不得隐庇者，恐有逃盗命案井官讳匿不报，嫁祸于地方官耳。本道细译前详。至公至平至详至善。是地方井司各官自宜深遵，各安职守，何该府一旦不遂所欲，吹毛索疵，借命盗而搜求，凡斗殴、口角、火甲、门差、生员伺候、谒庙行香，种种细故，概令禁绝，动令掣肘，是诚何心？夫斗殴细故，乡保头人亦可排解，况夫灶为提举所辖，岂不能剖析是非，而必执于州县之庭耶？且钦部案件尚令其径奉径申，何况此区区细故乎？井地原无城郭，凡存仓盐斤、贮库薪本，尽关朝廷兵饷，派拨火甲巡更守宿是其常理，生员伺候谒庙行香乃其固然，何为过份？且灶户类皆穷丁，一日有一日之业，一户有一户之谋，若是遇事生风波连株及，将来误煎误课，谁任其咎？本道职司盐务，所论恐属左袒，在贵司自有持平，相应移请裁夺或会详两院批示，或径饬该府州井司遵照，惟听鸿裁酌夺施行。

　　李蕊这篇文字写得义正词严，把姚安府的强烈反应和举措批驳得体无完肤，像一篇檄文。如："该府视井司提举为眼中钉，苛求搜索官灶均不得宁。""何该府一旦不遂所欲，吹毛索疵，借命盗而搜求。""若是遇事生风波连株及，将来误煎误课，谁任其咎？"这些词句都很尖锐，一改官场行文中不温不火、温文尔雅的做派，真是一针见血！

　　在白盐井志中还载有另一篇报告——《详明仪注文移以便遵守事》，这是黑盐井提举陈应科于康熙六十一年（1722）提交的报告，他说：

　　窃照朝廷设官分职上下等威，向有定例，卑职于六十年十一月内选黑井盐课提举司，蒙圣祖仁皇帝于次年正月二十一日在畅春园澹宁居引见。先尽京部属，次及外官道员，道员之后即知府，知府之后即同知，同知之后即卑职提举，次之后通判、州县。济济威仪，谁敢陨越，况礼莫严于觐君，仪莫肃于宸侧。是提举一官分正从于同知，居大夫之职，任守醝政之

106

规模，实非有地方州县之责，为知府恺之属员也，明矣。今滇省知府文仪移注俱系平行，独提举司衙门，计典又无知府，考成交盘亦无知府责任。一应钦部事件，奉司道各宪径行径申，并无转行之事，成例已久，昭昭可鉴。或偶遇有事件与知府文移往还者，知府径行右牌仰某井提举准此，加以硃笔。不知遵何成例？夫右牌仰乃行属之文移，提举并非知府属员所管，地方官与盐务毫无干涉，所谓风马牛不相及也。若以右牌仰之硃笔行之，此乃盐道行提举之宪体，盖盐道系提举之亲临上司，体制应当如是，而知府亦以右牌仰行之，是提举又多一知府上司矣。因是彼此忿争，往往不睦，殊失官常协和之道。不得不详请宪台查明成例，批定文移，并恳转详两院钧批，画一成式，庶几得以遵守而无陨越之虞矣。

对此报告的批示：除重申以前的职务画分外，"至文移仪注，若听其颠倒，必相互不符，查品级考内，同知、提举系正从五品，较通判稍优，与直隶州无异。俟后该提举与知府往来文移仪注，悉照同知通判一体，以昭成规。坐次列于通判之前，同知之后。即直隶州亦非知府属员，从未见有手本牒禀之行，况无统辖区乎？仰即遵照永为定例。除咨移驿盐道衙门备案并檄姚楚二府遵行外，拟合知照各井提举司一体遵奉毋违。"

这场关于文移仪注的纷争，发生在康熙六十一年（1722），距离上次三井司直隶之争有18年之久。可见观念体制中的矛盾总是存在的。三井司提举的官阶是正、从五品。从五品以上都可称"大夫"，大夫的家宅，即可称为"大夫第"。

二、三详

三详即借官本详、煎盐锅口请归本井自行铸用详、请通行广劝种树详。

（一）借官本详

该本井提举沈鼒查看得，穷极呼天，疾极呼父，穷极疾极未有如今日

盐不由衷
——琅盐井历史新探

之琅灶者也。琅井灶户困弊已深,总缘卤薄柴贵,工本繁费,煎熬日期必须三昼夜方成盐一锅。较之各井,艰难数倍。所以,月领薪银不敷供煎。从前,遇有缺欠,灶户每向商人借贷银两,以作柴本。但目今商人繁难,资本有限,按月供办盐价,完纳课款,犹有不能。再为代灶挪本,恐致课薪两误。若灶无工本备柴,势必煎办不前。此诚商灶两困,宜急调剂。兹据众灶诉,援各井借给官本之例,恳请转达前来。卑职复查灶户煎盐,以柴为本。若不乘此交秋之时,预为料理来年之柴,则至临时必有停煎误课之虞。

卑职身任井职,目击颠危,安敢缄默壅于上闻。故为冒昧,据词详情,伏乞宪恩俯准,照黑白等井之例,于题留济灶官本内借给官本银三千六百两,以为预备柴薪之用。其银自五十二年正月起,每月于灶支商人盐价银内扣交宪库银三百两,总于年内全完无欠,匪仅灶困渐苏,而国课民食两有攸赖矣。

康熙五十一年六月,提举沈鼐详情,盐道金转详,督抚两院批允借给在案。

(二)煎盐锅口请归本井自行铸用详

看得琅井煎盐锅口,历来原系灶户自行就近赴厂买铸供煎,年终照例分纳定远县于苴芜厂课银二百四十两内十分之三,该银七十二两,此旧例也。其在众灶,一年之中,各家所用,自必多寡不同,断难画一。此亦情理之固然者。乃近年以来,归之黑井铸造,每年定以八百口,扣去锅价银八百两。是三十二灶百十余家无分锅用多少,齐去其价矣!且自康熙四十五年,锅商史有文所铸给者,咸皆轻薄不堪。各灶匪独重价受累,而更有买添之苦,无怪乎有急救众命之诉也。但旧课新增,万难亏缺,应令众灶按数照分认输,将所有锅口免商铸给,听各灶户就近赴苴芜厂自行买铸坚厚之锅,以供煎办,俾免若藉口堕误,是亦调剂穷灶之一端也。

是否,恩出宪裁,卑职未敢擅便,为此,具申奉云南按察使司兼摄驿

提举沈鼐的反制与建设

传、盐法道事李批：仰将四十八年未领之锅作速分散，照完锅价。其自四十九年起，该井应用锅口，如详责灶分铸，照纳锅税。该提举仍出具年该应完锅课银若干两，按季完纳，不敢诿延，遵依印结报查缴。

（三）请通行广劝种树详

窃惟滇南通省财赋之额，盐课居其重也。卑职琅井年纳课款等银一万三千余两，虽仅黑井十分之一，然较之郡邑地丁之征，可谓倍倍矣。且分厘皆属饷需，一奉部拨，按月支放，刻难缓待，是盐课之关系，诚为至重者也。但课从盐办，盐赖柴煎，柴乃煎办之本，乌容缺乏。伏查当年议定每月给灶薪银之数，彼时之柴离井不过三四十里，买卖之人，一日往还，故其价平，灶易煎办，历今年久，近山树木砍伐已尽，于此所烧之柴，皆离井百五十里甚至二百里之外，必越数十重崇山峻岭始能就。其小溪筑坝蓄水数番，短盘漂运至琅溪源头及漂放到井不惟沉埋折耗，而且耽延日期。春冬水涸，莫能发行；夏秋暴涨，又苦漂没。所以柴商绝迹，灶坐困穷，皆由山远柴贵，月领薪银不敷供煎之所致也。查附近井地、山场，非不可种植树木，盖以民情难于经始，向无劝教之令，且有戕窃之风。故民间不务树蓄，近井四望一派童山。卑职于昨年春夏之间，劝谕井民购置松种，布种于今。觇之数虽无多，咸已出土成望有其效矣。然种植树木，非同禾稼，春种秋收，必俟十年而后成用，若今不种植，十年之后，从何望耶？况愈远而愈难，课饷民食，何以攸赖？卑职荷蒙洪慈多方作育，仰见宪台孜孜图治，诰识严明，爱养黎元之德，有加无已。卑职敢不仰体，因地筹帷，具申请详，伏祈宪恩俯赐批行楚姚二府，檄令附近黑琅两井之定远、楚雄、广通、姚州等各州县，责成乡保里甲，广为劝谕各所属之绅士军民汉彝人等，凡有山场阱道，可种松栗树木者，无论离井远近，有无溪河，必乘此春夏之时，广为种植，如有仍前荒闲地土懒不种者，垦饬该地方官，着令有力之家种为己业，既种之后，冬春二季，必严野火，不许烧山，倘或不遵，定按烧伤数目责令赔偿，仍加以法。其四时皆不许牧放牛羊牲畜入地践踏，树长之日，严禁偷窃，更不容豪强侵占，倚势戕伐，违

109

盐不由衷
——琅盐井历史新探

者详究，务令彼此接续栽培，则数年之后，匪独煎办者资，即种植之家亦收利益，未必不为斯民之补也。缘系详情事理，卑职未敢擅便，伏候宪台俯赐批遵行。

康熙五十年五月二十五日，奉布政使司宪牌，奉总督部院郭　批，据本司会同驿盐道会详看得，琅井提举司申详，请于附近黑、琅二井之定远、楚雄、广通、姚州等州县，劝谕绅士军民汉彝人等广为种植树木，以供煎办一案，奉宪批司会查本司遵移盐道并行楚姚二府查议去后，今据楚雄府详称，近井地方可以种植树木之处，汉彝人等定能栽培，未有肯荒闲，其间或有空旷，非硗瘠不毛，即有别用，若听他人占种，势必争端纷起，况鸡豕牛羊，全赖水草滋生，如禁山场牧放，何以为养畜之需？至春冬烧山，责令赔偿，查滇省重岗复岭，空山失火，知为谁氏之炬，沿村查究，必多滋扰，惟有责令乡保，广为劝谕，凡有可种松栗山场，尽力栽植。至提举所详空闲地土，懒惰不种者，听有力之家，种为己业，并禁放畜烧山责令赔偿之处，均毋庸议等因，又据姚安府验，据姚州申称，州属平川，难以种植树木，至于山阱，俱系铲壁飞崖，犁锄难施，间有平坦之处，又属里民开种荞麦，以抵钱粮各项等来，本司道覆查，劝谕种植，固属善政，而因地制宜，亦必听从民便，今附近井地，如有可以种植树木者，应饬行楚、姚二府，劝谕民人广为栽植，其所请空地懒惰不种听有力之家占种之处，难免争端，未便允行。至民人蓄养牲畜，亦必牧放有时，毋许混放。每遇春冬之际，小心防范野火，毋致燎原可也。缘系奉批查议事理，是否允协本司道未敢擅便，相应详覆伏候宪台鉴夺批示遵行等因，奉批如详行仍候抚都院批示缴奉此，同日又奉巡抚都察院吴　批据本司道会详前事，奉批如详，转饬楚、姚二府，广为劝种，并行该提举知照。仍候督部院批示缴奉此，除行楚、姚二府，转饬所属州县遵照外，拟合就行为此牌仰该提举司官吏知照。

110

三、一示

革除陋规以恤苦役示

照得本井煎盐，三昼夜方成一锅，只因山远柴贵，以致煎办维艰。本司日临井灶督催，目击其苦，正思调剂。更有各行人役，率多贫寠，至若井兵，缉私责重。月领工食之银，不敷各役身口之用。本司下车以来，细加查防，不谓此等人役，于工食之中，尚有生辰令节，一年四次，按其大小出银多寡，或一两、二两，以至三两、四两不等。甚且外有门包，通计每次去银一十八两，交送提举司衙门。称系陋规相沿已久。嗟此苦人，日夜劳力所得些须以糊身口，岂堪借此陋规以供官用，其所用者，心能忍乎？自今以后，永行禁革！合具出示晓谕，为此示仰井灶、盐仓、各行人役并井兵知悉。嗣后尔等每月应得工食银两，各照数支领，小心应役。井兵加意缉拏私盐。其每节于工食银中交官银两，永行革除。倘诸头人等有私行派收者，许受派之人指名密禀，以凭拏究。各凛遵毋违，特示。

康熙四十八年十二月　　　日示

沈鼐是康熙四十八年（1709）十一月到琅井，不到一个月就出此告示，真是下车伊始就查禁陋规，怜恤苦力，难能可贵。试想那些受惠者，对这样一位新提举能不感恩戴德吗？能不倾心支持吗？对于刚遭灾难的琅井民众，心中自然会燃起一股新的希望——恢复盐井的正常生产。值得指出的是，这一篇告示在第三版《琅盐井志》中却被删除了，不知编辑赵淳是何用心？

盐不由衷
——琅盐井历史新探

四、一约

谕琅井始教纺织约

天下大利，富使农桑。闺中勤动，工先纺织。一民不耕，则授之饥；一女不织，则授之寒，古训然矣！琅自天产宝泉，民赖衣食取办于此。男不知耕，女不知织，不但卤代胼胝，亦且并代杼轴。始犹溺于燕安，久则流为风俗。敬姜有言，沃土之民不材，逸也。瘠土之民多向义，劳也。今日之琅，困矣！惫矣！亦瘠土矣！今已大异于昔，安知后不更异于今乎？及今不图，后将若之何？吾与琅民约，吾犹家督矣，尔民室犹子妇也，吾谋尔食，更谋尔衣。其各效社赋，事烝献功之遗意。夫勉其妻，父戒其女，勿纵心舍力。吾分清俸以给木棉机梭，俾各学习，始犹畏难，久自勤勉。或绿荫深处，亦自牵丝；黄鸟啼时，无非织纺。以嬉笑之时日，闭户程工；节笑语之燕闲，尽心绩事。炊爨之眼，筋力亦舒；篝灯之余，心思可来。劳则思善，勤则不贫。尔民妇亦知富贵之家乎？王后织元宏，公侯夫人加以纮綖，卿之内子为大带，命妇成祭服，列士之妻加之以朝服，自庶人以下皆衣其夫，阳唱阴和，男治外，女治内，自古然也。尔民妇其可缺内职耶？莫谓尘沙，泰山不择土壤，乃成其高；莫谓涓滴，河海不择细流，乃成其深。女红修而图史可纪其事，绩纺力而诵读亦赖其资。岂以其无所始，而今为创也。语云："请自隗始。"

好一篇谕约，洋洋洒洒，约500字，把妇女要学纺织的必要、前景、困难、自信和历史故事都写到了。文笔也很优美，很有亲和力。文章体现其为琅井日后生计之预筹，继承前任提举周蔚修"筹井楼"之风："父为子筹，兄为弟筹。"自此，琅井之习纺织，逐渐成为风气。直到中华人民共和国成立后还有织布的组织。流芳数百年！

沈鼐的"三牌、三详、一示、一约"，是在"灶倒丁逃、停煎三月"

的大事故背景下的产物，它们应是一个整体，是有机的组成。"行修滇志牌"是奉命修志，无此牌令，则在志内种种揭上司短、显下情苦的那些大实话，将会被诬为忤逆；无"新兴行盐定案牌"，则琅盐的销区将被强邻蚕食侵吞；"琅井复直隶牌"，直隶，不单是对府州县的约束，也是对强邻的约束。正因为可以"径行径申"，琅井被贪官们涂炭的惨状才能上达，才能借来官本，才能盐锅自铸；革除陋规、取得民心，恢复盐业生产才有直接生产者的支持。有官本、自铸锅、保销区、固民心，琅盐才能恢复生产；而议种树、劝纺织，则是对前景的预后和筹谋。把这一套完整的措施割裂开来，删除一些，挪移一些，让它支离破碎，就看不出琅井当时的惨状和沈鼐抗争的全貌。如果不读第二版《琅盐井志》，只读第三版，也很难厘清当时的历史事实。所以，在志书的续修工作中，如何掌握和继承历史的精髓，确是一个慎重的问题。

五、建琅井会馆及其他九项建设

在第二版的《琅盐井志》中，有"云南公馆"一项，即"灶户每月上课、支薪，井司因公赴省，不时往来，历系租歇店房。不惟店用耗繁，且诸事不便。井司沈鼐于康熙五十年（1711）五月初十日，率灶民于（昆明）顺城街捐价银一百五十两，买到孙王二家民房一所，系旧楼三间、两厢，水井。又灶户新盖后楼三间，并厢房、马厩共四间，连原价起盖，共银三百四十五两六钱。曾经昆明县税契，永为琅井公馆，往来住宿，官民两便"。这就是后人所称的"琅井会馆"。自康熙五十年（1711），到1952年"土改"时止，已有240多年的历史。在清朝，马帮不准进入昆明城内，因此顺城街就是当时的商业中心，这里有南丝绸之路上的最大的马帮客栈多家，其中也包括"琅井会馆"。这纯是琅井的公产（应该说是琅井这个行政村的集体财产）。

除了建琅井会馆以外，沈鼐在其任期内还做了这些事：

北极宫捐资重建；

盐不由衷
——琅盐井历史新探

重修兴隆寺；

四个土城楼捐资重建；

启圣祠毁于火灾，重建；

康熙五十年捐资重修龙王庙；

康熙五十年捐资重修城隍庙；

创设龙亭，作为习仪拜牌之所；

捐资重建永康桥、鹿鸣桥，又捐资采石陆续修砌东通省城道路；

大兴义田，以救死扶伤。

以上十项建设事迹，在第二版《琅盐井志》中都有文字记录在案。要建设，必须有资金，必须有安定的环境，因此十项建设证实了沈鼐领导全井民众的抗争有了丰硕的成果。沈鼐在琅井工作十年，为琅井克服了人为灾难，为盐业生产恢复和发展做出了物质和精神的贡献，是应该肯定和纪念的！

第九章　杨璿、张约敬、赵淳志书编撰思想的异同

杨璿是《黑盐井志》的纂修人，黑井人，候选训导。《黑盐井志》修于康熙四十九年（1710），提举沈懋价纂订。

张约敬是第二版《琅盐井志》的纂修人，琅井人，候选训导。《琅盐井志》第二版修于康熙五十一年（1712），提举沈霈纂修。

赵淳是第三版《琅盐井志》和《白盐井志》的纂修人，大理人，赐同进士文林郎，东川、鹤庆、顺宁三府教授，曾参与滇志修撰和赵州志修撰。《琅盐井志》第三版修于乾隆二十一年（1756），提举孙元相纂辑。《白盐井志》修于乾隆二十三年（1758），提举郭存庄纂修。

前两志相差两年，后两志也相差两年。时间相近的前两部志书和后两部志书，可以互相参照，串成两组。而两组之间，则相差40多年，形势自然不同。因此其形式、内容都有差异，举例如下：

一、从盐法志（赋役）的序看

《黑盐井志》：（92～93页）

禹贡海岱，惟青州厥贡盐缔，《洪范》水曰："润下作咸"，周礼盐人掌盐之政令，以供百事之盐，是时以下贡上，资食用而已，未有征榷也。自管仲正盐策，计口食盐。汉承秦法，而桑弘羊、孔仅究其利之所在，至唐刘宴为盐铁使，而古法益不可问矣。天下之赋，盐居其半，而国用军

盐不由衷
——琅盐井历史新探

兴,胥仰给焉。然产盐之地不同,而行盐之法亦异,故前明建设运司者六,提举司者七,盐课各有定额,且淮浙之盐出于海,而云南之盐出于井。滇产九井,而黑井居其首。煎煮有菹薪之费也,挽运有牛马之劳也。以视夫出于海,载于舡者径庭矣!此滇之盐政所以异于淮浙之盐政也。然九井之盐政固异于淮浙,而黑井之盐政更异于八井。煎有灶,贮有仓,课有额,行有地方矣。而无如其定课也重,其办盐也多,其售价也贵。办盐多则灶户受其害,售价贵则小民不蒙其利,以是山野不能知味,而疲丁每致破产,职是之故。时有上官借箸,大吏持筹,小民之日用稍充,井灶之元气未复,而奸胥鼓掌于内,巨猾借口于外,一则曰:以资民食也。一曰:以足国课也。或凭权请托,或勋戚恩赐;始减价以愚下民;继加盐以罔灶户,利则归下,怨则归上,名则大吏蒙其垢,实则群小享其益。灶倒丁逃,盐壅课逋,可胜叹哉!此有明抚按司道,名公巨卿仰屋焦思者,盖有目击心伤者矣!叠遭流寇,蹂躏不堪,奉我大清开滇,众望复循前明旧额,而贼弁史文当投诚之日,希图进身,于旧额二万六千六百两外,混报课银六万九千四百两,吴三桂又增行盐五十票,又增加二千两,共年额十二万两,民不堪命。荷蒙大师恢复,抚军王公继文疏减二千两,每月上纳课银九千六百两。制府范公承勋,条议禀课行盐,可谓救时特议,而狙于他故,不果。抚军石公琳于进呈编辑全书疏内,激切入告,乞复明朝旧额,不报普安课税。钦奉谕旨改食川盐,王公疏减二千两,又奉部文仍照旧征收。嗟乎!盐额多,则灶户难于煎,盐价贵,则小民难于食,盖课本先重故也。而或者不察,徒斤斤于私盐是禁,是不揣其本而齐其末也。且每月行盐四十七万斤正额也,正额之外更有浮羡,巧立名色曰:称头,以备擦损,人之不觉,擦损即称头也,称头即浮羡也。正额有定,浮羡无穷,挟浮羡于正额之中,上不纳国家课税,中不给灶户工本,下不与挽运脚价,计口而食,按籍而追,少不如意,则三尺随其后。嗟乎!同荷圣神之覆戴,而独使井灶若民矗额向隅也,何哉?自非操纵有权,调度有法,公平正大,严密精详不可。今录国朝盐法于前,以遵昭代,附录明朝盐法于后,以备参考。志盐法。

116

杨璿、张约敬、赵淳志书编撰思想的异同 第九章

二版《琅盐井志》(39页)：

官山煮海自管仲始，盖以天地自然之利，为裕国生子之计也。今琅井反为民累，其谓之何？各井泉多而易办，琅井止一井，淡而难煎。各井一昼夜而成，琅凡三昼夜始就。柴薪之费，较之各井，倍加于六。且薪本项内节经裁减，更难煎办。故向有丁逃、火熄、停煎、堕误之辙。近虽多方调剂，勉力供煎，不缺月额，以副考成。其如灶丁不无追呼之苦；行销地方又被外境土盐壅塞贱售，致正盐难销，商灶并累。惟冀发政施仁，恩膏大沛，运筹损益，庶可元气渐苏，根本渐固。不仅法立商通而灶自宁，课自裕矣。后之同事者，宜留意焉。至岁额、课程、丁卤、薪本，及行役、井兵、俸工、经费、行销、引目，虽今昔之不同，均各晰载并录明之旧额，以备考尔。志赋役。

三版《琅盐井志》(23页)：

粤稽"天一生水""润下作咸"，其性固无所不在。而《禹贡·梁州》犹未载盐缔者，以天地自然之利，固有待而开其源也。琅为滇南十五井之一，而产盐殊未甚丰者，以卤水稍淡，薪费较多，煎必阅三日而始成，是以不无艰难之呼吁。所幸圣主贤臣，时为变通调剂于其间，俾得瀹灵源于不匮，溥美利于无穷。商通课裕，功斯茂矣！是在司井者之长虑擘画云。志䤜政。卤额、盐额、薪本、灶丁、课程各项附焉。

《白盐井志》(47页)：

梁南旧产盐、扃，而《禹贡》未载者，岂以边地荒远，尚多蕴蓄耶？及考《汉书·地理志》，越巂郡蜻蛉县出盐，有盐官。则知白井之开已久。特至唐而辟，至前明而课始增耳。本朝生齿渐繁，地不爱宝，岁煎至七百余万，行销至二十二府州县，其利赖固已颉顽于十九井，所恃承流宣化

117

盐不由衷
——琅盐井历史新探

者，因时势、酌人情而调剂之，于以足民裕国，则利泽所及，讵有穷哉。志盐赋。

上面引录的四段文字，都是四部志书中的盐法或盐赋篇章的"序"。按孔安国的《尚书序》所说："序者，所以叙作者之意也。"这四部志书的三位作者都在说盐法，但篇幅大不相同：杨璿洋洋洒洒，大约800多字；赵淳则惜字如金，只写了140余字。前者有架屋叠梁之嫌，后者有简言失意之疵。但篇幅的大小、字数的多少，只是表面现象，最主要的是作者胸中是否有话可说。杨璿的两段"嗟呼！"道尽了官、商、灶、民之间的利害所在："盖课本先重故也。"朝廷的税课是根本，必优先考虑。灶、商、民只是次要的供课的角色。堕煎、堕运、堕销，司官要受参劾；小民则"三尺随其后"，政府要抓你进监牢的！

张约敬则讲出了卤淡、三昼夜才成盐、薪费于各井六倍而薪本又"节经核减"，以致发生了丁逃、火熄、停煎。这些当然是误课的后果，也应是重大的人祸事故了。

而赵淳撰修的埌、白二井志，则只是说"产盐未甚丰""卤稍淡""不无艰难之呼吁"，轻描淡写。他的重点在于，圣主贤臣时为变通调剂，才得疏通卤源而不致匮绝，获得深厚无穷的利益。商也通了，课税也丰裕了，这都是圣主贤臣的茂隆功绩啊！创造财富的灶户、灶丁，运输盐驮的牛脚、马帮，售盐的批零商人在赵淳的心里似乎并不存在。

为什么面对同一课题会有如此不同的胸臆，写出如此不同的文字？除了时势不同（杨、张处于吴叛平复后经制纷更的"乱世"，而赵淳处于乾隆"治世"）外，与杨、张都是本地人，而赵则是外地人不无关系。外地人没有经历过那种严酷苛政的局面，因而胸中无臆，自然笔下无言也！

二、从艺文志的序看

《黑盐井志》（第108页）：

杨璿、张约敬、赵淳志书编撰思想的异同

文艺非徒矜博雅也。自造书契以代结绳之政，由是文籍生焉。周官外史掌书，外令掌四方之志，小行人掌五物者，及其万民之利害为一书，其礼俗、政事、教治、刑禁之逆顺为一书。其悖顺、暴乱、作匿、犹犯令者为一书。其北丧、凶荒、贫厄为一书。每国班之，以反命于上，以周知天下之故。孔子曰："入其国，其教可知矣。"秦燔经籍而独存医药、卜巫、种树之书，学者抱恨终古。楚左史倚相能读三坟、五典、八索、九丘。萧何入咸阳，收秦律令图书。盖所以信今传后者，惟《艺文》是赖。诸葛亮治蜀，不设史官，其行事多缺略，后陈寿《三国志》，亦粗疏不得其本末。识者惜之。故汉、隋、唐、宋之史，俱有《艺文志》。今我皇上，百灵效顺，万方率俾，开宏文馆、修一统志。占小善者率以录，名一艺者无不庸，守土者敢不搜罗竭蹶，以仰副高深也。苟徒骋鬐悦之工，而无与于经纶之数，则为之也易。而其传也不违，则艺文何为乎？是役也，记事必提其要，纂言必钩其元。而关于地方利弊者，登之不遗，非滥也。昔有人言，虽无老成人尚有典型，庶几此意云尔，若区区词翰之末，与真腊风土桂海虞衡较工拙则非也。志艺文。

第二版《琅盐井志》（第79页）：

艺文所以信今而传后也，故汉、隋、唐、宋之史，皆列艺文，则志之有艺文，由来尚矣。琅虽僻壤，自开设以来，久通文教，且盐赋重区，人民聚族，是以首列御制一十六条，朔望宣讲，次录上宪檄示、井司申详有关井灶者，无分今昔，悉载之后，至若井灶山川、寺庙、观宇，或记或序，亦各采其雅者而志之。志艺文。

第三版《琅盐井志》（第98页）：

文以记载艺也，而道寓焉。山川云物，蔚为光华，亦何地之可限？矧滇属坤地，于象为文。琅虽介一隅，而圣天子文教覃敷，无远弗届。训诂

盐不由衷
——琅盐井历史新探

所颁,丽日星而昭河汉。他如使车所历,不乏山川风土之咏歌,与夫名人学士之纪载,择其有关政教者录焉。弗敢滥也。作艺文志。

《白盐井志》(第123页):

文以记载艺也,而道寄焉。山川云物,蔚为光华,亦何地之可限?白井虽一隅,圣天子文教敷章,无远弗届,所颁圣谕,昭云汉而焕日星,他如使车所至,不乏山川风土之筹画与夫文人学士之咏歌,其有关政教用记风景者录焉,至于文字之间瑕瑜不掩,各仍其旧亦以存实也。作艺文志。

和上例一样,也是杨序长、张序中、赵序短。后两序同为赵撰,几乎完全一致。杨序也是从古到今,叙说艺文志的历史,足证杨老先生的博学多才。假若让赵淳来再修《黑盐井志》,那一定会将杨老先生的大段序言删除去尽。又假若让杨老先生再修白、琅盐井志,他又会再大篇地重复《黑盐井志》的序言吗?

在那个时代,皇帝的谕旨列入艺文志,当然是毫无疑问的,三位撰者也是照办的。上宪的檄示、井司的申详,自然也关乎盐政和教化,但杨老先生似乎心存异议。例如,上宪要修志的"牌",《黑盐井志》就没有选录;黑井要侵占琅井的行销盐地区,而打了二十多年官司的上宪判牌,《黑盐井志》也没有选录;黑井盐商要控制琅井煮盐锅口的问题,《黑盐井志》也未选录。这些在杨老先生眼里似乎都是鞶帨①功夫。其实,"书美以彰善,记恶以垂戒"是史家的准则,不能反行"虚美隐恶"之事。现在把三井的四志汇在一起做比较分析,就可以看出当时事物的原委和全貌了。

以艺文志而言,杨、张的取向和赵淳的取向就有不同,例如:杨璿把巡抚的奏疏列入艺文志,张约敬把上宪的三牌(修志、直隶、行盐销地)、

---

① 鞶帨,腰带和佩巾,比喻雕饰华丽的辞采。

杨瑽、张约敬、赵淳志书编撰思想的异同

提举的三详（借官本、自置锅、广种树）都列入《艺文志》，其中免不了官场行文等因奉此的套路，这在赵淳看来是不允许的。他删去了两牌（修志、直隶）和种树详，也删去了革陋规的示；同时把剩下的行盐地定案牌和借官本详、自铸锅详等从"艺文志"中改归"盐赋"内，而且作为"文案（附录）"。这样就把沈鼐的一整套反制措施，拆得七零八落，看不出全貌了。沈鼐的"三牌、三详、一示、一约"是一套完整的反制措施。他借修志牌续编了一部充满抗争精神的《琅盐井志》；借直隶牌"径申径详"，直接打报告而不用顾忌地方府州的干预和大井的挤兑；凭借行盐地定案牌巩固了琅盐的销售市场；绕开"官三灶七"或"官四灶六"的争论和攻击，借来了官本；自铸盐锅摆脱了别井的控制；他的一示免除对工人的沉重额外盘剥，调动了工人的极积性；还有，"时盐商克剥、勒薪索称，大为井累。公详请革商，又于酌减之后请每斤加价二厘，并请减称三斤，月加薪银一百两"（第三版《琅盐井志》第60页）；继周蔚提出"父为子筹，兄为弟筹，前人为后人筹"的口号之后提出了劝种树详，这是从外部条件为琅井今后的生产预先筹谋；而从内部又提出了学纺织约，让琅井妇女有一技之长。"今之不图，后将若之何？"这一整套措施，使琅盐井从灶倒丁逃和民生凋敝、课税无着的境况中逐渐得到复苏，在此基础上琅井才得以展开了10项物质和文化的建设。通读第二版《琅盐井志》就能体会到沈鼐、张约敬等在编撰时的那种紧张、喜悦和胜利的心情，这是读第三版时完全体会到的（有关沈鼐的反制措施，有另章详说）。

归根结底，杨、张是本井人士，他们切身经历了那一段经制纷更的动乱，目睹了那一时期的悲惨，所以才能在字里行间反映出历史的原貌；而赵淳只是外来客，没有切身经历，自然写不出历史之痛。

三、从其他方面看

杨瑽不但饱读诗书，而且游历丰富，康熙三十四年（1695）曾遵旨北上，参加中书之考。他说："生于斯、长于斯、饭斯、粥斯，数世恒托于

盐不由衷
—— 琅盐井历史新探

斯。""（井之事）或损或益，或利之所倚，或害之所伏，志之不厌其烦。"他终身只是候选训导，但是在《黑盐井志》篇首三篇序言中有他的一篇，各卷各题中有他的大小26段序言，加上他的两碑一传和68首诗、3首词和压轴的2首赋。其作品众多，篇幅巨大，尤其是他的《烟溪赋》，连序和正文，洋洋洒洒近4000字，道尽黑井的天文、地理、历史、盐务、人物、城市，"如数家珍，如探故物"，还说是"粗陈山川人物之大凡，罔及草木之细碎"，真是腹便便兮尽书香。可以说，《黑盐井志》有杨璿强烈的个人色彩。

张约敬的职务在第二版《琅盐井志·选举志·贡选》中是"定远县学岁贡、考选训导"，在"修琅井志姓氏"中是"编辑，吏部候选儒学训导"，到了第三版《琅盐井志·选举志·贡选》中就是"定远县学岁贡，任邓川州训导"，"张约敬岁贡生，任大理邓川州训导。生平好学，能诗，工王羲之真草体，秉性谦冲，教士娓娓不倦，士林重之"。

两个版本都说张约敬是岁贡生，不是举人更不是进士。他之所以能当儒学训导，是因为参加了吏部考选，大约就是康熙三十四年（1695）举行的中书考试。

而在罗应起编撰的《琅井发展简史》中则有："举孝廉后调京都，因书写紫禁城内'玉波池'匾而驰名十三省。并留六部效力。"

康熙五十四年（1715），新任云南巡抚甘国璧到任，他很重视文教宣化，不仅给云南的书院捐书68部，而且专门指示他的随员倪蜕（即后来写出《滇云历年传》等书的作者）搜集地方文献。当时，罗平州州同黄德巽编撰了《罗平县志》，黑盐井杨璿撰修了《黑盐井志》，琅盐井人张约敬撰修了《琅盐井志》。倪蜕呈上这些志书，甘国璧看后认为，罗平志较好，并亲自为其写了序言。

笔者推测，巡抚甘国璧同时召见了三位撰修人，给予鼓励，并由张约敬陪同到琅盐井巡视。在琅期间，甘国璧为开宁寺题了几副对联，并答应拨款进行修缮。之后不久，张约敬就到大理邓川当了儒学训导，再后就举孝廉后进京效力。孝廉是孝子廉吏的简称，关键是"举"，谁能举？自然

122

是巡抚才有权举孝廉。这些事都发生在康熙五十四年（1715）至五十九年（1720）间。这些推测的依据有四：其一，甘国璧的父亲甘文焜在康熙七年（1668）当了云贵总督（因受吴三桂排挤，他只能驻节贵阳），他顶着吴三桂的压力，坚持巡视云南全境，巡视辖区，乃父做了榜样；其二，据记载，甘国璧的随员倪蜕在入滇初期"曾遍游滇西"，只有顾主出巡，才会带随员出行，既然出巡，顺道到琅井就有可能；其三，甘国璧是文人，他为琅井开宁寺题对联，不会只凭看志书，必然要亲临现场才有灵感，否则，巡抚出错会贻笑大方；其四，甘国璧在云南省任上曾"为普陀山捐过钱"，因此给开宁寺修理出钱，也应是可能的。

在第二版《琅盐井志》中，张约敬没有一首诗、文作品选入，他谦虚谨慎，似乎是在避嫌，不愿张扬自己。其实，他并不是不会作诗，在第三版《琅盐井志》中就选录了他的《赠张节孝孟氏》和《神祠古柏》《古寺奇梅》《鳌峰锁水》《天马西朝》《宝华圣泉》6首诗作。能被赵淳选中的作品，其水平也肯定低不了的。

赵淳和杨璿一样，在第三版《琅盐井志》中录入了他自己的诗作11首、赋作1首、词作5首和《新建文昌殿桂香记》《孝义江生传》《劝琅井兴纺织论》等3篇文章。其作品在志中所占的比例虽不如杨璿的多，但是他把在琅井编撰志书时所有的艺文资料带回大理后，单独出书，此举似有不妥！赵淳的《宝泉山赋》不到1000字，也写尽了琅井的山川、人物、历史、盐务等等。所谓盛世修志，而赵又是修书的专业户，当然要歌功颂德，将一切都归功于圣天子，"于是乎风雨和顺、山川效灵、嘉谷丰熟、泻卤充盈。盐无忧于壅滞，灶不困于蒬薪，户肥饶而礼义足，家充裕而妇子宁。国赋时闻其浸溢，文治日昭其聿新"。好一片繁荣盛景！最后的结句是："将德泽洋沛于千秋万世兮，更何虑夫巢诚与仙芝。"王仙芝、黄巢、张士诚都是从盐枭而起事造反的人，在赵淳眼中是不足虑的，但是赵淳的吹嘘也过头了，不要说千秋万世，只是155年清朝就倒台了。就是在云南，赵淳预言后的40年就爆发了"压盐事变"，搞得官府灰头土脸，出尽洋相。随后咸丰五年（1855）又爆发了杜文秀起义，争斗20余年。历

史证明赵淳的预言是错误的!

赵淳在《白盐井志·艺文志》中录入他自己的诗 5 首,赋 1 首,而《白盐井志》得到巡抚刘藻的肯定,并亲自写了一篇序言,这在三井四志中,是绝无仅有的。这说明赵淳的修志方法符合官方的胃口。有了云南最高长官的序,赵淳只好写跋了。他的《羊城赋》说:"长荷圣朝之沛泽兮,湛恩汪涉于不穷,更值大吏之恺恻兮做刘晏之恤灶而惠工。将舍哺而歌帝力兮,靡不向化而从风。"他的跋又说:"惠穷困,湛恩汪涉……官司之曲体者为民请命,于是修志以立德、立功、立言均足不朽。"

年龄。杨璿大约出生在顺治十年(1653)前后,因为康熙二十一年(1682)其岳父李尔白大约是 75 岁,因此杨在那时大约是 30 岁。他在康熙三十四年(1695)参加吏部中书考试时,大约是 45 岁,到他参与编撰《黑盐井志》的康熙四十九年(1710),他已是近 60 岁的老者。提举沈懋价对他很是敬重,所以他积累和选入的诗文较多。而张约敬在康熙三十四年(1695)参加吏部中书考试时不到 30 岁,到参加编辑《琅盐井志》时大约不到 50 岁,正是年富力强的时候。(估算年龄是想说是否有培养前途,显然杨璿在甘国璧任云南巡抚时,年事已高)。甘国璧举荐张约敬,入京在六部任职,才有写题匾书法出名的后话,不管他是写"龙飞凤舞"还是写"玉波池",可以肯定的是他在北京。在第三版《琅盐井志》中,没有他的致仕信息。他最晚的作品是雍正六年至九年(1728—1731)间的《赠张节孝孟氏诗》,其落款为"邓川训导张约敬,本井",很可能他已落籍他乡。

附带说说刘藻为《白盐井志》作的序中落款是"兵部侍郎兼都察院右副都御史巡抚云南兼建昌毕节等处地方赞理军务兼督川贵兵饷菏泽刘藻题"。清朝总督是正二品,但照例加兵部尚书衔,就是从一品;巡抚是从二品,照例加兵部侍郎衔,就是正二品;总督巡抚也照例兼都察院右都御史和右副都御史衔。乾隆三十年(1765),刘藻又升为云贵总督。按文官十八级官阶算,正一品应称光禄大夫;从一品称为荣禄大夫;正四品的道员称为中宪大夫;正五品的提举称为奉政大夫;从五品的提举如沈鼐,在

杨瑢、张约敬、赵淳志书编撰思想的异同

第二版《琅盐井志》序言落款为"奉直大夫琅盐井提举司提举沈鼎谨撰"。而赵淳在《白盐井志》跋的落款为"赐同进士出身云南东川鹤庆顺宁三府教授乡饮正宾天水赵淳龙溪氏书于龙溪书院",而在第三版《琅盐井志》的"修志人员"中则列为"赐进士文林郎原任云南顺宁府教授加一级致事(应为致仕)赵淳赵州人"。两志中的落款有差别:"赐进士"和"赐同进士"是殿试后录取的二甲和三甲的称谓,第三版琅志是赐进士出身,是二甲;白井志则"赐同进士身",是三甲,差了一个级别。笔者认为白志较为可靠。文林郎是文职十八阶中第十三阶,也就是正七品(知县)。从五品以上称大夫,正六品至从七品称郎。乡饮正宾,是州县上每年节之际,要宴请父老乡亲,称为乡饮,其中以资历最高、乡誉最好的士绅请为正宾或大宾,也可理解为首席嘉宾之意。对官员的奖励,通常有"记录"和"加级"两种。记录以次计算,分记录一次,记录两次,记录三次;得到记录三次就可以加一级,以后再得记录,就是加一级记录一次;再得记录即加一级记录二次……直到加三级共十二个等次。记录和加级是评定官员优劣的有用依据,并且可随带表示其荣誉。

第十章 小吏孙复

孙复,琅盐井盐课提举司吏目(从八品),"江苏长洲人。康熙五十年任,雍正十年升复井大使"。吏目属于小吏,但他在琅井任职22年,致仕前大半生都奉献给了琅井。

他在第三版《琅盐井志》中有《琅井论》和《雍正丙午琅溪三足蟾现赋以志瑞》《土祠古柏》《登鳌峰山》《过七宝寺题壁》《曲川烟柳》等诗赋5首;没有收入志书的诗作多首。值得特别提出的是,在开宁寺大殿左侧拱门上方,镶有一块诗碑,是孙复的亲笔题诗(见图11-1)。

图11-1 孙复题诗碑

> 宝华圣泉
> 锡飞何处叹闹浮,赖有灵泉说往由。
> 八德已通云自散,三生未悟水定流。
> 消消不断心中妙,痛痛能忘意外忧。
> 松火试烹寒玉碎,令人尘梦醒扬州。

这块诗碑不仅字写得好,清逸隽秀,诗作得更好。同一题目,把他的诗和三位提举的诗录在一起就能见出高下。

来度的诗:

> 空山尘不到,是合有灵湫。分彼八功德,济兹大比丘。
> 笕飞寒玉碎,池静碧云流,水熟逢茶话,令人忆贯休。①

周蔚的诗:

> 宝华山下水泠泠,疏凿相传事不经。
> 爽气细浸新草碧,流声远带野烟轻。
> 老龙自异谁能豢,古佛无心却有灵。
> 我过香台时煮茗,酿泉每忆醉翁亭②。

沈鼐的诗:

> 古刹清涟美,由来圣字传。水声通曲径,梵响散诸天。
> 不以人工巧,因之佛力绵,曹溪③流一派,千古顾甘泉。

---

① 贯休是唐时有名的和尚,七岁出家,工诗书,善画罗汉。
② 醉翁亭出自欧阳修写的《醉翁亭记》,"醉翁之意不在酒,在乎山水之间也。"
③ 曹溪即惠能在广东曹溪寺的道场。

盐不由衷
——琅盐井历史新探

同一诗题都是宝华圣泉,来度想到的是贯休和尚,周蔚想到的是太守欧阳修,沈鼐想到的是曹溪寺惠能,而孙复想到的不是某一个名人,而是有更深阔的胸壑。所谓八德,《庄子·齐物论》说:"夫道未始有封,言未始有常,为是而有畛也。请言其畛:有左有右,有伦有义,有分有辨,有竞有争,此之谓八德。"这是讲的矛盾的对立统一,是道家的学说;而"三生"是佛家的往生、今生、来生。在孙复的心中,消消不断的妙着和痛痛不忘的隐忧是什么呢?那就是他在《琅井论》中指出的琅井"卤淡、薪远、熬难、费繁"的四大隐忧,卤淡则难熬,难熬则力竭,力竭则逃亡,薪远则价昂,费倍则本缺,本缺则课误。从而导致丁逃、灶倒、盐逋、课欠的局面。这也正是孙复刚到琅井前的局面[康熙四十七年(1708)的丁逃、灶倒事件]。当然他刚到琅井是写不出这样的文章的,所以康熙五十一年(1712)第二版的《琅盐井志》没有他的诗文,只能收入第三版《琅盐井志》中。他警告说,这像"若以千钧驭马而鞭扑其上太行,有必不胜之势而溃败决裂矣"!而在诗中这种警告艺化为"令人尘梦醒扬州"。孙复是江苏苏州府长洲县人,在诗碑上,他的落款是"吴门孙复"。吴门和长洲就是一个地方,即当时的苏州府治,离扬州不远。他当然知道杜牧的名句——"十年一觉扬州梦"及其祖父杜审言在杜氏宗祠的对联——"梦醒扬州甘薄幸,心忧社稷老风尘"。扬州历来就是醉生梦死、挥金如土的尘梦之都,如果来到远离尘嚣的开宁寺,再喝上那寒玉般的灵泉水,那扬州的金粉尘梦也该苏醒了。所以,笔者认为孙复此诗的格局,要比那三位提举的诗高出许多!

现将孙复的《琅井论》也录入本篇中,能更好地理解他的诗和在琅井22年的心结:

以天地之利而能养生者,造化之仁也;以货殖之用而能济民者,立法之善也。然为政之法不必责人以所难,而强人以必从也,亦必因其大小而定之;以必不可逾之则,量其多寡而予之;以有余不尽之方,别其难易而悯之。以必不可为之势,通其缓急而济之;以必不可间之功,于是穷黎乐自然之利而井养有不穷之用矣。

如滇西琅井有不得不论者：一曰卤淡、二曰薪远、三曰熬难、四曰费繁。夫卤淡则盐寡，盐寡则额逋。此卤之浓于昔而淡于今也。夫薪远则价昂，价昂则倍费，此薪之近于昔而远于今也。夫难熬则力竭，力竭则逃亡，此熬之易于昔而难于今也。夫费繁则本缺，本缺则课误，此费之少于昔而繁于今也。以昔浓今淡之卤，以昔近今远之薪，以昔易今难之力，以昔少今繁之费而令穷丁手胼足胝、终岁勤苦，若以千钧驭马而鞭朴其上太行，有必不胜之势而溃败决裂矣！

《易》云："可用汲并受其福。"孔子曰："因民之所利而利之。"今幸圣天子精勤政治，轸念今民瘼时瘇，一夫不获之思，永庆万邦作孚之化，而拥节大人犹振兴文教，破格遴才，凡属微员亦叼采览。是以因一心之理，以尽一心之政，虽货殖之用不弃焉；以自然之利以归自然之济，惟盐荚之司独任焉。虽然政治有因时之用，而兴革之义彰；化工有顺物之施而长养之德莫罄。将见别大小、量多寡、均难易、通缓急，而井养之用不穷，灶苦之肩得息。是仰望于大人者靡尽，而末吏又何敢论之云。

这不到1000字的论文，分为三大段，第一段主要讲为政之法"不必责人以所难，强人以必从"。若是"责人所难，强人必从"，老百姓得不到天然盐卤之利，盐井也不能够得到休养而长期利用。用现代的话说，就是盐产不能持续。第二段是既精炼又剀切，说理透彻，逻辑缜密，层层推剥，以琅井今昔对比的"四难"，最终说明，让琅井承担和大井一样的赋税，就如同鞭笞负重千钧的马匹，让它强上太行山一样，决然不能达到目的！至于第三段，写得很有分寸也很有技巧，顺序把《易》"孔子""圣天子""拥节大人"放上，希冀"别大小、量多寡、均难易、通缓急"。这12个字，隐喻着有大井和小井、卤浓和卤淡、薪易和薪难不能统统都要平均赋税，一律"官三灶七"的主张吧！他一个微末小吏只是按你们的教导，尽一心之言而已，若叼蒙采览，则井养之用不穷，灶苦之肩得息，不是他微末小吏敢作论的。在论文中，他并没有把"康熙四十七年，称头

盐不由衷
——琅盐井历史新探

太重,月得薪银不敷供煎,众灶家产赔垫已尽,积欠盐觔盈千累万,应得薪本愆期不给,阖井众灶弃家潜逃……竟停煎三月"等具体惨事一一列出,若是那样,对拥节大人们则太刺眼、太打脸;其实,论文写得很尖锐的,"责人以难,强人必从",才会出现康熙四十七年(1708)灶倒、丁逃、盐停、熄火、欠课的事件。没有此事件做背景,孙复也没有那么大的底气。这样的论文,让提举来写,可能就要委婉得多,也就无力得多了。所以,小吏孙复不但有支持他的现实底气,更难得的是他有一颗诚心和文胆。应为小吏孙复喝彩!

第十一章　云南盐业的三件大事

一、清缅战争对云南盐业的影响

清缅战争，是18世纪末清朝和缅甸贡榜王朝两国围绕边境地区的领土和资源控制权发生的一场战争。

这场战争以1762年冬缅甸入侵中国云南普洱地区，清军自卫反击为开端，以1769年11月16日双方签订停战合约收场。

战争的结果是两败俱伤，双方议和，而议和主要内容是清廷要求进贡，缅方要求通商，这两条都是在停战19年后才实现的。7年战争和20年清廷对缅的经济封锁，给云南的社会经济带来巨大的破坏和不利影响，成为云南社会经济发展的转折点。

（一）黄辅、高其人"贪污案"

1. 案件的演变

高其人是乾隆三十年（1765）琅盐井的提举，他在开宁寺十王殿立了一块匾"彰善瘅恶"。那时的官吏，多崇信鬼神，敢于在十殿阎罗王面前表明彰善瘅恶心迹的人，大约不致于做贪赃枉法之事。但是，考验随即来临：乾隆三十一年（1766）他降调白井署提举司；三十二年（1767）新任提举裴灼文到任，但不久就被参，于是又让高其人代理；三十四年（1769）因新任提举郎嘉卿到任，高其人交接不清，被"勒揹浮开"，遭

盐不由衷
——琅盐井历史新探

巡抚诺穆亲参劾而受查。

乾隆三十五年（1770）十二月癸酉朔皇帝批谕：

据诺穆亲奏："已故黑井提举黄辅任内亏缺存仓盐四百四十四万余斤；又已发薪本堕煎余盐二百四十六万余斤；又亏缺薪本银一万五千余两。前署白井降调提举高其人，亏缺薪本银二万四千余两；又预放柴薪、脚价各款无著银六千余两。请将高其人革职，并提已故提举黄辅之子黄京荣等严审。"等语。盐斤、薪本，俱为国帑所关，乃竟亏空如许之多，殊干法纪。高其人著革职，与黄辅之子黄京荣及经手家人、书吏等，具交该督一并严审定拟具奏。

同时乾隆皇帝又批谕军机大臣等：

据诺穆亲奏已故黑井提举黄辅、降调白井提举高其人亏空额盐数百万斤、薪本银数万两一折，已降旨将高其人革职，并提黄辅之子黄京荣等严审究拟矣。该犯等任职提举，竟敢亏空国帑，数逾巨万，殊干法纪。除该犯等任所资财已经诺穆亲委员封贮外；其高其人在旗家产，现交镶黄旗汉军部统照例查办。至黄辅籍隶安徽，著传谕裴宗锡，即委员将伊原籍资产一并查封，毋任稍有隐匿寄顿。

乾隆三十五年（1770）十二月甲戌谕军机大臣等：

昨据诺穆亲奏已故黑井提举黄辅、降调白井提举高其人亏空额盐数百万斤、薪本银数万两，业经降旨将高其人革职究审，并查封黄辅等旗籍资财。今据该旗都统奏："高其人在旗并无资产可查，亦无的亲家属及管事家人可询。"等语。向来汉军人员，多有潜于近京地方涿州、良乡一带置买庄地、房屋者。今高其人亏缺帑项，数至逾万，不应竟无寸田尺宅，甚且亲属全无，殊非情理。或伊自揣亏蚀官项，久必败露。因于近京地面潜置产业，以图隐匿，亦未可定。著传令杨廷章即行密速严查，务得实迹，具折复奏。永贵等原折并抄寄阅看。

又谕：

据诺穆亲奏已故黑井提举黄辅、降调白井提举高其人亏空额盐数百万斤、薪本银数万两一折，已降旨将高其人革职，并提黄辅之子黄京荣等严审究拟矣。提举官职卑小，所司盐务无多，何以亏空竟至逾万？其情殊不可解。看来必系逐渐侵亏，断非近日始有此弊。而诺穆亲在臬司任内，早有风闻，今始查明据实纠劾，所办固是。但明德前任该省巡抚，为日颇久，非如彰宝尚有兼办军务；钱度亦两任藩司；地方此等情弊，理宜随时整饬，何竟姑息养奸如此？即彰宝身为总督，亦何以漫无见闻？著传谕彰宝、诺穆亲各将此案情形，即行据实复奏。毋得稍有瞻徇隐饬。将此传谕知之。

不久，诺穆亲奏：

查黄辅于乾隆二十九年九月到黑井任提举，高其人于三十一年十月署白井提举事。及提举裴灼文到任，于三十三年被参，高其人复行署理。各任内均有亏欠。因连年办理军需，未及盘查。该提举等将行销、存贮各数，照常造册呈报，故未败露。本年闰五月，黄辅病故，委知县徐应衡署黑井事，四月，白井新调提举郎嘉卿接任。臣九月护抚篆，该两井交代未清，激催委查，始据详报得实。至明德、钱度，从前有无闻见，并未向臣言及。"得旨："览。"又批："将来如不能完项，应于此二人内，钱度代赔十分之七，明德代赔十分之三。"

到此时才清楚，黑井的提举黄辅是死于任所，让知县（应是牟定县知县）署理，才查出交代未清；而署理白井的高其人是与新任郎嘉卿交接不

盐不由衷
——琅盐井历史新探

清，才上报给巡抚诺穆亲，而且是"各任内均有亏欠，因连年办理军需，未及盘查，该提举等将行销、存贮各数，照常造成册呈报，故未败露"。

乾隆三十六年（1771）正月癸丑谕军机大臣等：

据彰宝复奏："黑白二井提举亏缺盐斤、薪本一案，现据查报，高其人名下少银三百七十三两，余系接任官郎嘉卿勒揩浮开，其黄辅名下所缺之数，固由井员堕煎，兼由地方官堕运。从前笼统详报，并未逐细查明。不但预先本无见闻，即揭后亦未悉其情弊。"等语。阅彰宝所奏情节，是诺穆亲前此急于参奏，未及详查。在诺穆亲一闻井员亏缺至数万两之多，立时参劾，原亦未为过当。但以提举微员亏项多至逾万，其理原不可解，自应将侵亏之故查核明确，分别纠参，方为周到，即略迟数日，又何不可待之有？至于堕运一节，由于盐道及地方官经理不善，亦此案所必当查办者。该抚原参与复奏折内均未提及，亦不免于疏漏。今此案业已饬审，其高其人是否先侵后吐？抑系郎嘉卿勒揩浮开？及黄辅之是否侵用入己及系伊子乘机侵隐？或由预放之项追补未清？均需彻底严查，自无难水落石出。而历来堕运之员，亦应查究明晰，予以处分，始无渗漏。著交彰宝会同诺穆亲秉公查审确情，据实核拟具奏。从来督抚等每因折奏先后参差，易生意见，甚非大臣公忠任事之道。办理公务，惟在和衷集益，斯于政治有裨。彰宝、诺穆亲不得因此稍分畛域，偏徇干咎。将此谕令该督抚知之。"

高其人的结果如何？没有交代。他只少了373两银子，可是琅盐井提举一年有960两薪俸，白盐井有3400两薪俸（包括年俸和养廉银），要偿还很容易；但是想来是不会有好结果的，因为第一，乾隆皇帝并没有为他开脱，虽然乾隆也有疑问："提举官职卑小，所司盐务无多，何以亏空竟至逾万？其情殊不可解。"乾隆的判断是："看来必系逐渐侵亏，断非近日始有此弊。"其实这个判断是错的。第一，高其人是乾隆三十一年（1766）十月到白井，三十二年（1767）新提举裴灼文到任，三十三年

(1768)被参,又让高其人署理,三十四年(1769)五月新任提举郎嘉卿到任,才发生勒捎浮开之事,前后两段署理均不到一年,怎么谈得上"断非一日的逐渐侵亏"?既然如此,更不存在"先侵后吐"的问题了。第二,因为他的案底(30000余两)未清余额,总督彰宝要代赔十分之四,巡抚诺穆亲要赔十分之六;还有先前的臬台明德(管司法)要赔十分之三,藩台钱度(管财政)要赔十分之七(两次御批,比清欠收入要多一倍)。这些受牵连的上官也不会放过他。如果他真的一风吹了,那从皇帝到封疆大吏两年多的查证辛劳,不全是无中生有吗?"圣上明鉴"的套路就穿帮了!案件已清楚了:堕运的盐斤,要查的是盐法道和地方官,那么历来的堕运、堕销、盐税拖欠的原因,查得清吗?是从哪年开始发生的?什么原因才会产生这种情况?那三七、四六的代赔款收得回来吗?这许多问题都难以回答。且让我们做如下梳理。

首先在乾隆三十六年(1771),云南巡抚诺穆亲奏报:"应征乾隆三十五年份,并三十一、三十二、三十三、三十四等年,旧欠盐课、薪本、盈余等项共未完银三十六万余两。"这就是说,这欠课、薪本、堕运,是从乾隆三十一年(1766)开始的,而这正好发生在清缅战争期间。就连五任以后的云贵总督富纲也说:"自缅甸军务以后,遂有堕盐亏课之事"。所以堕盐、亏课是由清缅战争引起的。乾隆三十七年(1772),皇帝说:"滇省盐斤行销已久,何以近来忽有接年堕销之事?经管各员,动以承办军需,马骡短少为词,彼时适逢其会,原不能禁伊等之有所借口。"在乾隆看来这是"适逢其会"的巧合,是经管各员的借口,可是皇帝也不能禁止他们的所有借口,等于吞吞吐吐地承认是清缅战争引起的马骡短缺。原来运柴薪、运盐斤的马骡(包括赶马骡的人)被拉去运军需、军粮、军械去了,这是很明显的事实。总督鄂宁和参赞大臣舒赫德早就算过一本骡马账,就知道云南的骡马数根本不够应付清缅战争的需要,但是这本骡马账连同算账人,违抗了乾隆的旨意,都被乾隆处罚了!除了鄂宁和舒赫德的骡马账外,乾隆时期的云南布政使王太岳在《铜政议》中也算过一笔骡马账。他说:"夫滇,僻壤也,著籍之户才四十万,其畜牛马者才十一二耳。

盐不由衷
——琅盐井历史新探

此四十万户分邑八十七郡邑，其在通途而为转运所必由者十之一二耳，由此言之，滇之马牛不过六七万，而运铜之马牛，不过二三万，盖其大较矣。滇既有岁运京铜六百三十万，又益诸路之采买与滇之鼓铸，岁运铜一千二百万。计马牛之所任，牛可载八十斤，马力倍之，一千余万斤两之铜，盖非十万匹头不办矣，然民间马牛只供田作，不能多畜以侍应官，岁一受雇，可运铜三四百万。八九百万斤者，尚需马牛七八百万，而滇固已穷矣。"王太岳的骡马账是说云南运铜的骡马尚且不够，但也从旁印证了鄂、舒骡马账并非虚言，而且还有赵翼的文章可作证。赵翼在《檐曝杂记》中说，对缅作战的清军八旗兵入滇，"每二百人一起：隔日一起，每站过兵，须马七百，夫两千，皆出自民间"。按清军事制度的规定：绿营兵每百名应给夫役40名，给驮马50匹；八旗兵每百名应给马300匹，骆驼30头，无驼则每匹折马2匹；都由地方征发。战争的需要，是第一需要。运盐斤、驮柴薪的骡马，先拉来运军需。这是地方官吏们应役的法宝——军需。谁敢抗拒？这些文章、制度、规定都证明了：清缅战争中因骡马及夫役去运军需，而致盐的堕煎、堕运，并不是"巧合"，更不是"借口"。

清缅停战后，乾隆三十六年（1771）五月庚申户部遵旨议奏：

署云贵总督彰宝奏称，该省现今离井较远各地方盐价遵例每百斤不逾三两。其省城官店销售黑白二井盐斤，但系附省殷实之区，每百斤仅定价二两六钱，较他处为贱，尚可酌加四钱，即以所加卖价为添给薪金本运价之用。查该二井运省盐价二两六钱相安已久，未便轻易加增，应将该署督所奏勿庸议。至于所奏该二井堕煎盐六百十一万斤，分限五年带煎。恐卤水未盈、柴薪昂贵，又滋挪后掩前之弊，请将该二井岁办余盐一百二十二万斤，应获余息充公银两暂停数年，俟带煎完竣再行收买。查此项收买余盐，每年应有余银一万四千七百两，系留该省经费之项。今若以带煎旧额暂停收买，则每年经费从何支给？其应如何酌筹调剂，应令该署妥议具奏。

看来彰宝所出的两个点子——加盐价、停收余盐,均被户部驳回。

乾隆三十七年(1772)四月丁卯又谕军机大臣等:

户部议复署云南巡抚诺穆亲奏行盐各属堕运、堕销及盗卖无着盐斤,请分别交该督抚查办追赔一折,已依议行矣。运销盐斤,例应年清年款,何以滇省积年堕运、堕销,欠课至五万七千八百余两之多?今既查有缺少数目,不可不彻底清厘,以除积弊。著交与彰宝、李湖(新任巡抚)将各州县堕销、堕运缘由逐一确查,究明实系在官若干、在民若干?分析严惩追究,毋得颟顸了事。仍将如何查办之处,即行专折复奏。至此项堕缺盐课,固系承办各员经理不善,亦由督抚等平日不实力整饬所至。盐务为地方要事,一有堕积,不特课项久悬,且必致间阎有食淡之虞,于民食甚有关系。该督抚等何竟不以事为事,任听各员借口军需,驯致堕误。所谓核实办公之道安在?诺穆亲日坐省城,所司何事?乃推一味因循,不早为厘别,直至将离滇省,始以一奏塞责,殊属非是。至彰宝虽驻永昌,于此等公事,自应留心察核,乃视盐务为巡抚专责,不复究心,亦难辞咎。所有此案应追银两,除按历任各员名下勒限严追归款外,如完不足数,即着于彰宝名下,分赔四分;诺穆亲名下,分赔六分,以清款项。将此传谕彰宝、李湖知之。

乾隆三十七年(1772)十一月壬辰朔日户部议复云南巡抚李湖酌筹盐井各事宜:

(一)省城向设总店,分立大铺一百二十处,行销黑井、安丰井盐九百一十一万一千七百六十余斤。除南宁、沾益、寻甸、平彝、宣威等五州县官运盐一百七十万斤,其余转售于迤东之昆明等十六属民贩运销。原因乡贩挑运食物赴省,顺便带盐回销,既省脚费,且免征解之繁。但各州县销无常额,官无责成,盐道既苦耳目难周,各属又无引照可验,私贩滋多,官盐壅滞。请将省店裁撤,改立盐仓,除南宁等五州县向归官运,应仍赴省仓领运外,其未归官运各州县及昆明县,向有额设官铺,每年可销

盐不由衷
——琅盐井历史新探

盐二百五十四万斤,应仍循旧例,先课后盐,督铺销售。至附近盐井之昆阳、晋宁、呈贡、宜良、蒿明、江川、河阳、路南等八州县,每年可销盐二百六十万斤,应令该地方官自雇伕马,赴井领运,即于原定自井至省运脚内计程拨给。其距井较远之马龙、罗平、陆良、广西、弥勒、师宗等六州县及邱北县丞,每年可销盐二百二十余万斤,应令该地方官赴省仓领运,其需要脚价、店费,应于原定新增盐价及其加添运脚内酌量核给。以上十四州县及邱北县丞,应完课款俱照迤西例,上月领盐,下月解课。再:弥勒县向买粤盐三十万斤,今既销省盐,应将粤盐停卖(笔者注:撤销省店,改设盐仓,分三种情况领盐。目的是自雇伕马,杜绝"私贩滋多,官盐壅滞",保证完课)。

(二)各井额办盐斤,自数十万至数百万不等,应责成提举、大使等,将灶户逐日煎获盐斤,即令入仓登号封记。俾家人、书役不得串通商灶,透漏分肥。至各属领运后,即令该州县严饬脚户勒限赶运,以防折耗借卖之弊。各官奉行不力,查参着赔。各井有未设盐仓者,即行添盖(笔者注:加强盐井管理,以免官商灶串通"透漏分肥",从源头收紧私盐来头。)

(三)灶户煎盐掺和沙土,应责成提举、大使等严查。向来未有议处明文。请嗣后井员若有纵容灶户掺和沙土者,照白土掺和漕粮,押运官不行查禁例革职;失查者降一级调用;兼管井务之府州县等官,分别议处。若知情受贿,应照枉法赃从重治罪。灶户即照舵丁掺和漕粮例治罪。承销州县徇隐不报者,一并究处着赔。并令各井每年将样盐呈送巡抚衙门,验发盐道,分给各属,以凭查验(笔者注:食盐掺土是官盐才有的现象,私盐绝不掺土,才利行销。)

(四)历(原引文为"节")年堕误盐斤,总由月报不行。应将各井煎盐额数于月终汇核,有余者留抵下月收数,不足者下月补交。仍令提举、大使等按月填报盐道,汇册申送督抚,季终通计一次。将逾限不及攒煎者分别参处(笔者注:分清正额盐、攒补盐或堕煎盐,季终通计一次,逾限攒补不及者要参处)。

（五）邻省私贩入境，应查明经由津隘，于总路分设巡盐员弁，酌带兵役驻扎。如有缉获，即行通报，解交地方官审办。至本地私贩，在井者责成提举、大使，在途者责成经由州县，均令实力查拿，获犯时彻底究讯治罪。井员及地方官缉获拿不力者，分别参处（笔者注：严查邻省入境私盐。）

（六）从前堕运、堕销盐数，实计五百五十五万二千三百九十九斤，原奏准分二年带销。但各该处堕误数目，多寡悬殊，概限二年恐仍有滞积。应将各属堕运不及三分以内者，限一年销完；其在应销年额一半以上者，分限二年；逾于应销年额者，分限三年；倍于应销年额者，分限四年。并按限分别完欠。核实办理（笔者注：按欠盐多少分别年限补欠。）

（七）黑井现有堕缺正额盐二百三十五万六千二百余斤，又缺余盐二百四十六万三千一百二十五斤，两项均应带煎，恐有挪后掩前之弊，应俟堕煎额盐按限煎完后，再带煎余盐。至安丰井每年停办余盐六十二万斤，应带补旧额盐三百七十六万一百二十七斤，带补数多，灶力不免拮据。请将带补旧额盐，照停办余盐数补煎（笔者注：黑井和白井之安丰井补欠极多，应先补欠正额盐，再补欠余额盐）。

（八）滇省自乾隆三十二年至三十四年各属承办军需，遇差务紧急，未及赴司领项，多系借支盐课。每新旧交代，将借垫银数查明抵交，事竣造报。其例应准销者，由军需银内拨还清款。但核减应追之员，遇有迁调事故，接任之员不能代缴，遂造成入盐课未完项下，完欠数目易淆，且启推诿迁延之弊。应将军需垫用盐课数额确核，即于三十六年盐课奏销册内开除，归入军需新收项下，如有核减行追等项，在军需本案归结。均应如所请（笔者注：这"军需紧急，多系借支盐课"，而人员调动后新人不能抵交，造成盐课未完。这就是高其人案的来由，这里没有明说。）

这八条皇帝批："从之。"（清高宗实录卷九百二十）

这八条非常重要！尤其是第八点"承办军需，遇差务紧急，未及赴司领项，多系借支盐课"，黄辅、高其人案的原委，已露底了，但是他的下

场未明。这14个字,就可以演绎出众多场景,极富戏剧效果。这八条也是云南在李侍尧上任前盐务的基本政策,但是它并没有解决云南盐务的根本问题。

2. 涉案官员

在黄辅、高其人案中涉及的官员(见图11-1),尽是贪官污吏。

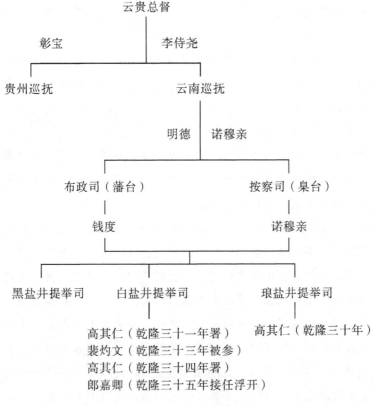

图11-1 黄辅、高其人案中涉及官员一览

上述所列的官员,个个都是贪官。我们按其被揭发的时间顺序,逐一叙述于后。

(1) 钱度

钱度是云南布政使，二品大员。在其离任后的乾隆三十七年（1772）正月上旬，云南府知府傅尔瑚纳向代理云南巡抚诺穆亲报告，义都、金钗两矿厂的财务有问题，诺穆亲当即派人去调查。此时，义都铜厂的管理者宜良知县朱一深，知道自己有巨大亏空，于是开具清单，向巡抚和总督彰宝报告。清单列出向上司官吏及其属员、家属勒索、馈送、借贷、派物价差等104项，涉及云南20多名官员。从正月到八月进行调查的结果，证实钱度贪索的金子2900两，银子75000两。于七月二十五日将钱度处斩，其余涉案的38人均受到各种处分。

(2) 明德

也是贪污分子，在朱一深列出的104宗贪贿清单中就有明德受贿的内容。

(3) 李侍尧

李侍尧是乾隆皇帝的宠臣，他案发的时间是乾隆四十五年（1780）正月，由云南省粮储道员海宁举报。查证贪银31000两，经钦差和珅等拟定为斩监候，但经大学士、刑部、都察院、大理寺等中央各部会审改为斩立决。但是皇帝不同意，再令全国各省总督、巡抚提出处理意见，只有一人提出按古制"八议"，即议亲、议故、议贤、议能、议功、议责、议勤、议宾中，李侍尧有议能、议勤两条可宽恕，正合皇帝心意，十月初三改判为斩监候。至乾隆四十六年（1781），再次对李侍尧宽大处理：以三品官赴甘肃任职总督，参与镇压苏四十三回民起义，又参与查办甘肃放赈贪污大案。乾隆四十九年（1784）七月三十日，因贻误军机罪，判处，斩立决，但皇帝又一次改为斩监候。乾隆五十二年（1787），调补浙闽总督，受命镇压台湾林爽文起义有功，加恩赏还伯爵。死后被赐谥"恭毅"，并绘图挂于紫光阁，列为二十功臣之一。

(4) 彰宝

彰宝可是位大人物，他精通满文，乾隆十三年（1748）从翻译举人提拔为内阁中书，历任同知、江宁布政使、山西巡抚、云南巡抚、代理云贵

盐不由衷
——琅盐井历史新探

总督,因功加太子太保,官居一品,乾隆三十七年(1772)实授云贵总督。在山西巡抚任上,发现和参奏并会同刑部审理了山西阳曲县知县段成功亏空弥补案,使原任巡抚和其衷及段成功被处死刑,省布政使文绶及知府刘墉被判处斩监候。另一个山西河东盐政达色向商人派累银两并收受赞礼、门包案,也是彰宝参与审理的,主犯达色被处死刑,河东盐运使三品官等被治罪。另外在乾隆三十三年(1768)又主审了两淮盐引大案,这是累积了22年的、案涉千万两银子、关乎清朝经济命脉的案子,审理的结果,两淮盐官和两淮盐商均受重挫。彰宝审理了三大案后声名大震,即调任云贵总督。但在云贵总督驻保山期间,高山瘴气致病,请辞职还京。代理总督于乾隆三十九年(1774)十月十四日参奏彰宝亏空保山县四万多两银子,保山县知县王锡交出清册,"内皆供应前督彰宝行署中一切用度及其随带弁役、轿夫、戏子、各项工匠工钱饭食等用,每日用钱五六十千至八九十千不等,皆系保山县供支。计自上年八月起至本年五月内止,约共银四万余两"。经查证属实判监斩候,第二年皇帝没批。过了三年,死于狱中。

(5)诺穆亲

诺穆亲对钱度的贪污案有失察之责,又被彰宝弹劾"才识拘泥,不能胜任封疆重任",被降三级,召回京师为头等侍卫,自备资斧,发往乌代办理领队事务。

(三)李侍尧——从全国表彰到全国议处

乾隆四十二年(1777),李侍尧当了云贵总督。

乾隆四十四年(1779)八月丁丑,谕(军机大臣等):

据李侍尧奏:"滇省堕欠盐款一案,查系从前各属承办军需,将应解盐款混行挪借,乃至领出军需银款,并不归还盐款以至亏缺积岁增多。但事历多年,官非一手,其间情节轻重,殊难分晰允当。若徒以一参了事,而追赔延宕,累月经年,于课款终无实际。因思课款虚悬,由于盐斤无着,遂因为勒定限期,如果于今岁奏销之前,尚敢丝毫短缺,不论人数多寡,定即严参,从重治罪。现任各员向各井灶收买食盐,赶煎趱补,半年之内盐斤业已足数。"等语。所奏可嘉,已于折内批示矣。滇省堕欠盐款,积弊相仍,历久未能厘别。今李侍尧察其致弊之由,勒限赶办,不越半年,而应存盐数业已颗粒无亏,可见事在人为,果能实心查办,积弊自即肃清。该督既属能事,又复实心,宜其立见成效也。至所称此案年久弊深,咎非一任,请概免其参究,所见亦是。从前挪借各员及该管上司,历年已久,物故者多,既难查其始于何任,若徒挨查月日,责任赔偿,亦属有名无实。与其追究已往,徒诿之空言,自不若整饬将来,使不蹈覆辙。从此年清年款,不令丝毫亏欠,盐务自日有起色。且该督既查明积弊原委,和盘托出,不敢稍存隐饰,并将难办之故,据实陈明,不肯稍涉颟顸,更非沽名邀誉,如此方深得古大臣公正之道。李侍尧系尚书李元亮之子,本属世家,且见其颇有才干,遂由热河副都统改授侍郎,旋即用为将军、总督,并历内部尚书,阅历日深,在封疆中实为杰出,遂即简畀纶扉,原属素所倚任之人。然不意其经理得宜,以数十年之积弊,一旦而廓清之,万妥万全,并非拟议之所及也。总由上苍笃生此公忠体国之贤臣,以资治理。朕览折嘉慰之余,实深喜悦。特赏上用大荷包一对、小荷包两对,用昭优奖。

李侍尧的办法,一句话就是快刀斩乱麻:从乾隆三十一年(1766)起所产生的堕煎、堕运、堕销、堕课以及各种分年补办旧欠的办法,统统作废!所有旧欠一风吹了!只计从今以后必须年结年清,否则从严惩处!这是对云南盐政包袱的一次大解放,也是对云南省官员的大解放,尤其是对乾隆皇帝的大解放。因为这样一来,大家不必再去追问会发生这事件的起因了,清缅战争的后遗症也就遮蔽下来了,它只记入"十全武功的光辉业绩"的史册中了!这就是乾隆大肆褒奖李侍尧的那些冠冕堂皇的大话背后的潜台词,同时也就封堵了被乾隆惩处的鄂宁等官员的非议。皇帝永远是"英明正确"的!

盐不由衷
——琅盐井历史新探

然而，半年刚过，户部却奏称云南盐欠课达 31 万两余之多，另一奏折则称上年积欠盐课银 45 万两，乾隆就派福康安、和珅先后赴滇核查（其实是查李侍尧）。

乾隆四十五年（1780）四月癸酉谕军机大臣：

李湖奏："截拿李侍尧进折回差李朝元、龙连升带有督标中军吉隆阿自京寄刘七十儿信，语词卑鄙。谨将原信呈览。"等语。吉隆阿以副将大员，乃与总督家奴私相结纳。甚至书信往来，以兄弟相称，恬不知耻，实为卑鄙不堪。着传福康安到任后即将吉隆阿参奏，照溺职例革职。

五月乙酉又谕军机大臣：

大学士、九卿核议尚书和珅等，定拟李侍尧贪纵营私各款，将原拟斩监候之处，改为斩决一折。李侍尧历任封疆，在总督中最为出色，是以简任为大学士。数十年来，受朕倚任深恩，乃不意其贪黩营私，婪索财物，盈千累万。甚至将珠子卖与属员，勒令缴价，复将珠子收回。又属员调回本任，勒索银两至八千两之多。现在直省督抚中，令属员购买物件，短发价值及竟不发价者，不能保其必无。至如李侍尧之赃私累累，逾闲荡检，实朕意想所不到。今李侍尧既有此等败露之案，天下督、抚又何能使朕深信乎？朕因此案实深惭愦。近又闻杨景素声名狼藉，但其人已死，若至今存，未必不为又一李侍尧也。各督、抚须痛自猛省，毋谓查办不及，悻逃法网，辄自以为得计。总之，有则改之，无则加勉，触目惊心，天良俱在。人人以李侍尧为炯戒，则李侍尧今日之事，未必非各督、抚之福也。所有此案核拟原折，即著发交各督、抚阅看。将和珅照例原拟之斩候及大学士、九卿从重改拟斩决之处，酌理准情，各抒己见，定拟具题，毋得游移两可。至各省督扶衙门购买物价，除家人长随例应关防，不准出署外，其余各衙门设立买办，闻今多有交首县买办及中军买办之事，究以如何办理，方可不致滋弊？并着各督、抚一并据实具奏。将此通谕中外知之。

这就是乾隆皇帝把大贪官夸为公忠体国的贤臣,而又对封疆大吏无一放心的戏剧性结果!

二、压盐事变

"云南盐法向系官运、官销。"(包世臣语)当时招商办运出现困难:"滇盐由商认票办运,而地无舟车,全恃人力;煎无煤草,全恃木柴,故运费工本皆重,而盐课率以一分,又重于他省,富商弃之弗顾。"在这种情况下,不得不实行官运官销,这是"按各州县户口多寡,酌定额数,地方官垫价雇夫,赴井运归本地,设店收贮,分发所属铺贩销售"。

官运官销虽然在特定的环境,一定的历史时期,"商人无力告退"的情况下,为填补官督商销的空缺而起到一定的作用,但从总体上看是弊大于利。屠述濂论云南省官运官销之弊说:"承销州县盐有定额,课有定限,欲顾考成,不得不分派里甲,勒令领销。此门户盐之所以不能禁绝也……追呼需索,已属不堪,且发盐之时,由火头小甲而转交于乡保,由乡保而汇交于官店。盐则递发而减少,课则递减收而渐增。凡各州县经手办盐之人以千百计,无不以小民为鱼肉,称贷謷及其儿女,春课未清,夏课又紧,鞭笞不惜,堕欠仍多……"

包世臣说得更具体:"云南省盐法,向系官运官销。日久因缘为奸,将井出净盐四十斤,掺假和沙土六十斤为一石,按口比销。居民生子女即计口,而病故数十年者不除其籍。又牛一头,比人三口,其牛转卖,则计科买者,而已卖之户亦不除。民备课盐不可食,率缴价而弃盐于署前。价稍不足,则刑求至苛急,民不堪命。及其嘉庆丁巳(嘉庆二年,1797)又以威远调取民夫,里长办实夫已齐,有司忽改户折价,每名索银三两五钱则释放,放后又征实夫,并将邻邑挤济长夫羁押勒索,遂使迤西道数十州县,同日哄署,将官盐拨夫丁役,挖目刳肠,几至戕官。迤西道李亨特闻变驰往,出示禁革科盐派夫诸弊,众始解散……"这就是有名的"压盐事变"。"嘉庆二年三月二十三、四等日,蒙化、太和、邓川、赵州、云南、

盐不由衷
——琅盐井历史新探

永北、鹤庆、浪穹、楚雄、大姚、元谋、定远、禄丰等处,以压盐致变,缚官亲、门丁、蠹书、凶役及其本地绅衿之危害者,挖眼折足,或竟投于积薪中,惨不可言。"这是长期遭殃的群众愤怒情绪的突然暴发,状似洪水猛兽,悲惨自不待言。

对"压盐事变"的上述史料有两点看法:第一,"盐八条"中已经指出在盐中掺沙土问题,但当时的矛头是指向灶户,而"压盐事变"中矛头则是指向基层吏胥,是他们在盐中掺沙土。第二,查事变的这些州县,大都属迤西道,都是销售白盐井盐,而黑、琅井盐的销区未发生事变。这虽然与三井制盐方法不同有关,黑、琅井盐是在大锅中压实后烘烤,质地坚硬,掺沙土不易,而白井盐只在竹篓中滤干而后手工揉成团盐,质地松软,便于掺沙土,但主要原因还是吏治糜烂,尤其是迤西道。在"盐八条"中,迤西道是作为范式推荐的,因其他州县原来的销售方式是"销无常额、官无责成、盐道既苦于耳目难周,各属又无引照可验,私贩滋多,官盐壅滞。请将省店裁撤(除一些州县特例外),照迤西例"实行。30年前的范式,变成了"压盐事变"的祸根。

嘉庆五年(1800),云贵总督富纲、巡抚彭龄奏准:"云南各井盐斤,改为灶煎灶卖,民运民销,不分井口地界,卖价听从民便。""听商贩完缴课款,领引卖盐。"此令一出,才改变了云南当时的盐法弊害。师范记道:"令下后,缧绁之苦绝于道,暮夜之呼绝于门。举三十年(应是指乾隆三十七年之"盐八条")之黑雾积阴,嚼然得睹天日,老孀妇子,无不曰:'今活我!今活我!'"可见盐政之弊带给云南人民的祸害之惨烈!

"盐八条"未提工本问题。云南井盐的煎制,完全依赖木柴,工本向称最重。据雍正九年(1731)题定的划一盐课章程,云南各井的制盐工本每百斤盐大致需银0.8至2两左右。但到张泓《滇南盐政》:"各灶户煎盐从前木柴甚近,迩来日伐日远,柴价昂而盐本因之亦贵。"(见《皇朝经世文编》卷50)在第三版《琅盐井志》中,提举孙元相对"添借柴枝工本""增加盐价"等事项多次向上打报告,并按盐道要求仔细算了柴薪账,现摘其几段报告作证:

今日之琅,尤有难者,同一卤而浓淡有殊,同一薪而贵贱有殊,同一煎熬而劳逸有殊。独琅灶之愁苦无措甚于流民。三昼夜方成盐一锅,卤味极淡,较他井莫可言状。忆昔山近柴广,煎盐者薪本可敷,衣食有赖。因开煎年久,山愈空而柴愈远,数十年来各灶已力竭髓枯,每有破家荡产之嗟,死徙逃亡之惨。蒙恩洞悉情形,节次借给官本接济,停扣官本柴本,以舒灶力,不过救一时燃眉之急。无奈本年自入夏以来,淫雨连月,灶民砍伐柴枝在山,因道路泥泞,不能搬运,皆为雨蚀腐烂。所放河柴为水漂没者,莫可计数。每柴桐一千,较昔日不过卖至二两四五钱,今卖至四两有零;每柴枝一担,较昔不过卖至七八十文,今卖至一百四五十文。其卤也因雨水过多愈淡难熬,柴比常更费。每十日煎盐一限,费至三十两有零,计所领薪本,只得二十余两,以一限即亏薪本五六两。是以有定之薪本,买无定价之柴薪,累上加累,灶民等即卖妻鬻子,粉骨碎身,万难赔补。灶民等万不得已之情,屡屡具诉本官,恳请加添薪本,本官只好以言安抚,希望天气晴明,柴价稍平,可以勉强撑持。无如交冬日久,正备办来年煎办之候,不惟价值日昂,而且市卖稀少,则来年煎办毫无所依,欲求生活之计,势难得矣。即今现有灶户朱玺不能撑持,已经误煎,畏法远飏。系本官发出银两,着灶头代煎。将来类此者莫可计数,不得不备陈苦衷,与其求援于已溺之后,莫若求援于将溺之时。伏乞天恩俯垂洞鉴,视灶命固不足恤悯,念国课綦重,俯赏筹酌于卖盐价内增价数厘,加给薪本,并恳每灶借给柴本银二百两。其银如己巳年借,请于辛未年二月起,每次还银一千二百八十两,作五次清还,不敢违误。庶国课不致有误,而灶民得生矣。

但是提举的报告得到的批复却是:

增价加薪,此断难行之事。即预借银两,亦无每灶借银若干,并分年限缴还之例。且该井每年预借柴本,共计九千余两,为数已属过多,亦难再为添借。但煎盐首在柴薪,灶艰所当体恤,应作何调剂以舒灶力之处,

盐不由衷
——琅盐井历史新探

仰琅井提举司悉心筹酌，妥议详夺。

孙提举接这一批复，又更详细地报告如下：

仰见宪台洞悉灶困，保赤诚，求至精至密尽善尽美之意。卑职身任督煎比欠，厥任綦重，一致堕误，难逃因循姑息之愆。敢不仰体宪心以为心，谬议急救时艰。恳祈每年借给库银五千两。卑职将各灶户按其煎盐锅数多寡，分别上中下三等：无力之户，乘时量借银两，自行现买柴枝供煎；二等无力之户，多发银两，自行买柴枝堆存井地，责差灶头协同该灶登记，某户名下堆存某地柴桐若干，枝叶若干，俟起煎时应烧桐柴若干，枝叶若干，禀明酌给；三等实难之户，亏堕已深，银钱入手不无花费。卑职责令灶头协同柴商前赴树木有余之处，多行买备柴薪，堆存井地，俟起煎时，差家人、灶头眼同该灶看守煎办。其银邀恩恩宪如已巳年二月所借银两，限至辛未年二月，于请领三四两月分薪银内，每次扣还银一千两，作五次清完，以抒灶力。

抑卑职更有请者，查琅井办柴旧例，历系将银预发柴商，于楚雄、镇南等铺山砍伐。柴桐必待次年春夏之交，陆续搬运河岸。俟六七月间溪水涨发，陆续漂放到井，冬间始能到完。捞存河岸晒干，以备再次年阴雨之需。是已巳年借发之银，至辛未年始扣全完。定限虽属宽裕，而柴桐必需两年方获供煎。若不于庚午年再请借给买备柴桐，则各灶只受目前轻价之益，不得常沾接济之恩，终无起色。合无仰恳宪恩，按年准借，方为有益。请于庚午年二月内借给银五千两，预发柴商铺山买备，漂放到井，堆贮晒干，以作壬申年五六月间，接济各灶之用。其银即于壬申年二月，请领薪银内扣起，亦作五次清完。至辛未年所借癸酉年柴本，亦挨次扣还。如此源源买备，接济办理，使柴山年有预备之银，库项只五千之欠，则柴薪得以预备，价值不致增昂，穷灶堕欠，得以陆续攒补，将来可免堕误之虞。俟有余款，酌加薪银之日，始行停止。此系卑职目睹各灶困苦颠危之状，不得不设法备陈，以救目前之急，筹画善后之谋。是否可行，鸿慈出自宪恩，非卑职所敢擅便也。

这次报告得到的批复是：

各灶煎煮盐斤，全赖柴枝充裕，方当可免堕盐误课。况琅井卤味较他井甚淡，煎盐工本倍费，兹又值山空柴远，柴价昂贵，灶力难抒之时，若不设法调剂，终难免堕盐误课之虞。但该提举议请每年借给银五千两，按照各灶煎盐之多寡，分别上中下三等酌给调剂供煎，虽属急救井灶时艰一法，然所借之银为数甚多，且隔二年还款亦属过远。署道谬议：请将道库收存盐课银两，每年于正月内再添借一千六百两，发给该提举预备柴桐，照所议分别上中下三等酌办。俟起煎时，照原价发给供煎，预使灶民均沾实惠，毋得扣克累灶。其银如乾隆十四年详借之银，定限乾隆十五年二月请领三四月薪银内，每次解还银三百二十两。作五次清完。庶课项不致久悬，灶力可以宽纾。

这个批示把借五千两降为一千六百两，还款期两年改为一年，但总算是每年都借给预办柴薪的银子了。这些报告都是清缅战争之前的事，清缅战争一开始，数万大军涌入云南，粮草要就地解决，造成粮价猛涨。乾隆三十一年（1766）五月，"云南府各属白米、红米每石竟涨至四两一二钱之多，其余各属亦有贵至三两以外者。"（《清高宗实录》卷765 第18779页），而乾隆三十年（1765）的米价每石不到一两五钱。

另外，还有人口的增加。

这些因素对煎盐成本的影响很大，其表现是人工费的上涨，更重要的是柴薪一年比一年远，柴价一年比一年贵，而官给的薪本却一定不动，薪本不涨而盐额固定，盐课不变，盐价虽涨，却不是生产者的灶户得益，而是销售者得利，完不成盐额，灶户灶丁是要承担罪责的，这真是"责人以所难，而强人以必从"。出路只有两条：一是在盐中掺土以增盐"量"，并串通各环节走私，以回补薪本。如清朝屠述濂在《请改云南盐法议》中

盐不由衷
——琅盐井历史新探

说:"因薪价日昂,原定薪本实有不敷,灶户无项赔垫,不得不掺和沙土,以低充数交官。而卖给私贩,则成本之外,得沾余润。故利于私贩,不乐于交官,反偷煎禁盐,以招徕私贩。此官盐之所以潮杂,而私盐之所以纯净也。"但是走掺土增重、贩私这条路,是要承担政治风险和道义责难的。尤其在清缅战争期间,风险更大。除此而外就只有堕煎,年复一年的堕煎,年复一年的补缺,这就是黑白二井盐案的由来。

三、杜文秀起义军对盐井的争控

杜文秀,字云焕,云南永昌(保山)人,道光三年(1823)生,同治六年(1868)清军围攻大理城,为保全城内人民生命,为形势所迫而吞服孔雀胆(极毒)后,赴清军军营,毒发而死,享年43岁。

杜文秀从咸丰六年(1856)九月去大理立帅,到同治十三年(1874)五月义军在云峰山失守,历时18年的杜文秀义军起义失败,其影响震动全国。

据《情系黑井》所记,杜文秀手稿曾记有在黑井的回民人数和地点:三道河100人,松平界70人,银马山50人,滴水箐30人。这些人就是黑井回民的祖先,是元朝军队中回族兵,在云南黑井的驻兵。他们"上马则战斗,下马则屯备粮草"。元统二年(1334),穆罕默德第三十五代孙马守正,当黑井千户兼三道河政教总管,应该说他是政、教、军都管的官。"黑井千户"在盐务上还是隶属于"威楚盐使司"。元朝以骑兵见长,而马匹的饲养必须定期喂食盐,以防马病。当云南盐供应不上时,元朝皇帝专门批示从四川运盐,以供军需,所以黑井的盐对元朝是很重要的。

在白盐井的白塔街、洋派、北关、官屯等地发生回汉互斗,汉民被烧房上千余间,死伤人命四五百人,回民被烧房三四百间,死伤人命三四百人。云贵总督林则徐在道光二十七年(1847)派鹤丽总兵荫德布去解决白盐井问题,要求"心宜求公,法不惜严","只分良莠,不问回汉"。

义军的攻占和清军的反攻,对盐井的争夺十分激烈,有的盐井竟七次易手。黑、白井都是争夺血战的地方，义军大司卫姚得胜是无敌将军，哪里攻不下，就必让他去攻打下来，杜文秀称他为"我们的盐神，也是我们的财神"。

琅井没有回民问题，只有个别回户。因此未发生回汉互相残杀的事件。

要攻黑井，必先攻琅井。从元永井攻黑井，道路遥远，且尽是大山，不便屯兵，不便运粮；顺龙川江攻黑井，虽有甸心做后方，但两山狭窄，易守难攻；只有取得琅井后，以琅井做依托，经琅井哨攻黑井，是居高临下，并配合沿江进攻，可收事半功倍之效。所以琅井是攻黑井的必先取之地，而黑井是必攻之地，它是财税大邑，占有它就有军费来源，就是说若对黑井的争夺数易其手，则琅井之占领，也必是数易其手。咸丰七年（1857），龙川江沿岸十三村彝民在首领李某的领导下响应杜文秀的号召，与三道河、滴水箐回民联合起义，由回民攻打黑井，彝民攻打琅井。义军占领盐井并不破坏煮盐，相反还给予鼓励和支持。他们是把盐业视为财源之地，是巩固政权的经济基础。而清军则不同，他们要撤出时既抢劫又破坏，"不留给回回"。他们攻入时，又认为是支持回军的财产而查收和破坏。他们烧毁了张东祥的煮盐灶房，烧毁了开化井和学堂附近的民房，在兴隆街将赵显祖的三座盐灶夷为平地；躲在河尾痾屎汆箐内的群众，青壮年遭杀害，杀良冒功，妇女遭奸辱。尤其是杜文秀起义失败的时候，也正是琅井经过反复争夺而受破坏最严重的时候，于是撤销琅盐井提举司，降格为盐课司（隶属白盐井提举司），主要是受战争破坏的结果。据老人们回忆："一时红旗杀进，白旗杀出；一时白旗杀进红旗杀出。"白旗是义军，红旗是清军，这正反映了对琅井的争夺十分激烈，破坏极为严重。

盐井盐户的捐输。据《贺长龄①集》记载，在他镇压杜文秀义军时：

> 现据黑盐井提举萧榕详报，因闻军需要，剀切劝捐，该井商灶殷勤报

---

① 贺长龄道光二十六年（1846）到道光二十七年（1847）任云贵总督。

盐不由衷
——琅盐井历史新探

效,共愿捐银五万两,扣至二十七年春季,五年限满,前捐之项可以交清。兹复请再捐银五万两。若同时并交,恐力有未逮,应请自二十七年夏季起,每年交银一万两,扣至三十二年交清,便得从容完纳。又在籍员外郎龚绶呈请捐银一万五千两,尚有官绅王泽澳等三十三名,或指捐省份,或插班间选,均各遵例报效,共捐银三万一千九百三十两,所捐银两已兑收司库,给发实收。该官绅等不俟劝谕,咸各踊跃输将,实由观感奋兴,急公好义。兹据司道会详前来,自应奏恳逾格恩施以昭激劝。

此次军需,共用银十五万五千五百六十两,系奏明在案,先在盐课溢余备边等款项下借动,今官绅共捐银八万一千九百三十两,尚不敷银二万三千六百三十两,请于省督抚司府厅州县提举养廉银内分作三年捐款归还。

这两则记载,说明盐井的课税和捐输对军事行动的重要性。15万多两银子,是黑井盐课一年半的课额,或者说是黑、白、琅三井一年的盐课,所谓捐输实际也是加课,灶商两次捐10万两,官绅33人捐输31930两。所以清军和义军对盐井的争夺,必然剧烈而频繁。

总督贺长龄所指的"军需",是指对永昌城内回民的大屠杀一事。当时,城内住有回民四千多人,四乡有大批回民到城里避难,结果除少数回民逃脱外,其余全部被屠杀。永昌城内火光冲天,惨叫声震天动地,尸积塞路,血水成沟,凡是回民的住房,都变成瓦砾场,惨不忍睹。在被杀的人中有两个孝廉、七十多个文武秀才。在永昌城外,杜文秀的亲生母亲被烧死;老岳丈、义母都被杀死,未婚妻被抢走……当时,杜文秀在昆明读书,希望在科举上求取功名。这场屠杀是由清廷的迤西道罗天池指使,由金鸡村汉人团练老总沈聚成出面,指挥七哨哨兵干的。罗天成的密令是:城内回民响应城外回匪攻城,里应外合杀汉民和官员,他们(回民)敢闹,我就敢杀。永昌杀回消息传到昆明,引起强烈震动。官方惊惶、人民惊恐,怕在昆明也燃起回汉互杀的惨案。而杜文秀等回民四人决定状告永昌的官府和沈聚成,可是云南巡抚认为事件严重,非省级所能审理,让他们上北京申告。于是，杜文秀等四人经过长途跋涉到了北京，状子呈给都察院后，拖了很长时间没有结果。

这期间，云贵总督贺长龄因办理回乱不得力而被撤职，另委李星沅为云贵总督。其间官兵和回军的残杀不断，而且都很残酷，双方都打得精疲力竭，回军由于粮草弹药不济，不能再支持，而清军也因不得人心，士气不振，也不能取胜，于是在新任永昌府李恒谦的倡议下，双方媾和。总督李星沅随即以回乱廓清上报，但他深知杀回是官方失信于民，回汉之斗实质上是官方和回民之斗，一时的平静掩饰不了根本的矛盾。因此云南还是一个火药桶，一波虽平，另一波必起，应尽早离开云南；否则，他也会像前任一样丢掉官帽，甚至丢掉性命。于是他通过他的后台——首席军机穆彰阿，推荐时任陕甘总督的林则徐来接任云贵总督。穆彰阿是反对林则徐禁烟，并将林则徐充军新疆的最主要的大臣，其目的是将林推入火海。林则徐在云南搞不好，再次打击他；林则徐搞好了则他推荐有功。因为云南回乱规模极大，非林则徐这样有军事能力之人不能胜任。这条毒计让穆彰阿十分欣喜，于是林则徐就来接替李星沅当了云贵总督。

林则徐经过一番调查，认为云南的回汉争斗，"曲不在回，也不在汉，而是在官"，并且认为回汉民之中，大肆烧杀的只是少数，在巨大的压力下，动乱是可以平息的。所以他命荫德布去处理白盐井的回汉争斗时定下16字方针："心宜求公，法不惜严。只分良莠，不问回汉。"不久，荫德布从白盐井回报回汉之间只是仇杀，不敢对抗官军，已抓到双方为首凶犯23人，余众俱已息散。林则徐决定亲征永昌，恰在这时，弥渡县一些匪徒与永昌金鸡村勾结聚众暴乱，烧杀抢掠，于是林则徐军锋先向弥渡，以雷霆万钧之势迅速平定了弥渡之乱，抓捕了大批匪徒，移驻大理，发令永昌，令将沈聚成为首的一干人解往大理与"永昌杀回案"原告对质。但是，永昌府、县与沈聚成的儿子沈振达商量此事时，被一口拒绝。后府县官员屈尊就教，去金鸡村找沈聚成商量，一通恭维，称其义士，顾全地方，免遭兵祸；此去是对证，并非犯罪，若拒前往，倒显心虚匿罪，官司必输；若是前去对证，我等府、县、道、镇四台联保上禀，去的证人都是

盐不由衷
——琅盐井历史新探

公正良绅,当时是奉命护城,有功无罪,则官司必赢。巧舌如簧,恭维、哄骗、恐吓、担保四管齐下,沈聚成就同意除他们父子外,交出11人去对证;谁知第二天在解往大理时,被沈振达带领哨练劫走,并杀了官兵,又杀进永昌城内再一次对回民开杀(这是前次烧杀后剩余的回户和由官方安置的二三百家进城请求保护的城外回民)。有些回民跑到县衙躲避,但追杀者冲进县衙继续追杀,同时又放火烧了县衙,遇见镇、道、府、县的仪仗执事一阵乱打,顷刻间那些旗、锣、伞、盖和各级正堂牌匾都砸碎弃置满地,又从轿里拉出王发越道台也要杀,但被赶到的沈聚成阻止了,这种行为明显是造反了。林则徐只有进剿。军威所至,望风披靡,毁了金鸡村,捕了沈聚成,杀了以妖术惑众的金祖师,拘捕了300多人犯、押往大理审质。然而在押解途中,却被解押官荫德布的部下私自放跑了大龙头沈聚成,此事报到林则徐,林和萨等商量,对外宣称"拘押在监内病死",并以此为名上报朝廷。对首犯沈振达等3人凌迟,另3名重犯绞立决,斩立决128名,绞监侯9人,杖后充军215人,杖后开释者45人……总共处理409人。林则徐又令部下在蒙化、赵州、云南、弥渡、永平、姚州等地捕杀各种犯科罪犯一共400多人;其中在姚州捕杀的是回人,其余各地捕杀的是汉人,即"只分良莠,不问回汉"的原则得到执行,汉回人民俱表信服。迤西动乱渐次肃清,颁师回省。具表上奏,道光大喜,对林则徐加太子太保衔、赏戴花翎,荣极一时,时乃道光二十八年(1848)七月。

然而,时隔不到一年,私放沈聚成的事发了。永昌回民很怕沈聚成再次组织汉人杀回民,又让杜文秀等4人再次进京告御状(1849年7月),这次是明确指名状告林则徐私放首恶沈聚成,又谎报沈监内病死,是欺君之罪。在北京又拖了一些时后,而林则徐在昆明知道回民又上京状告自己后,很是不安,连忙上书告病,皇帝批准让他退休回家;当穆彰阿把回民再次状告林则徐的事报告皇帝时,已经晚了一步,随即指派文常为钦差,去云南调查落实林则徐私放首恶之罪,同时将告状的4人一并押回云南对质。文常是和珅的附从,跟着和珅干了不少坏事,嘉庆帝收拾和珅时放过了文常,一直不用他,这次由穆彰阿推荐。复出后的他像饿狼一样,饥不

第十一章　云南盐业的三件大事

择食，沿途收取贿赂，数次往京中运送赃银，每次都要派他的护卫押解回京，最后只剩下8个护卫，但沿途的贪婪情况，护卫和被押的杜文秀等人都看得清楚，杜文秀等4人和抬轿的伕子，以及剩下的护兵都被文常和他的管家当作奴役使唤，伺候不周都受到呵斥和鞭打，于是在行经荒山时，杜文秀等4人杀了钦差文常和他的管家，将他贪来的金银分了一些给轿车夫和护兵，让他们各自逃生去了。杜文秀等4人就成了杀钦差的命犯，分散到处躲藏。其间有两人被捕杀头。杜文秀躲到蒙化，那里有很强的回民教派组织——忠义堂，他们都知道杜文秀是杀钦差的人，但为回民两次上京告御状，认为他是英雄，并让他担任堂内掌管处分的"黑煞令"。这样，虽然他是文人，遇到险情，就可以随时召唤教众保护自己。

道光三十年（1850）正月，道光皇帝死了，新皇帝为咸丰。就在咸丰元年（1851），洪秀全在广西桂平县金田村起义，九月攻克永安州建立太平天国，咸丰皇帝罢了穆彰阿首席军机的职，起用林则徐为广西巡抚，让他去镇压太平军，但林在赴任途中死亡。而太平军却在两年多的时间里攻占南京，成立了太平天国，组织政府。这些消息传到云南，给杜文秀等很多启示：洪秀全也是一个秀才，但能领导起义造反，声势浩大，影响全国，而清廷却没有能力消灭他们，若是在云南省也起义造反，朝廷更是无力顾及；洪秀全兴起"拜上帝教"，那是外国的宗教，尚能唤起那么多群众，咱们回教若能也"不分回汉"，不是更能唤起群众。

咸丰二年（1852）正月，太和县的武举人回民马腾云在宾川汛当千总，他和另一千总杨长寿回到大理过年，听说从陕西、四川来了百多个同教，他两人到清真寺里去看望他们，有人就疑心回民聚集要闹事，报到太和县衙。县太爷即令都司领兵围了清真寺，里面的二位都是武人，就开门杀出，都司当场毙命。寺内回众已经离开，只剩下马、杨等七八人坚守。回民杀都司的事就报到大理府，知府就派营兵将清真寺围得水泄不通，喊叫出来投降，马、杨等人不理，并朝外打枪，射杀了兵士多人。外面就放火烧清真寺，里面的马、杨等七八人全部被烧死。此事一传开，各地回民都很愤怒。在楚雄银矿，又因争夺矿权发生回汉械斗，杀死了武秀才回民

盐不由衷
——琅盐井历史新探

马现的哥哥马希成,马现誓要报仇,于是在家乡临安,召集200多回民,进银矿杀汉人,夺取银矿,又追杀到镇南灵光桥,就势占领姚州。楚雄银矿、姚州白盐井都是财富奥区,占领这些地方,就意味着可以支配这里的财富,即可以发财。云贵总督恒春就命驻大理的提督文祥领兵前去镇压,而迤西如广通、永北、宾川、蒙化、腾冲,迤东如开化、广南等地回民纷纷起义,都来支援姚州,同文祥的官兵厮杀,只是文祥的兵马众多,将姚州长期围困。此时,在蒙化的杜文秀等人见官方是决心镇压回民了,太平天国在南京打击清朝,云南迤东有马现的回民起义,提督文祥又领兵在外,围困姚州,大理官方兵力空虚,于是从蒙化起兵进攻大理,很快得手,随后又分兵取得了附近几个州县。于是,组建政权的事,就提到日程上来。回教云南的总掌教带来的信息是不能称帝、称王,只称"元帅",这一条杜文秀等采纳了。但是迤东马现称"元帅",是只反贪官和镇压回民的官员,不反清廷;而杜文秀等的"元帅"是要反清廷,和太平军一样坚决造反。其国号"金福",似乎在响应太平天国金田起义,但是决不信上帝而坚持回教信仰;也不排斥汉人,要团结回、汉、彝、白等民族,共同反对清朝;尚白色、打白旗、服前明服制、蓄发。这些规定与迤东的马现和太平军都有不同(马现后来打清朝的红旗)。制定了文职、武职的官位,并分封了文武官员;兵制实行汉人征兵,每三户出一人,不能出兵的每年出兵费;回民兵称为衍,汉人兵称为汉练;开放浪穹、乔后盐井,与缅甸、四川通商;回汉交易,不得欺压;征收粮税以充军实;回人犯法,定罪比汉人严;凡读书为儒之家,免应门户。这些纲领虽还粗疏,但决非盲从,都是根据需要结合实际自主制定的。

清军第一次西征大理失败后,其将领纷纷倒向义军:马凤献黑井,合国安献大姚,元谋、禄丰等地献地倒向之风迭起。

杜文秀大理政权最盛时的范围:东到楚雄、广通、元谋、禄丰(当然包括黑、白、琅三井);南到缅宁、顺宁、云州、景东、威远;西达龙陵、腾冲、永昌、云龙;北到鹤庆、剑川、永北。可以说包括全部滇南九盐井。杜文秀派大司勋米映山驻黑井、大司卫姚得胜驻白井,咸丰八年

(1858),派部将杨振鹏引兵驱逐石膏井土豪,兴建灶城和盐城(是云南最早按规划进行建设的井场),发展盐业生产,售盐征税用作军饷。占领盐场、盐井是义军的利益所在。失去盐井是清廷的重大损失,不唯减少了大量税银,以致日常食盐也得不到保证,只好向四川要盐,但其运路长、运费高,且常被义军截断,只好通过中间商向义军购买。

杜文秀义军东征昆明失败后,形势就急转直下,非常被动。于是就发生了前述那一幕,杜文秀服毒赴死。义军直到同治十三年(1874)全部被剿灭。而38年后清朝也就灭亡。

写完本章以后,想到鲁迅在《集外集拾遗》中,有一篇《〈争自由的波浪〉小引》。其中说:"英雄的血,始终是无味的国土里的人生的盐,而且大抵是给闲人们作生活的盐,这倒实在是很可诧异的。"鲁迅是针对1926年的现实,而我们虽是写历史,但也同样值得体味。

盐不由衷
——琅盐井历史新探

附录一　清缅战争概述

关于清缅战争，杨煜达《乾隆朝中缅冲突与西南边疆》一书做了全面论述，本书无需赘述。本书只对乾隆三十五年（1770）发生的黑盐井提举黄辅、从琅井降调白井代理提举高其人的"贪污"和各盐井的堕煎、堕运、堕销、堕课案，用乾隆的批示和官方文件，来叙述整个过程，直到李侍尧当云贵总督才了结了盐欠案（实际是将此案一风吹了）。然而李侍尧又因贪污而被抓，判处斩监候。

（一）战争简况

1. 战争的时间

乾隆二十七年（1762）至三十四（1769）年，共7年。

2. 战争的起因

起于缅方对边境的侵扰（强收贡礼和抢掠），战争的扩大系清云贵总督杨应琚的妄动所致。

3. 战争的过程

分为四次战役，一年一次战役；分由四个统帅主持。四换统帅，表明清军仗打得不好，而四个统帅均不得善终：

第一个云贵总督刘藻畏罪自杀；

第二个云贵总督杨应琚被乾隆赐死；

第三个云贵总督明瑞战死；

第四个首席军机大臣傅恒在前线患瘴气病，带病回京不久后即病死。

不单四次换帅，而且从乾隆三十一年（1766）刘藻任云贵总督起，到乾隆四十五年（1780）李侍尧卸任被抓止，十四年间换了十个云贵总督，相应换了十八个巡抚。

除四个统帅不得善终外，另有参赞大臣珠鲁讷也是兵败自杀。兵败阵亡的还有：总兵王玉廷等五人，游击班弟等三人，领队大臣观音保等二人。

染瘴病亡的将官：副将军阿里衮，参赞大臣额尔景额，总兵书敏等五人，提督达启等五人，侍卫傅灵安，副都统景康等两人，副都御史傅显（傅恒之子）、护军统领伍三泰、散秩大臣葛布舒等。

乾隆三十四年（1769）十二月，北京追祭出师阵亡将弁计：侍卫古宁保等22人，参领卓尔哈岱等7人，委署章京哈丰阿1人，前锋永全保等228人，副将五十四等8人，游击扈连等4人，都司张璋等4人，守备江纪等2人，千总方沛等12人，把总崔执中等165人，外委王起昌等22人，马步兵丁马朝元等2888人。

乾隆三十五年（1770）又行追恤的各类将弁50人，马步兵丁403人。共计453人。上述祭奠追恤人员均入昭忠祠享祀。

以上各项共计3850人。此项似只算阵亡，未算染瘴病亡的兵丁，也未计算因伤致残的人数，更有逃兵，数量众多，问题极为严重，乾隆三十三年（1768）正月十四日，云南巡抚鄂宁专折上奏自省，乾隆极为恼火，批示："今之逃兵甚多，皆自去年尔等宽纵所致也。然既往不咎，今后一亦不可漏网。"因清军屡吃败仗，在败逃之后，不能收集归队的散兵，也是不可计数。所以傅恒在后来的奏折中说，他出师时领兵31000人，而到最后只剩13000人，折损18000人，损失占58%。更不要说，明瑞几乎是全军覆没。像这样的战绩，还能叫十全武功吗？实在是"言不由衷"啊！

另有因罪被杀、被处之人。刘藻之役，以贪功轻进罪杀了参将何琼诏、游击明浩、守备杨坤，提督达启以坐失之罪受处。杨应琚之役，提督李时升、朱仑等逮京治罪，其余总兵刘德成、华封、赵宏榜、汤聘等革职治罪。明瑞之役，凌迟处死额尔登额，其父云代及亲叔弟侄均照大逆缘坐律拟斩立决，总兵谭伍格亦并处斩。

盐不由衷
——琅盐井历史新探

4. 战争的花费

拨款 1300 多万两银子；花费 900 多万两。

据彰宝奏称：

第一次拨协滇军需银 300 万两。

第二次奉拨部库协滇军需银 300 万两。

第三次奉拨协滇军需银 200 万两。

第四次奉拨江南生息协滇需军需银 20.1860 两。

第五次奉拨两淮盐商认捐协滇军需银 100 万两。，

第六次奉拨江浙解滇军需银 100 万两。

第七次奉拨协滇军需银 300 万两。

第八次奉拨两淮纲引余息银 52 万两。

以上八次拨银共计 13721860 两。实际花费 900 多万两。）

5. 战争的伤亡

清军四次战役共调动兵力十余万，其中死亡约五万人。

（二）四个统帅的简历和结局

1. 畏罪自杀的刘藻

刘藻，字素存，山东菏泽人，乾隆元年（1736）举人，后参加博词鸿文科试一等，屡升至江苏学政，但因事在扬州候职，有吴文黼者以文求教，并送他笔墨和糟鲥鱼，他认为是一般友情就收下了，但后来发现内中藏有四百两银子，他就把银子退还给吴。这件事被乾隆知道了，评论他"如此方不愧为'四知'"。"四知"的典故，出自《后汉书·杨震传》。杨震经过昌邑时，县令王密曾受其举荐，在夜里送他白金十斤，表示谢意。杨辞不受，王密说："幕夜无知者。"杨震说："天知神知我知子知。何谓无知？"王密羞愧而出。"四知"就成了廉洁自持、不受非义馈赠的

典故。圆明园兴工，刘藻上书说园内只要稍加修葺，不必大搞，奢靡之风不可渐，皇上应为天下节物力，为万世开太平。这得到了乾隆的嘉许。

乾隆用"四知"来赞誉刘藻，后又赐刘藻人参二斤，让他回家侍奉老母，以全孝道。乾隆十三年（1748），乾隆的七子和皇后死时，刘藻自动进京悼唁，乾隆认为刘藻能顾君臣休戚相关大义，正好此时三朝元老张廷玉以享太庙为退休的条件，硬求乾隆，引起乾隆反感和震怒，就以刘藻的例子，讽喻张廷玉，并给刘藻加内阁学士衔。乾隆三十年（1765），刘藻从云南巡抚晋升为云贵总督时，奏请入京觐见，以面听"圣训"。乾隆则批示："云南路远，何必来京为请？如卿之素履，亦勿庸屡训也。""素履"一词，出自《周易》，原指洁白、无花纹的鞋子，引申为洁身自守、不事浮华的立身处世准则。乾隆这样评价刘藻，表明对他的极大信任。就是这样一个与乾隆一齐走向政治舞台，又被乾隆誉为知君臣大义，为国家节约不搞奢靡之风，而自身又是"四知""素履"的清廉官员形象，因为清缅战争中，奏报战功不实，被乾隆发现而遭训斥，刘藻惶迫自杀，舆论必认为是乾隆逼死的。这是乾隆不能认可的事。所以刘藻自杀的消息传到北京时，乾隆大怒，批示尸体可以运回家乡，但是不能在墓碑上刻其居官经历，自然不能刻上乾隆以往对刘藻的"四知""素履"的赞誉了，那么刘藻的历史就成了空白，人为地抹杀历史，其实也是"言不由衷"！因为乾隆也不能收回已经说过的话。乾隆早期也说过："人君言行，即史官不记，天下皆记之矣。"① 乾隆又何必"乃愤愤若是乎？"难道也像唐太宗一样，"所谓欲盖弥彰，胥不足为训耳"？

刘藻的用兵攻缅，完全是按照乾隆的指示做的，乾隆唯恐刘藻心存侥幸，仅驱离出境，苟且了事，即颁谕穷力追擒："刘藻等既经调兵进剿，必当穷力追擒，捣其剿穴，务使根株尽绝，边徼肃清。恐刘藻拘于书生之见，意存姑息，仅以驱逐出境，畏威逃窜，遽尔苟且了事，不知匪徒冥顽不灵，乘衅生事，视以为常。……此次若复稍存宽纵，难保其不再干犯，

---

① 参见乾隆《书太宗欲观实事录》。

盐不由衷
——琅盐井历史新探

养痈遗患之说，尤不可不深以为戒。"后来乾隆批示："此事似不可中止，小小惩创了事，莫若大举以靖其源。"

2. 胆大妄为的杨应琚

杨应琚（1696—1766），字佩之，号松门，辽海正白旗人。雍正七年（1729），因其祖杨守仁的余荫，以荫生授户部员外郎，后升青海西宁道，在西宁道上编纂《西宁府新志》，青海巡抚黄廷桂荐其才，乾隆批示："若能进于诚而扩充之，正未可量也。"乾隆二十八年（1763），杨在陕甘总督任上，回奏玉门等地买牛事时，如实奏称："接济是真，买牛不实。"乾隆批道："卿为晓事之人，不得不以实对。"此两事说明杨应琚被乾隆认为是"诚实的晓事人"。此其一。

其二，杨应琚是以职守干练而出名的。累迁至两广总督。先后疏请练水师，筹军食，修漓水、陡河堤坝，贮柳、桂、庆、梧余盐，皆如所请行。暹罗贡使殴伤通事，其国王鞫实，拟罚锾，遣使牒礼部。应琚曰："属国陪臣无上交。"好语谕遣之，称旨。乾隆二十二年（1757），移闽浙总督。乾隆二十三年（1758），加太子太保。乾隆二十四年（1759），移陕甘总督。疏言伊犁底定，宜先屯田，留兵五千垦特诺果尔、长吉、罗克伦。复以陕、甘非一督能治，请更西安总督为川陕总督，四川总督为巡抚，甘肃巡抚为总督，上遂命应琚督甘肃、陕西提镇受节制，是为西北用兵，在后方做军需供应，建功出力的好军需后勤。进太子太师。尝募巴尔楚克回户治多兰沟渠，垦喀喇沙尔以西各台，又增置兵备道、总兵，分驻阿克苏、叶尔羌二城，遂为重镇。应琚奏办屯垦，遣兵购畜，部署纷烦；至是，疏自言其非，请因利乘便规久远。帝嘉纳，下其疏示中外。二十九年（1764），移驻肃州，拜东阁大学士。是历练多年、才干卓着的大学士。

其三，是以文人出名：除了在西宁道时编纂了《西宁府新志》，内有其诗文二十余篇，在乾隆八年（1743）回京道上作有《据鞍录》，乾隆八年（1743）为皇上谒陵墓时作有《盛京赋》：训诫宗室要恪守旧章，思开创之维艰，知守成之不易，兢兢业业，畏天爱人。十二年（1747）著有

《谥法备考》。在两广总督任上为《镇安府志》作序。其诗作，风格清新雅丽，有范成大风。如其写瀑布云："峰头两道瀑布水，飞作满天风雨声。"七律《郊原》："溪头一群沙鸟白，麦中几片菜花黄。"

所以杨应琚是以有多种著述的文人、会办事的干吏、诚实的晓事人的形象而著称的。杨应琚接手刘藻任云贵总督，当然知道乾隆对缅犯边境，要穷力追擒、捣其巢穴、根株尽绝，要大举其事以靖其源，不可姑息苟且了事的要求，但是鉴于刘藻的自杀和皇帝的无情批示，他不得不慎重行事。他曾说："吾官至一品，年逾七十，复何求以贪功而开边衅乎？"可是再细思乾隆的旨意，及在主战部下的怂恿下，态度转变，以"缅甸阻碍木邦内附"为理由，上奏要"发兵办理"。乾隆同意杨应琚的报告，批示云："（杨）久任封疆，素称历练，筹办一切事宜，必不致轻率喜事，其言自属可信。况缅夷虽僻处南荒，其在明季尚隶版图，亦非不可臣服之境。"这就把对缅的防御边疆侵扰的战争，改为扩大版图的战争。杨应琚胆大妄为，乾隆也不能辞其咎。开化同知陈元震未经清廷批准，擅自驰檄缅甸，号称"合全国精兵五十万，大炮千尊，有大树将军统领以震慑之"。杨又密布牒，"分遣通事至各土司说降"，又将原属缅方大片领地编入中国领内，并编造成人口丁册纳入版图。虽然当时得到乾隆的嘉奖，可是实际闯下大祸，把一场边境利争扩大为国家之间的战端，待乾隆发现时已为时晚矣！

乾隆早就提醒杨应琚："其地究属辽远，事须斟酌而行，如将来办理，或可相机调发，克期奏功，不致大需兵力，自不妨乘时集事。倘必须劳师筹饷，或致举动张皇，转背慎重边徼之道。该督经详审熟筹，期于妥善以定进止。"但杨应琚两次奏报大捷，斩获万余。乾隆以为两次交锋，俄顷之间、方隅之地，竟能杀敌万人，实难令人相信。被清军占领新街，触动缅方要害，汇集数万军兵分四路包围清军，并以诈降刺探军情，攻下新街并追击清军，进入铁壁关大肆抢掠。杨应琚闻报惊恐不安，旧疾复发，遂以"心神恍惚，恐有贻误"恳请派要员来滇接替。对于杨应琚的种种错误行为，乾隆觉得"颇不类其平日所为"。一方面对其"明白谆谕，使其知

盐不由衷
——琅盐井历史新探

错而猛省,不堕落迷途";另一方面又示以关怀,遣专人带御医为其看病。据回报,杨确是病中,于是乾隆为其开脱:"杨之种种谬误,皆因病中恍惚所致。令其子杨重英来前来侍候并给予很大权力,可从旁代父筹划,并仿古来监军之意,到提督军营'协同办事'。"可是杨应琚并不自省,仍采取具折辩解,称其所报歼敌数字属实;又上奏缅王之弟和领军头目走军前乞降,说是他们领兵只是攻打各土司,"原非抗拒清兵,今屡被惩创,情愿息兵归顺",并恳请将蛮暮、新街等处赏给贸易。乾隆不信,认为:"是缅匪名为乞降,实不过暂退其众,且欲得其故地。此等狡猾诈伎俩,其将谁欺!而该督遂甘受其愚,据以入告,可见所奏全非实在情形,不过粉饰虚词,藉以撤兵了局耳。"于是处罚了一批失职官员,将提督李时升、总兵朱伦等革职拿京问罪,云南巡抚改令鄂宁担任,云贵总督调能征善战的伊犁将军明瑞代替杨应琚。"朕初无欲办之心,因杨应琚以为有机可乘,故听其办理。及其至缅匪侵扰内地,则必当歼渠打穴,以申中国威,岂可遽尔中止。且我国家正当全盛之时,准夷回部悉皆底定,何有此区区缅甸不加翦灭乎!而杨应琚竟思就事完事,实为大谬。至此时尚不知幡然改悔,奋勇自救,深负委任之恩,若非念其疾病糊涂,必将重治其罪。但如此漫无措置,军务断非伊能办理,若仍令其复膺重任,必致偾事失机,其为贻误更大。杨应琚着回京办事,俾得安心调摄,其功过于事定后再降谕旨,云贵总督缺员着明瑞补授,前往经理军务,相度办理,并将此通谕中外知之。"后来杨应琚被乾隆赐死。此时,对缅战争"已成骑虎之势,断难中止",只好调伊犁将军明瑞领兵进行第三次战役。

3. 孤军深入,兵败战死的明瑞

云贵总督明瑞是乾隆最爱的孝贤皇后的侄子,西北平定准噶尔时,战功卓著,于公爵加"毅勇"字,号承恩毅勇公。乾隆二十四年(1759),师征霍集占,复有功,赐双眼花翎,加云骑尉世职。师还,图形紫光阁,擢正白旗汉军都统。二十七年(1762),出为伊犁将军,进加骑都尉世职。

明瑞征缅的兵力有:满洲八旗官兵3000名、四川绿营兵8000名、贵州绿营兵10000名、云南绿营兵营5000名,共计兵力26000名。并决定一主二辅的进攻计划,即明瑞自率满洲八旗兵1000名、绿营兵7000名为主攻,自宛顶出木邦;参赞大臣额尔景额、提督谭伍格率满洲兵900名、绿营兵7000名为中路辅攻,自铁壁关出猛密,攻缅甸之北,与明瑞相约会师阿瓦城下;另一路辅攻,由领队大臣观音保领满洲兵900名、绿营兵3000名,自扎防以南经猛古、猛浦,与中路遥相呼应,并寻机直捣缅巢。另由乾清侍卫及100名巴图鲁分为三队在紧要地方警备。其余绿营兵4000名,由总兵达兴阿带往木邦驻防。乾隆批准了这一计划,他指示:"若是我兵直抵何瓦,攻克其城,即当戮其逆酋,剿其凶党,大示惩创,并就其地界,酌量分置土司,以永靖蛮服。或王师将抵贼巢,匪党等果有渠魁,谕缚来献者,即俘囚奏捷,并多执其助恶逆党,解送京师,彼时或可贷以不死,另为处置。而进兵之始,则不可稍存宽宥之心也。"意图非常明确:不仅要严惩逆酋,还要将其土地收入版图。并对明瑞领兵获胜信心十足。

明瑞军出宛顶进入缅境,占领木邦。但北路军毫无消息。遂率军自木邦抵锡箔江,浮桥强渡击溃缅前哨,侦知缅主力在蛮结,直逼蛮结,分队进攻,力破缅军4栅,其余12栅缅军乘夜逃去,清军缴获大批粮械,杀敌2000余人。乾隆得捷报,封明瑞一等嘉诚毅勇公,赏给黄缎子、红宝石顶戴、四团龙补服等。其所有原袭承恩公爵,由其弟奎林承袭。其他立功将士亦有赏赐。蛮结的胜利使明瑞产生轻敌思想,他继续领兵深入,夺取天险天生桥渡口。此时领队大臣观音保进言:"我军出师时已失军装,今军器日见减少,粮饷不足恐难深入其给。"明瑞不听,执意乘胜攻阿瓦城。缅军采取诱敌深入、焚烧积贮、空村落的策略,明瑞领军如入无人之境,距何瓦城仅七十里,可是清军粮尽、人马困乏,已无力攻城。于是率兵转向猛密,得粮二千余石,时届春节,驻军猛笼休整。春节后令兵士带足粮食,取道大山土司向木邦撤退。当缅军得知清军粮绝,又不攻阿瓦时,遂尾追清军,咬住不放,无日不战;同时另路围攻木邦。木邦是这次清军进攻的大本营,由参赞大臣珠鲁讷留守。自明瑞向阿瓦进军后即与木邦失去联系,正月十八日缅军攻破木邦大营,珠鲁讷自刎,陈元霞临阵逃

盐不由衷
——琅盐井历史新探

脱,杨重英被俘。在木邦未被攻破前曾差把总李进采等间道向永昌告急,驻镇永昌的巡抚鄂宁,已无兵可调,前后7次檄调南路额尔登额分兵增援木邦,结果石沉大海。木邦失陷后,各路缅军集中对付明瑞,明瑞只得改向宛顶方向前进。二月七日清军到达小猛育,清军除受伤及其染病者外,尚有五千余。而缅军数万人,将四面山口堵住,层层围缴,连哨探均无法派出,二月十日试图乘夜突围,结果扎拉阿丰等战死,观音保自尽,明瑞多处负伤,割下头发交从人带回北京,自缢而死。消息传到北京,清廷震动。乾隆一方面杀额尔登额等人,亲奠明瑞。另一方面深自引咎说"是朕之蔑视缅酋,未为深思远计,不得不引为己过者"。但他的"引为己过"只是限于轻敌,并未改弦更张,而是更加凌厉地增派兵马,另选重臣,以报丧师辱国之仇。于是派其小舅子傅恒为经略,阿里衮、阿桂为副将军,舒赫德为参赞大臣,原云南巡抚鄂宁升任云贵总督、江苏巡抚明德补调云南巡抚、组成强力班子进行第四次征缅之战。增派京城满洲兵6000名、索伦兵1000名、厄鲁特兵340名、荆州满洲兵1500名、成都满洲兵1500名、火器营兵4500名、健锐营兵2500名、贵州绿营兵9000名、共计26340名。陆续前往云南,准备出征。

参赞大臣舒赫德先到永昌调查,随后与总督鄂宁反复商量,密陈征缅有五难:

第一,办马难。满洲兵万人需用马38000匹,绿营兵3万名需马57000匹,官员乘骑、驮载运粮及建立军驿台站运粮军装又需马数万匹。共需马十万匹。云南不能满足,各省解拨,既费周章,贮备草料也难。

第二,办粮难。永昌地处极边,官民积粮甚少,连年用兵,米粮早已耗尽。今计兵备粮,4万人日需米400石,以10个月计算需米12万石,再永昌无马料,以米代料日需千石,现全省可拨之仓粮仅35万石左右,米粮缺口很大。

第三,行军难。永昌出口道路两条,一由腾越之虎踞关,一由永昌之宛顶。两处均山峻道窄,两人不能并行,数万人行军,绵长几十里,前营已到,后营尚未起程,前后难以兼顾,听说边外道路更险,极难遄行。

第四，转运难。以每三夫运米一石，侧需运夫百余万人次，且永昌之潞江以外，腾越之南甸以外连年用兵，当地"夷民"早已逃避，一切军装粮运无人可顾，内地民人虽高价亦不愿赴口外，如强迫使行，往往半途逃匿，若仗马骡驮载，马夫亦无从雇觅。

第五，适应难。边外烟瘴横行，每年冬月渐减，正月复生，一年内无瘴时间很短。即使冬季无瘴，但因水寒土湿，易患疟疾，上一年锡箔一路官兵患病，影响战斗力。猛密一路官兵虽未深入，但得病者仍很多。

根据以上五条理由，认为征缅"实无胜算可操"，宜"设法招致缅夷投诚"。乾隆大骂舒赫德等人："竟是知过不改之庸愚。"革去舒赫德尚书参赞大臣之职，以都统赴乌什任办事大臣，鄂宁降补福建巡抚。乾隆又对军机大臣们说："我堂堂大清，势当全盛，简卒储粮，殄此丑类，于力有何不给！"决计将战争进行下去。

以后又继续惩治鄂宁。谕曰："鄂宁前在云贵总督任内，办理军务俱未妥协，是以降补福建巡抚，以励后效。昨闻户腊撒地方去年有被缅匪滋扰之事，令阿里衮等查奏。今据奏到，则上年二月因额勒登额退兵绕道潜行，致尾随之贼窜入户腊撒抢掠滋事，经副将王振元等禀报；鄂宁将此等情形竟敢匿不上闻，希图隐瞒了事。其获罪甚重，岂可复任封疆！鄂宁着革职，赏给三等侍卫衔，发往云南军营自备资斧，效力赎罪。此系朕格外加恩，鄂宁若尚不知感悔，实力奋勉报效，必当重治其罪。所有福建巡抚员缺，着温福补授；温福未到任之先，着崔应阶兼署巡抚事务。"

4. 战场染瘴气回京病死的傅恒

征缅总经略傅恒在征缅时染上瘴气病，回北京后不久病死。他是孝贤皇后的亲弟弟，傅恒的发迹可列举如下：

乾隆五年（1740）起授蓝翎侍卫。

乾隆七年（1742）以御前侍卫授二品内务府总管。

乾隆八年（1743）授户部右侍郎。

乾隆十年（1745）命在军机处行走。

盐不由衷
——琅盐井历史新探

乾隆十一年（1746）授户部左侍郎兼管内务府事并兼圆明园行走。

乾隆十二年（1747）升户部尚书充会典总裁官兼御前大臣。

乾隆十三年（1748）兼管兵部尚书事，协办行在事务，皇后过世协同两位亲王，总理皇后丧仪，加太子太保，协办大学士事务，充殿试读卷官、经筵讲官、奉命经略大金川军务、授经略大学士，升大学士，兼管工部尚书，其户部、吏部、兵部、銮仪卫事、内务府总管均交他人暂行管理。督川陕总督印务，授经略大学士旋升大学士，授保和殿大学士兼户部尚书。其次子福隆安被选为额驸配皇四女和嘉公主。出师赴金川。吏部议叙奉旨晋衔太保，加军功三级，赏戴双眼孔雀翎。

乾隆十四年（1749）封忠勇公，赐其可照宗室穿戴朝帽顶及四团龙褂；征金川奏凯还京，仍兼管吏户两部和理藩院事务。

乾隆十五年（1750）赐其照宗室公等例舆前对引马。

乾隆二十年（1755）加恩再授一等公爵。

乾隆三十四年（1769）赐宴命其经略云南征缅甸，双方议和。

乾隆三十五年（1770）班师回京，七月因征缅染瘴气病卒，乾隆亲临其宅赐奠，下旨按宗室镇国公之例行葬礼。谥文忠。

从乾隆五年到三十五年（1740—1770），长达30年的时期内，傅恒始终紧跟乾隆，当遍了朝中所有重要官职，掌控首席军机22年，他所受到的荣宠，在有清一代无人可及。另外，还将傅恒三个孩子（福隆安、福康安、福长安）教养于宫中。这也是很少见的荣宠。乾隆十三年（1748）傅恒去征大金川，才走几天，乾隆就对军机处说："经略起身以后，军机处所办事件，多不能惬意。即如今日议覆山东请运奉天米石一折，……较之经略大学士在京时，诸事周详妥协，不致烦费朕心者，实已大相径庭矣。"说明傅恒像是他不能分离的左右臂膀一样。傅恒在途中有小恙，乾隆谕曰："傅恒朝夕驰驱，兼办一切公务，心力俱烦，以致火气上升，喜服清凉，朕心实为不忍。"显得关切备至。傅恒走了十八天，又谕曰：（经略大学士）"征途遥远，冲寒遄发。计每日程站远者竟至二百五六十里，卯初就道，戌亥方得解鞍。且途次日有朕御旨、商办机务，又须逐一筹划陈奏。如此迅速，如此勤劳，而所奏事件无不精详妥协。其经过地方，吏治民瘼事事留心体察，据实敷陈。自非经略大学士秉性忠诚，心同金石，才猷敏练，识力优裕，安能如此。"这样夸奖臣下也是少见。傅恒一路走一路报告见闻，提出建议。如道路如何崎岖；行程如何蜿蜒；没有马匹只能步行，与士卒一同翻山越岭，而天下雨雪，马匹摔入山沟；粮价高昂，北路数千里的运粮脚价和四川只数百里的运粮脚价也一样多……看似不经意的见闻，给皇上的震动着实不小：此次金川用兵，"朕本非利其土地人民，亦非喜开边衅"，"金川之事，朕若知征途险阻如此，早于今秋降旨，以万人交岳钟琪料理，更不必调派满兵，特遣重臣，费如许物力矣。奈无一人具奏，朕实不知彼地情形……现在酌拨帑，顷千万有奇，至动及其各省留备银两，已属拮据。即使国家府藏充裕，而螫小民之脂膏，捐士卒之躯命，以供一人之必欲成功，天下其谓经略大学士何？……天下其又谓朕何？……万一不能擒丑虏，得巢穴，而既有斩获亦得谓之成功……乘此机会，因而抚纳，亦足以振军威而全国体。在蛮夷绝徼，控制之方只应如此。若是再有迁延，不思转计，究将作何了局？""今日接到经略大学士所奏料敌情形一折，筹审精详，思虑周到，识见深远，实乃超出等伦。经略大学士随朕办事数年，平日深知其明敏达练，初不意竟能至此。即朕自为筹画，亦恐尚有未周。朕心深为嘉悦。经略大学士信为有福之大臣。观此，则大功必可成矣。"可以说"傅之所见，即朕之所见；傅之所闻，即朕之所闻；傅之筹画，即朕之筹画；如朕亲往"。乾隆还写诗给去云南出征的傅恒："世上谁知我，天边别故人。"傅即"朕之另一真身了"，那么傅之染瘴而死，即如"朕之一半不存"。这种郎舅间的关系，真是休戚与共！所以说，清缅之战，最后死去了乾隆的另一半，难道不意味着乾隆时代从盛世高峰走向衰落吗？

在论述清缅之战时，如此详细地摘录乾隆与傅恒在征金川之役中的互动资料，就是为了与清缅战争中的状况进行对照：云南边境的山路比四川金川的更险峻；其运输的战线更远更长；其骡马的数量更稀少；其人口的稀疏程度更突出；其环境的恶劣更严峻；其面对的敌人更强大。总之，在

盐不由衷
——琅盐井历史新探

乾隆三十一至三十四年（1766—1709），乾隆已不是十三、十四年（1748、1749）的乾隆了，即使有人将这些困难罗列得细致，乾隆不但不听，反而要治罪、处罚，对舒赫德、鄂宁的处罚即是例证。

傅恒出征缅甸有三个特点：其一，军势更强，军政班子的组成更为强势，兵员更多。其二，其出师时间提前到七、八月间，傅恒以为几万大军，坐等霜降以后出兵，一是耗费粮饷，二是影响士气，客观上此时正是对方秋收时刻，此时出兵可以出敌不意，不让对方秋粮收成，动摇其军心。其三，出兵主攻方向是老官屯。因老官屯是水陆交通要道，在大金江东岸，东往猛密、南至阿瓦（缅甸京城），北至猛拱，是兵家必争之地。这三个特点，看上去很有利，但是它也有不利的因素。首先，在强势的班子中，因舒赫德、鄂宁的密陈意见而受处罚，临阵变化，不无影响。其次，提前出师，七、八月间，天气正热，染瘴气病的危险性增大，不单阿里衮病死，就是主帅傅恒也中瘴病倒，染病军将兵士众多，战力大减。最后，老官屯地形扼江聚结，易守难攻，远程攻坚，预后不利，傅恒只见其有利的方面，而忽视了不利的方面，正是这不利的方面，导致傅恒攻无力，退无法，已陷被包围的劣势，只有和谈。

乾隆不得不同意和谈，然而出于和谈结果的不同理解，真正的和平——缅方进贡，清朝通商——晚到了十九年，从乾隆三十四年（1769）二月傅恒回师，到乾隆五十三年（1788）缅甸称臣进贡，其间十九年，清廷对缅实行了经济封锁，禁绝交往，对云南的社会经济的发展，负面影响很大。最显著的例子是云南人民需要的棉纱，以往均从缅进口，现在封锁，布匹价格暴涨，又连带引起其他物价的上涨。而原来可以出口缅甸的许多原料和手工业品，不能销出，生产萎缩，这一涨一缩，使云南人民遭受的痛苦极大。学者方国瑜说："自乾隆三十一年至三十五年四次出兵，骚动全国终于以议和草索了结。而连年调遣大兵至云南，征发粮秣，苛派夫役无计其数。行军无纪律到处破坏，满目疮痍，以至地方残破，颠沛应役之士卒，死者三万余人。居民之遭难死者无算。经此浩劫，云南社会顿时衰败，为趋向没落之转折点。"

（三）全盛时期乾隆帝的心态变化（对照和评价）

一般将乾隆执政 60 年分为三个阶段：乾隆元年到十三年（1736—1748）是初政时期；乾隆十三年到三十年（1748—1765）是全盛时期；乾隆三十一年（1766）起是衰败时期（对此有不同看法，不细述）。

第一阶段：即从乾隆元年到十三年。这一阶段的特点是初政阶段要"重拾人心"因而比较谨慎小心，力图想当一个遵循儒训的好皇帝，或者称作"回复三代"，政从宽松。

第二阶段是从乾隆十三年到三十年。政从峻急。这一阶段，乾隆的两个嫡亲皇子先后病死，正宫皇后富察氏又去世，这对乾隆是"拂意之事，非计料所及其者"（"朕御极之初，尝意至十三年时，国家必有拂意之事，非计料所及其者"——十三年十二月辛卯谕）。其执政风格大变，一反前态，变得暴躁易怒、严苛无情，动辄大发雷霆。比较突出的是将讷亲（一等公爵、保和殿大学士、省席军机大臣、兼管吏户二部、为皇上亲手培教、第一受恩之人）在征金川之军前正法了，满朝震动，认为是杀重臣以立威。其实金川之役是一大败役，耗军费 2000 万两，调用十万官兵（加夫役几近 20 万人），死伤数万，阵亡总兵、副将、参将数十人，而对方只有人口一万，战兵数千的一块小地方。事后乾隆曾屡次追悔："朕心深为追悔，不知上年何以办理至此，岂非前谕所谓命运使然者耶？朕思用兵一事，总系从前不知其难，错误办理，今已洞悉实在形势……此事错误，朕君臣同之。朕既知而速改，……乘此收局，犹为未晚。更日引月长，无所底止，何以善其后？部库帑藏，内地民力，皆所当惜。"乾隆的后悔怪在命运使然？！

乾隆二十四年（1759），打败了新疆叛乱回部，其首领霍集占的尸体被查获，小霍集占的首级献于北京，悬挂通衢，乾隆说："比年以来西域大奏朕功国家势当全盛。"又说："以亘古不通中国之地，悉为我大清臣仆，稽之经牒，实为未有之盛事。"志得意满之情溢于言表。至此是乾隆全盛的顶点。乾隆的心态发生了大的变化：

盐不由衷
——琅盐井历史新探

1. 喜欢"颂圣"和"自颂"

这一时期,乾隆喜欢"颂圣"和"自颂",于是大刮颂圣之风。大学士于敏中颂说乾隆帝:

觐光扬烈,继祖宗未竟之宏观,
轹古凌今,觐史册罕逢之盛世。

众官跟进,其中一位官员赋诗:

太和景运日方中,海宇升平际郅隆。
至今衣冠重泽奉,帝庭仪舞百蛮通。
如天普目无私覆,惟圣能成百战功。

乾隆在拜谒景陵时自己赋诗:

西域已班师,东陵展祀宜。辟疆二万里,奏绩五年期。
默默深祷佑,凄凄更益悲。敢云或祖志,祖志注今斯。

他和康熙对待颂圣的态度大不一样,康熙于五十四年(1715)就认为"一切颂圣之文,俱属无益。朕见近来颂圣之语殊多,悉应停止"。也与乾隆初登基时,启用著名谏臣孙嘉淦时的情景截然不同,当时孙嘉淦上"三习一弊"疏:

主德清则臣心服而颂,仁政行则民身受而感。出一言而盈庭称圣,发一令而四海讴歌。在臣民本非献谀,然而人主之耳则熟于此矣。耳与誉化,非誉则逆。始而匡拂者拒,继而木讷者厌,久而颂扬之不工者亦绌矣。是谓耳习于所闻,则喜谀而恶直。上愈智则下愈愚,上愈能则下愈畏，趋跄谄胁，顾盼而皆然；免冠叩首，应声而即是。此在臣工以为尽礼，然而人主之目则习于此矣。目与媚化，非媚则触，故始而倨野者斥，继而严惮者疏，久而便辟之不朽者亦忤矣。是谓目习于所见，则喜柔而恶刚。敬求天下之事，见之多而以为无足奇也，则雄才而易事；质之人而不闻其所短，返之已而不见其所失。于是乎意之所欲，信以为不逾；令之所发，概期于必行矣，是谓心习于所是，则喜从而恶逆。三习既成，乃生一弊。何谓一弊？喜小人而厌君子是也。……

孙嘉淦的"三习一弊"疏，揭示深刻，语言尖利，当时乾隆欣然"嘉讷"，不以为忤。对照清缅战争期间，舒赫德、鄂宁、阿桂等人的建言，乾隆则一律不从，且给予惩治。难道不正表明乾隆这时只"喜谀恶直""喜柔恶刚""喜从恶违"了吗？

2. 不再撙节

这一时期经济发展较快，政府财力大增，人口和耕地面积都超过了历史最高水平。乾隆说："方今帑藏充盈，户部核计已至七千三百余万。每念天地生财只有此数，自当宏敷渥泽，俾之流通，而国用原有常经，无庸更言撙节。"这是说已有7300万的财政收入，财力雄厚，要使这些财力流通起来，不能只收藏在国库里，而国家的经常用度是有限的，所以，"无庸更言撙节"了。"撙节"即节俭，节俭惜用，是历代统治者倡导的一个基本原则。康熙、雍正都行节俭，而乾隆当其盛世，却不要节俭惜用，而要大肆挥霍了。于是造园、修阁，一大批建筑拔地而起，极尽繁华，都是在乾隆的"无庸撙节"下产生的。而其祖父在康熙十一年（1672）谕礼部曰："帝王致治，首在维持风化，辨别等威，崇尚节俭，禁止奢侈。故能使人心淳朴，治化休隆。近见内外官员军民人等，服用奢靡，僭越无度。富者趋尚华丽，贫者互相效尤，以致窘乏为非，盗窃作伪，由此而起。人心嚣凌，风俗颓坏，其于治化所关非细。今应作何分别，务行禁止，着九卿科道会同，严加确议具奏。"乾隆的"勿庸撙节"显然与其祖父的主张是背道而驰的。乾隆四十六年（1781，七十一岁时）作的《知

盐不由衷
——琅盐井历史新探

过论》"自讼"其过为"兴工作",就是他的反省。再看他早期是如何指摘明朝建的瀛台:"飞阁丹楼,辉煌金碧……极土木之功,无益于国计民生,识者鄙之。"早期鄙于极土木之功的明朝,而当其盛世国库充盈时,又大"兴工作",不也证明了乾隆心态的变化?

也许乾隆会说:我的"兴工作"是"胥用正帑,物给价、工给值,而弗兴徭役,加税赋以病民",这是"以工代赈",是散财于民嘛!可是,这些宫殿、园林只是供皇家享受,与小民毫不相干。乾隆的财政观点是"财散则民聚",在《书通鉴宋太祖云守财事》中,他对宋太祖的所谓"为天下守财之言,予不能无鄙焉。"所以他五免全国钱粮,三免八省漕粮,是免赋最多的皇帝。但是另一方面,在其盛世到来之后,反其初衷,大肆搜罗进贡珍品,用来享受。乾隆即位之初,曾下诏说:"身在丧中,不应享乐。"各地禁进献贡品。丧满以后,对于进贡又说:"殊不知君臣之间,惟在诚意相孚,不以虚文相尚。如为督抚者,果能以国计民生为务,公尔忘私、国尔忘家,朕必加以奖赏,若是不知务此,而徒以贡献方物,为联上下之情,则早已见轻于朕矣。"但是,到了盛世以后,却一反初衷,大肆索贡,这里仅举一例。乾隆四十一年(1776)东巡山东,前来接驾的高官特别多,其实都是来进贡的,例如:

二月十六日蒙古阿尔善亲王进贡金60锭,净重592两。

二月二十二日,河南巡抚进贡贡缎袍50端、贡缎套50端、宁袍50端、宁褂50端、杭绫100端、汴绫100端、貂皮100张、乌云豹1000张、银鼠1000张①。

三月初八河东道总督进贡曹扇100柄、鼻烟壶100个。

三月十五日九江关监督全德进贡三十喜鼻烟壶20个、套蓝表式鼻烟壶20个、玉堂春富贵鼻烟壶20个、锦地洋花鼻烟壶20个、套蓝福寿带钩20个、矾红福寿带钩20个、掐丝珐琅带钩20个、松绿拱花带钩20个、掐丝珐琅扳指20个、嘎达尔汉扳指20个、洋彩竹黄扳指20个、花

---

① 乌云豹是野生沙狐颌下细毛深温黑白成纹的一小块皮;银鼠即白貂,毛色银白而有光泽。这两种物色,价值极其昂贵。

斑石扳指 20 个。

三月十七日，广东总督李侍尧进贡象牙朝珠 50 盘、蜜蜡斋戒牌 50 面、子儿皮钉花扳指套 50 个、象牙扳指 50 个。

四月初九，广东巡抚熊学鹏进贡黄羽纱马褂 30 件、大红呢雨褂 30 件、葡萄青呢雨褂 30 件、程乡茧 30 件。

……

不再列举了，老百姓对许多贡品，连名称都弄不懂，也没见过，更谈不上享用了！

更罕见的是，广州将军李侍尧进贡了一批贡品，乾隆极为中意，特示："此次所进镀金洋景表亭一座，甚好，嗣后似此样好的，多觅几件。再有此大而好者亦觅几件，不必惜价。如觅得时于端阳贡进几样来，钦此。"如此明明白白的索贡，也算是千古一帝了！

至于国内的名家书画，不管原来是何人收藏，只要稍有信息被侦知，各地官员都会以各种手段，弄来进贡给乾隆。

故宫存有的上万件古玉，多数是乾隆时期各地官员进贡品，乾隆命将其清理刮垢，他亲自品评分为甲、乙、丙三个等级，并且赋诗 800 多首，以示他对这些珍贵玉器把玩的雅兴。

3. 不再"清醒"

乾隆以为他的国家富足强盛、天下无敌，没有奸臣、没有宦佞、没有后戚干政、没有朋党搅局、没有宰相分权、没有武夫挟制，他一人乾纲独断，全权在握，政出他一人之口，事由他一人决策，官由他一人任免，他想做的事，没有做不到的，谁敢逆命，谁能逆命？乾隆说："比年以来西域大奏朕功，国家势当全盛。""前代所以亡国者，曰强藩，曰外患，曰权臣，曰外戚，曰女祸，曰宦寺，曰奸臣，曰佞幸，今皆无一仿佛者。"他认为全盛之时，什么事都能办到，乾隆三十二年（1767）扩大战争之际，他先后说："我大清国全盛之势，何事不可为。""我国家正当全盛之时，准夷、回部悉皆底定，何此区区缅甸而不加翦灭乎？"

盐不由衷
——琅盐井历史新探

似乎全盛之时,就能百事可通,百事可行,甚至可以"百战不殆"了。其实这全是他的主观意愿,战争是双方的角力,只有知己知彼,才能百战不殆。乾隆皇帝的这种心态、这种主观意愿,就说明他是不清醒的。

云南省边疆的地形,山高坡陡,道路崎岖狭窄,不能聚屯大批兵力,不能展开大规模野战、马战和炮战;更有瘴疠瘟疫、飞鸟坠、战马亡,人疲病等恶劣环境,乾隆对此一所无知或知而不避,因此是不占地利。

至于人和,首先乾隆可谓不知用人,明知刘藻是一介书生,却要他去征讨缅甸;虽知杨应琚是一个诚实的晓事人,却不知他也会胆大妄为;明瑞很会打战,但是孤军深入,而其另一支兵马却畏敌不前、见死不救;傅恒兵强权重,但只见于己有利之势,而不作不利之预后。满洲八旗兵擅长马战、弓箭,但云南边疆并非西北旷野,不能用其所长;索伦、厄鲁特、及巴图鲁、侍卫亲兵等,虽称劲旅,而边外瘴疠盛行,水土恶劣,体魄染瘴,技勇难以施展;火器营、健锐营所用俱系旧式武器,傅恒称清军乌铳大半镗空口薄,只食子药三钱,演时多在平地,边上临阵下去时,火未发,腔内子已落,且枪子与镗口既不相吻合。

对于敌方状况,也不知情。直到第三次战役期间,明瑞才知道,原来西北方向的缅匪和东南方向的缅匪是同一指挥系统的;直到明瑞战死,才知道缅甸在此时期是军力最强盛的时期,并以强大兵力征服了暹罗;直到吃了败仗才知道原来缅方的枪械比自己的还先进;直到用大炮轰不垮、用火攻烧不着、用掘地道装炸药也崩不倒老官屯的棚寨时,才知道敌方的防御是坚固的。

既不知己,又不知彼,其胜算何来?相反,在缅方已将傅恒团团围困的情况下,其主将力克众议主张议和,他很清楚:清朝的国力较缅甸强、人口较缅甸多、财力较缅甸雄厚,即使第四次战役失败,清朝仍有能力再组织更多的战役。而缅方已尽全力了,所以和议才成定局。

征缅之役,乾隆不得不承认失策,他的诗说:"一时思靖缅,讵曰非兵佳,二字蹈轻敌,况复失徘徊。"死伤数万兵将,耗银近千万两的败绩,岂是"敌轻""徘徊"所能轻轻带过的!

4. 明瑞评价绿营兵

绿营兵是征缅兵力的主要组成部分,因此对绿营兵应有个全面的认识:清朝初年,由汉人组成的队伍,因其旗帜是绿色的,称为绿营兵,由标、协、营、汛组成。

标:归总督、巡抚、提督、总兵指挥;

协:由副将指挥;标、协等较大建制,一般以省、道、府设立。

营:由参将、游击、都司、守备指挥,是绿营的基本单位。

汛:由千总、把总指挥,是绿营的基层单位。汛的主要功能有四方面:缉捕、防守驿道、护卫旅人、稽查匪徒。即警察的功能。因此汛的驻地很分散。绿营兵的家属,安置在兵营所在地,以世业当兵,以牵制兵丁,稳定军心。绿营兵的子弟由兵营收养,16岁以上作为预备队伍,正丁征调时预备兵也随同前往,所以兵源充足。这种兵制,在清朝初期起了很好的作用。自康熙二十年(1681)平定吴三桂以后,历经80多年的安定时期(近三代人未经战阵),绿营兵的战斗力已极大削弱。

明瑞论绿营兵说:"滇省绿营,积久废弛,无人整顿,迨至奉调,率皆未经训练之师,仓促起程,行至半途,载之马匹已疲毙殆尽,每兵负担军装口粮不下数十斤,步行长站,及其值进剿,则兵力已瘁。而领兵将弁,又多不知体恤。到处草木皆兵,皆令兵每程每夜必定伐木树栅防御,昼夜周息,尤为疲惫,是以军心涣散,各无斗志。至于各营将领,闻只哈兴国数员略属奋勉恤兵,其他将领既皆未谙战阵,且无人指授机宜。凡带兵与贼对垒,不识地势,不过令兵弁施放枪炮,总兵大员则身居后遥观。即为攻剿,鲜有摧坚陷阵、身先士卒与贼交锋短接之事。每遇马贼一冲,则将领失措,兵练弃械溃走,不能抵御。且调拨兵弁,移东补西,朝更暮改,又不令本标将领带领本标兵丁,各营杂凑成伍,毫无纪律,兵将互不相识,故前后伤亡病故以及失伍逃避,漫无稽考。"

其实,不论是八旗兵还是绿营兵,他们都是兵和将分离的,这种兵不知将,将不知兵的体制,便于皇帝驾驭,不会产生军将拥兵自重、要挟帝

盐不由衷
——琅盐井历史新探

王的后果，有利于皇帝的统治；但是在战争时刻，就不易形成上下同欲的战斗力而招致失败。

在刀光剑影的战争背景下，乾隆三十三年（1768）揭露出两淮盐案。乾隆三十五年（1770）云南黑盐井黄辅、白井高其人堕煎、堕销、误课案，绵延十余年，直到李侍尧当云贵总督才一刀划断；随即李侍尧又贪污案发；李侍尧刚定案斩监候一年，又爆出甘肃王亶望捐监冒赈贪污窝案，紧接着又是闽浙总督陈辉祖调包侵吞查没王亶望赃物案，紧接着又爆出极有戏剧性的浙江省清查仓库亏空案。这一系列的贪污大案，接续不断，不也正说明时势由鼎盛转向衰落了吗？

附录二 清缅战争枝蔓四条

（一）杨重英的官衣

杨重英是杨应琚的儿子，杨应琚因在新街失守，被吓旧病复发，乾隆特调杨重英到云南前线，一是看侍，二是襄助其父，并擢升其为江苏按察使。但不久杨应琚被押进京，乾隆又谕鄂宁，杨重英以道府衔交明瑞差委。乾隆三十二年（1767），缅军攻破木邦，杨重英被俘，送往阿瓦，囚禁于一寺庙中，一直到乾隆五十三年（1788）。在22年的囚禁生活中，杨重英始终只穿清廷规定的从四品官服，表示他对清廷的忠心。乾隆五十三年（1788）五月，云贵总督富纲在上奏缅甸遣使纳款投诚的奏折中，有关心杨重英是否放回清朝的意思，结果被乾隆大骂："糊涂之极，杨重英何物？汝以为实，若汝在缅被送，方当如此办耳。不晓事之极，奈何！奈何！"乾隆在给两广总督孙士毅的批示中又说："杨重英有何紧要？"不到两个月，乾隆又批给富纲："不通！糊涂之极！不料汝不晓事至此也！"这三则批示，显出他对一个被敌俘虏的四品官的命运极不关心。杨重英不单其父被赐死，儿子也在北京下狱。而他在缅被囚禁22年，仍穿着那件图案模糊、襟袖不全、褴褛的官衣，拖着病体从阿瓦被抬回中国，半途死亡了（1788）。他回国了！若是让他知道乾隆的三则批示，其忠魂当做何想？当乾隆得知杨重英仍然穿着那件破官服，只是赏了一个"道员"，换件新官衣收殓了事，事后却奖掖为"节过苏武"！（汉苏武被困北海十八年）

（二）阿桂当兵

阿桂在傅恒主帅时是副将军，傅恒死后，阿桂就主持对缅军务，但是屡次不按乾隆的旨意办事。例如，当乾隆要和谈的时候，阿杜上奏要再发兵征讨；当乾隆因缅方来文不驯而被激怒，命阿桂选精兵千人，乘敌情不备，进缅袭扰，阿桂却说："书中并无不驯之词，似知畏惧。况以绿营兵千名，即使攻掠，亦无大获，反使贼有词。不若示以大度，暂停攻击以俟后信。"乾隆三十五年（1770）十二月，阿桂又上书说："此次缅方复遣人来呈递书信，看来贼匪料及其事无底止，颇有悔心，且自禁止贸易以来，彼处必用之黄丝等物，价增十倍，其上下莫不需此，而去岁亦颇有苦于兵革之状。"乾隆听不进阿桂之言，反斥"甚属错谬"，要他做好明年大举进兵的准备，而阿桂仍以"偏师不可深入"回呈。乾隆大怒斥阿桂"逞其小智，昧良妄奏"，降旨革职，留军营在兵丁上行走，让将军当兵去了！

（三）后福苏尔相

苏尔相，甘肃灵州人。自行伍出身，因征金川有功，累迁云南骑兵营都司。三十五年，云贵总督彰宝以缅甸表贡久不至，遣尔相赍檄往谕，被强留缅，迫使其上书阿桂，申表贡之议。上谓尔相且降缅，命甘肃疆吏执尔相妻孥致京师，子一、女二死于狱，妻死于道。四十一年，缅始送尔相还。上命阿桂传谕，令其诣京师，引见，授游击，赐诗亦比以苏武。累迁腾越镇总兵，兼云南提督。诗曰：

差往缅甸因被羁，今知悔罪进旋归。
兵传后实非准也，事贵先声实有之。

盐不由衷
——琅盐井历史新探

疠地瘴乡怜久汝，冰天雪窖岂殊其。
设如比拟伊家武，无子无妻谓过伊。

苏尔相被扣在缅7年，比杨重英在缅时间少很多，家破人亡、妻死子丧，而后福大矣！

（四）提督进京请训

清缅之战中，贵州兵表现英勇，所以几次战役多有借重，但是贵州的将却不如兵。乾隆三十二年（1767）八月，上谕："李国柱已调补贵州提督，……即速前赴新任，不必来京请训。"可是李国柱却再次上表，要求进京陛见请训，乾隆又批道："非陛见时也，奏不出于诚矣。""非陛见时"的时，正是要调贵州兵入滇征缅之时，数以九千人，提督当领队出征，李国柱却要去陛见，进京一来一去规避入滇，实即畏战，提督乃全省最高武官，尚且如此，余下军官其畏战可知。

附录三 两淮盐引案

在清缅战争战争尚未结束的乾隆三十三年（1768）六月，发生了震惊全国的两淮盐引大案：两淮盐政尤拔世奏称："上年普福（前任两淮盐政）奏请预提戊子（乾隆三十三年，1768）纲引，仍令各商每引缴银三两以备公用。共缴贮库银二十七万八千有奇。普福任内所办玉器古玩等项，共动支过银八万五千余两，其余见存十九万余两，请交内府查收。"乾隆高度重视此事："此项银两该盐政等何以并未奏明，私行动用，甚可骇异。"因此下令军机大臣检查户部档案，但是并无使用数目的文册可稽，"显有蒙混不清，私行侵蚀情弊。且自乾隆十一年提引之后，每年提引二十万至四十万不等（共提4966622万引），若以每引三两计，二十二年来银数，应有千余万两（4966622×3＝14899866万两），自须彻底清查。但阅年既久，其中头绪纷繁，恐尤拔世一人不能独办，着彰宝（时任江苏巡抚）密速前往扬州，会同该盐政详悉清查，务使水落石出，勿得丝毫隐饰。"

两淮盐场是清代最大的盐场，额征盐课几乎占全国盐课的一半；另外，国家每有重大军事行动、天灾年荒、河防工程、巡幸庆典，盐商就捐输报效。据《清高宗实录》乾隆三十三年（1768）的相关记载，两淮盐商的捐输额高达3826万两。两淮盐务若有严重弊端，全国税收就难以得到保证，国家运转就会出现不稳状况。这一时期的盐政、运使、同知、江苏巡抚、布政使、按察使、两江总督、扬州知府等数十名地方高级官员，皆难推其责。两淮盐引余银逾千万两，乾隆十一年至三十三年（1746—1768）共22年的官员私吞私支的大案，就此浮出水面。乾隆令傅恒、彰宝、尤拔世三人会同查办此案，并连下八道谕旨，追逼查办。案件很快水落石出，判处前盐政高恒（高恒是乾隆妃子的兄弟）、现盐政普福斩监候，并于秋后处斩，前盐运司卢见曾（即纪昀的亲家长辈）监死狱中，一大批涉事官员俱遭惩处；对于涉案盐商在此案中滥冒支销、任意侵肥、花样百出、欺骗朝廷的罪行，只采取了夺职、追款等措施，从轻发落，因为乾隆还需要他们为朝廷继续上缴盐课和捐输。此案暴露于乾隆三十四年（1769），而起于乾隆二十二年（1757），正是乾隆盛世中埋下了大贪的伏笔。那么此案的暴露，不也正是由盛转衰的节点吗？！

第十二章 对《云南盐业议略》的引介和简评

一、清朝嘉庆、道光时期云南盐业的新总结

治清朝云南盐业史,有两篇文章是绕不开的:即李苾的《滇南九井盐法图》和王守基的《云南盐业议略》。前者作于康熙四十六年(1707),代表此前对云南盐业概况的认识;后者约成于道光二十六年至三十年(1846—1850)之间;两文相差140多年,体现了对云南盐业认识的深化。李苾只写了云南盐业的9井;而王守基则写了24井。李苾反映的是自顺治十六年(1659)开滇以来的云南盐业,涵盖约50年;而王守基文涵盖的则是清朝近200年的盐业。李苾重点在黑、白、琅三井;王守基则不止这三井,还重点突出了新开的元兴井、永济井和石膏箐井,尤其是对石膏箐井的各个方面都做了详细介绍。这反映了云南盐业在这一百多年中的发展变化。

作者王守基在山东盐运司任职20余年,洞悉盐政利弊,综合各书,权其利害,条分缕析,以成《盐政议略》。分为长芦、山东、河东、淮北、淮南、浙江、广东、四川、云南九篇。《云南盐业议略》即九篇之一。

按王文的叙述,将云南盐业二十四井的产量、管理机构、地址整理如下。见表12-1。

对《云南盐业议略》的引介和简评

表12-1 云南各盐井嘉庆八年（1803）盐产量和管理机构等概况

井名	产（斤）量	管理机构	地址
黑井	9784500	直隶，盐课提举司	定远县境括新井、沙卤井
琅井	1833334	直隶，盐课提举司	定远县境
阿陋井	588850	阿陋井大使	广通县
草溪井	173400	阿陋井大使	广通县
白盐井	8739300	直隶，盐课提举司	姚州
安丰井	3828100	同上	
丽江井	428600	丽江井大使	丽江
老姆井	209400	丽江井大使	丽江
安宁井	2846740	安宁知州兼管	安宁州包括新洪井
云龙井	2815100	知州督云龙井大使	云龙州
只旧井	106122	知县兼管	元谋县
抱姆井	1925800	同知督抱香大使	普洱威远厅
香盐井	991200	同知督抱香大使	普洱威远厅
恩耕井	660000	同知兼管	镇沅直隶厅
按板井	765000	按板井大使	镇沅直隶厅
景东井	1680300	同知兼管	景东直隶厅
弥沙井	57300	弥沙井大使	剑川州
磨黑井	78900	知县兼管	宁洱县括木城、安乐二井
石膏箐井	951000	知府兼管	距普洱三十余里
	360000	嘉庆12年开化文山改食滇盐加煎	

关于表中数据，有几点需要说明：

（1）表中只列有19井名，另有5井名已包括在黑井、安宁井和磨黑井中。

（2）石膏箐井在嘉庆十二年（1807）起加煎36万斤。共计1311000斤。

（3）黑井的产量中已包括元兴、永济二井的产量。

盐不由衷
——琅盐井历史新探

(4) 白盐井和安丰井都在姚安，都属白盐井提举司管辖，因此按产量计：

白盐井产量　12567400 斤居第一位；

黑盐井产量　9780000 斤居第二位；

安宁井产量　2846740 斤居第三位；

云龙井产量　2815100 斤居第四位；

抱姆井产量　1925800 斤居第五位；

琅盐井产量　1833334 斤居第六位。（注：在李苾的文章中琅井居第三位）。虽然如此，但这时琅盐井仍然是直隶盐法道的三个提举司之一。直到同治十三年（1874）提举司才迁往石膏箐井。

（一）新井

王文书写的新井主要有二：一是元永井，二是石膏箐井。

1. 元永井

全省"一省年产盐不足四千万斤，而二井居其大半，盖滇盐之精华也。"又说："黑白二井为滇盐之精华，元永二井又子井之精华也"。"业猴井者，在附近黑井地方踩获元兴、永济二子井，时因安宁井淡缩，初议拟归安宁，而地势相远，难以兼顾，终归黑井提举管理，即为黑井子井。"据民国初年资料：元永井有灶户221户，其中108户是原住户，黑井迁来85户，琅井迁来15户，阿陋井迁来13户。即使是原住灶户，也多是来自黑井。所以说它是黑井子井，也名副其实。道光五年（1825）黑井之"复井被淹成废，其时山水暴涨，挟沙带石，大、东、新、沙、复全被填塞，堤岸桥房，冲刷大半，赈灾修工借给库银二万五千余两，井身始皆修补完整。惟复井龙口损伤，卤源走失，因而封闭"。"凡井被灾，短产盐斤，须分限补煎；借给库银须按年扣还，课额并未稍亏。非数年不能复元。以黑井之盛，被灾以后，历年拖欠柴本至八万余两。惟恃元永二子井出卤日畅，与正井相酹。挹彼注兹。始能复盛。"

对《云南盐业议略》的引介和简评

2. 石膏箐井

石膏箐井是王文着墨较多的新井。位置在"距普洱府三十余里的山箐中"。"生卤系属矿礁,先入釜溶化,炼去渣滓,再煎成盐。沙丁入井采矿,皆开挖矿洞,日久洞深,两旁用短木撑抗,须裹粮张灯,佝偻而前,曲屈探凿,运至井口,桔槔而上……井有数口,引风出入,呼吸相通,否则矿洞火不能燃。"此乃石膏箐井的采矿情形。

"石箐井地处极南界,内以临江府沅江州,外以思茅宣慰司所属内五猛外八猛,十三版纳为销盐地面。"

他郎厅(即今之江城县)之猛野,旧有老井二眼,曰磨铺井,认纳课银一百三十两;曰蛮耗井,认纳课银八两,因产量极小,且处于烟瘴之地,经前任云南总督明山(道光二至四年即 1822 于 1824 年,任云贵总督)奏请道光皇帝批准:在道光三年(1823)赏给边民"自煎自食";其 138 两盐课由他郎厅支付,后来一个叫孙开先的武举人,依仗权势占有猛野井,两三年间把产量做大了,私采、私产、私运、私销,不交赋税、"跌价抢售",挤兑官营的石膏箐井盐,官盐滞销,课税虚悬。清道光六年(1826)阮元调任云贵总督,他承接前任总督赵慎畛的思路:云南大政即:"抚靖边夷、整饬铜盐为务",上任即抓盐务。考虑查封私井,但第一这是道光皇帝三年前才批准赏给边民的,封井有违圣意;第二封井怕"患激事",引起边民闹事。不封则"日久患更大";云南财政靠盐课做支柱,支柱折损,后患无穷。道光七年(1827)四月阮元下令封井,明令:"饬迤南道林绍龙、普洱镇总兵怀唐阿带领普洱、临江两镇官兵,前赴他郎厅封私开之猛野盐井"。"官迤南道者,人甚勇敢,统带兵练将十三版纳私井全行封闭,盐销大畅,於是将该井改归迤南道管理。每年加办溢课银四方两。"这里有两个问题有矛盾:其一,查封行动在云南省出版的《阮元》一书 40 页中明白写明是:"道光七年四月。"而王守基的《云南盐法议略》中则是"道光六年查私井时……。"两处的查封私井时间差一年,何为真?据查:阮元是道光六年(1826)9 月 18 日进抵昆明,因此不可能

185

盐不由衷
——琅盐井历史新探

是这年四月进行查封。实际情况是道光六年九月,阮元到昆明后。经过调研,于年底提出查封报告,道光七年开春后,皇帝批准,四月阮元下令执行。其二,道光七年四月进行查封,在不到8个月的时间内,石膏箐井的"盐销大畅","每年加办溢课银四万两"。这里要分清:不是查封这8个月就有溢课银四万两。张鉴等著的《阮元年谱》第156页中引阮元自述:"今道光六年分奏销于额征盐课银二十六万一千六百余两全完,及攒补从前堕欠外,且长余银几及万两。"这里包括正额盐课、攒补前欠、长余银三部分,长余银不到一万两。因前欠已经攒补完毕,加上长余银近一万两,构成"每年加办溢课银四万两。"所以攒补前欠大约是三万两余。

大好形势下也存在着危险:"石膏箐井之改归迤南道放票挚盐,多派家丁监视,官尝不能一至,久而从中婪索,该井运盐每百斤例加耗盐三十斤,私增至七八十斤,而官又勒令井民三十七户,每户多煎盐数万斤,以供道署例外经费,井民力不能支,道光十七年后,溢课即常缺额。皆责令井民垫完。且矿洞开挖日久,矿路愈远,兼以出矿夹泥带沙,煎练更难;至二十五六年,又值临安沅汀疫毒传染,人多伤耗,而猛野私井渐多,自煎自食,销路大滞,连年溢出课亏缺大半,严比亦不足数,井民急甚,始赴督辕控告,奏明裁禁锢陋规,后加之溢出课银四万两,酌减三成,"这将是一次"压盐事变"的再演!

(二) 赋税

"一年共煎销盐三千九百四十二万八千一百斤"。"征正课银二十六万四千一百八十三两四钱七分三厘;养廉银五万八千三百三十二两七钱六分一厘;井费银五万三千七百五十九两三钱七分六厘,统共正杂课银三十七万六千二百二十二两六钱二分。遇润加煎盐斤,课亦随增。此滇盐向来一定之课额也。"

所以,《云南盐业议略》反映了云南各盐井这140多年的发展变化。同时也写出了云南盐业的"三重"问题:"国初沿明旧制,向系盐商认票办运,配盐有井,销盐有定岸,惟运盐,水无舟,陆无车,全借人夫背

对《云南盐业议略》的引介和简评

负,则运费重;煎盐无煤炭,无荡草,全以木材供烧,则工本重;他省盐课每斤约三、四厘,淮南至腰三角形重不逾一分,滇盐当初起课即以一分为率。则课赋亦重。"

其余尚有:查禁私盐的各隘口情况;滇铜、粤盐在百色的交换;溢课银之一半留滇做例外支出及以盐溢课银补滇铜生产等等,不做详述。

二、存在问题

(一)细节有错

王文写成时间在道光二十六年(1846)以后。因此,作者王守基大约是在1826年以前到山东盐运司任职的。但是作者在山东任职期间能接触到全国各盐产区的资料,因为清廷户部规定:由山东清吏司(盐远司)归口管理全国盐务奏销事项。因此,各产盐区的各种报告、总结奏销资料都汇集到山东盐运司,王守基据此才能写出《全国盐业议略》。但是我以为王守基并未身临各盐产区,尤其是云南各产盐区,因王文中有些错误细节,例如:文中说:"琅盐井距黑井东南百余里……"实际上琅盐井距黑井西南30里。

(二)隐去三件重大事件

第一件:琅盐井的"灶倒丁逃"事件

在叙述因柴山渐空,柴源渐远,而预购柴斤,需大量资金,灶民无力预支而需官府借给工本时,说:"黑盐井借给二万两、白盐井借给七千两,琅盐井借给四千两以为柴本,于次年井民卖盐价内,分作四季扣还。井民即滇言所谓灶户也。嗣因琅井缺产,柴本停借。黑白二井遂为常例焉。"这里的"琅井缺产"既无原因,也无结果,却隐去了一个重大事件:即康熙四十七年(1708)十月至十二月琅盐井全井三十二家灶户被逼"灶倒

盐不由衷
——琅盐井历史新探

丁逃"的重大事件。本书的"经制纷更"和"沈鼐的抗争"两章中,就写出了整个事件的起因和结果。请读者对照阅读。

第二件:清缅战争对云南盐业的重大影响

乾隆三十一至三十四年(1766—1769)在云南进行的清缅战争,和以后长达二十年的对缅封锁禁运,给云南经济造成极大负面影响,在盐业上产生了堕产、堕运、堕销、堕课的"四欠"问题,长期得不到解决,直到李侍尧当了云贵总督,才搞了个"一刀切、一风吹",前欠通统不究,当年必须完成的政策。皇帝到各层官方吏都大受欢迎,然而好景不长李侍尧因贪污,从全国表彰,变成全国议处,最后下狱。此即涉及黑、白、琅三盐井的所谓"黄辅、高其人、李侍尧贪污案"。

第三件:云南的"压盐事变"

"无三倍之利,则富资巨商皆弃而弗顾,多签保乡人勉强承充,往往不数年而敝,商倒课悬,因责之里甲,按户摊纳。且各井出卤盛衰靡常,或者井盐溢产,而商不能运;或商力能运,而井又缺产,百姓苦淡食,而包纳无盐之课。积至乾隆末年,滇盐盖甚为民间之累矣!嘉庆五年革去长商,改为灶煎灶卖,民运民销,无论商民皆许输课领票,运盐不拘井口,销盐不拘地面,完课之后,听其所至各井煎盐,亦不限以各井额数。"这一段,是说云南的"压盐事变"。说云南盐业"三重"是确实的:运费重、工本重、盐课重。这三重在清朝开滇以来就存在,并不只是乾隆末年滇盐才成为"民间之累"。嘉庆五年的改革是"压盐事变"产生后,清廷的被迫进行的,《云南盐法议略》连"压盐事变"这四个字都不敢提,更不敢提事变中人民群众种种义愤嗔膺的表现。诿故于无富商巨贾的长商、出卤的盛衰、运力的多少;轻描淡写的一句"商倒课悬,无力赔缴,责之里甲,按户摊纳"。这些无不表明"压盐事变"及其引起的嘉庆五年的改革确实是云南盐业的一件大事,王守基不得不写,但不又能真写,所以王守基比起李苾在三井直隶问题上申斥姚安府的那些尖锐用词,是不能等待而论之的。

第十三章　开宁寺的历史追溯及文物

一、开山建寺（开井时间）之谜

（一）从文献角度追溯

《孟子》中说："所过者化，所存者神。"开宁寺从唐开元年间开山建寺，到2014年已经存在1300年了，这漫长的存在确实是"所存者神"极为神奇！而那些变化了的过去，却成了所谓"文明的倒影"：苍蝇乱飞、猪屎满街、狗儿们懒洋洋地躺着烤太阳……这是病态！它们并不能代表琅井的精髓。有人说：在樊绰的《云南志》中没有有关佛教的记载，证明佛教在当时影响不大。但是梁启超却认为是因过去的人认为宗教并非正统，其史观是以正统为纲，故不记佛教。唯物史观则认为，宗教是上层建筑，由经济基础决定，并对经济基础起反作用。佛教让人多行善不作恶、建佛寺求开井安宁，正是有利于盐井的反作用。佛教在印度兴起时，僧侣吃盐，遭到苦行僧派的反对，认为是奢侈的享受；后来苦行僧派没落了。不管怎样，盐与佛教很有渊源。同是盐井，为何佛教选择琅井？是琅井盐供应王家，佛教要发展离不开政权的支持。

2014年开宁寺举办了大型佛事活动——庆祝建寺1300周年纪念。就是说开宁寺在公元714年（唐朝开元二年）建寺。这是一段非常古老的历史，也是一段极为神秘的历史。其实，开宁寺开建于开元二年，这是一个古老的传说。查第二版《琅盐井志》中说："开宁寺在宝华山，开井时

盐不由衷
——琅盐井历史新探

建。曲径通幽，高林碍日。殿宇宏敞，狮象庄严。其中桂阁莲池。其顶琳宫宝阁；井士肄业于内，晨夕书声与梵呗互发，诚香林胜地也。康熙十二年（癸丑，1673）住持僧寂书募众灶重修。"第三版《琅盐井志》则说："开宁寺在宝华山，开井时建。其中莲池、桂阁、宝阙。井士肄业于内。康熙癸丑，主持寂书募众灶重修，寺后斗姆楼在二氏殿后。乾隆二年提举李国义倡率州同王述文重修。仍捐置水田一份，年收京斗谷三石，述文捐井斗谷二石，永供香火。玉阁在斗姆楼后。雍正十年，井生张圣谕捐资重修，置租二石，招僧永供香火。"这两版《琅盐井志》都说开宁寺是开井时建。开井时建的寺庙，不单是开宁寺，还有奇峰寺和城隍庙。这样就把这三座寺庙的开建时间和琅盐井的开建时间等同起来了。追寻开宁寺的开建时间就是追寻琅盐井的开井时间。可是查遍有关籍志，就是找不到他们确切的开建时间（年份）。因此，2014年是建寺1300周年也就是开井1300周年成了一个存疑的传说！

一个盐井的发现和开采要有一个过程：发现盐泉—间断开采—长期开采；这是一个长期的演进过程。就以琅盐井来说，它是因为人们老是见狼舔露头的泉源，才发现盐泉，这个传说在《南诏野史》（见图13-1）中得到印证。① 在其"古迹"中说："盐井，滇中共十四处，惟楚雄府姚州之白井，楚雄县之黑井、琅井为佳。蒙化时，洞庭龙女牧羊于此，羊忽入地，掘之盐水出，故名白羊井。若黑、琅二井，因黑牛与狼舔地知盐故名。以'狼'为'琅'，取音同也。"

---

① 笔者看到的版本是方丈照圣收藏的《南诏野史》。其封里有："明四川新都杨慎升庵编辑　大清湖南武陵胡蔚羡门订正　大清乾隆四十年乙未岁季冬月吉旦　湖南武陵羡门氏序于叶榆之旅邸。"

开宁寺的历史追溯及文物 第十三章

图13-1 《南诏野史》书影

至于樊绰在《云南志》中说:"升麻、通海已来,诸爨蛮皆食安宁井盐,唯有觅赕城内郎井盐洁白味美,惟南诏一家所食,取足外,辄移灶缄闭其井。"这段话说明已进入间断开采时期。

樊绰的《云南志》成书于唐咸通四年(863),它记录的仅是738—794年这56年间(即唐开元二十六年至贞元十年),云南的许多历史事件,樊绰写书的目的是为唐朝对南诏用兵时的参考,当时未定书名,后来抄辑录注校者各自弄出了许多名称,如《蛮书》《南蛮记》《南夷志》《云南史记》等等。唐以后乃至宋元明初虽有流传,但不广泛。明朝永乐时辑入《永乐大典》,清朝从中辑录入《四库全书》;就连总编纂《四库全书》的纪昀都说:"该书自明以来,流传遂绝。虽以博雅如杨慎,亦称绰所撰为有录无著,则其亡失固已久矣"。《四库全书》成书于乾隆四十六年(1781),而《琅盐井志》的三个版本,最迟的是乾隆二十一年(1756),都在《四库全书》辑成之前,所以《琅盐井志》未能见到和录用樊绰的

盐不由衷
——琅盐井历史新探

书。只能认为"唐、宋无可考"了。

明代成书的《南诏野史》记载：神狼舔地而卤出，因名狼井，后因不雅而改名琅井。而樊绰在《云南志》中又称为"郎井"并且是"览赕城内"。因此：第一，郎井是不是现在的琅井？第二，"览赕城内"如何理解？在本书的第一节中已述，这里有必要再重复一段。

狼井就是琅井，志书中已经说了是因为不雅而改动。那么樊绰的郎井是不是琅井呢？樊绰没有亲到云南，他的书都是靠别人提供的资料，狼、郎、琅三字同音，同音异字或写错、听错的情况也是很多的。至于"览赕城内"的理解应是：升麻、通海这一带都是吃安宁井盐，览赕城内的南诏王家则是吃洁白味美的琅井盐。这样前后的语气才能贯通。升麻、通海等地所吃的安宁井盐，后来由琅井盐所替代，升麻、通海等地，都是琅盐的行销地，产地、销地相同，这是历史的渊源，可追溯到汉代的"连然设有盐官"，连然就是安宁。后来明代成化六年（1470），从安宁迁来琅井87灶丁，加上原有土著51灶丁，共138灶丁，形成32灶。明天启三年（1623），提举司由安宁迁来琅井。琅井有一条街叫安宁街，就是安宁人迁来灶丁居住的地方。唐代云南盐井分布表中就列有琅井、白盐井。表中郎井的地名是览赕城。备注中说明是根据《蛮书》，也就是《云南志》[1]。虽然《新纂云南通志》把琅井改名为览赕井，但是在其卷147"盐务志"沿革中明确指出"览赕井（今琅井）"。[2]

在《云南志》中有关于当时云南社会生活形态的记录。据专家的研究，云南在唐朝贞元（贞元元年为785年）前后，处于急剧封建化的过程中。南诏前期，在农业生产上"土俗唯业水田，种麻豆黍稷，年二熟，小麦即于岗陵种之"。耕田用二牛抬杠的方法，播种有村官督促，收获后由村官按人口分给粮稻，其余由官家收走。实行乡兵制，农闲时进行训练，打仗时征调入伍，各人自带兵器粮食。南诏后期，不再由村官监督农事收播，不包办粮食的分配，而改为每人每年交粮食两斗，就连原已脱离农业

---

[1] 参见郭正忠《中国盐业史·古代篇》，人民出版社1997年第1版，106页。
[2] 《新纂云南通志》，云南人民出版社2007年版，第144页。

的手工业者，也分给田地，束缚在土地上了。而在琅井，因产盐，盐质又好，是专供王家食用的地方，早已告别了"以咸池水沃柴上，以火焚柴成炭，炭上掠取盐的方法"，而是垒灶用锅煮盐。只有这样，才有"取足外，除灶缄闭其井"之说。云南产盐的地方很多，在《云南志》卷七"云南管内物产"中列出了很多产盐的地方，并且指出了相应的供应范围，例如安宁井盐供升麻、通海等地，泸南美井盐供河赕、白崖等地。南诏初期，各地产盐都由当地人自产自供，不交税费。南诏后期，则由官煮"咸有法令"。尤其是将盐模型范为块，称为颗盐，每块重一二两，作为等价物，交易即以颗盐计之。楚雄府志中就记载有："交易以颗盐为通货。"另外从白盐井的盐品特产中推测：盐币不是以散热盐沙在型号范中压成，而是将盐加热熔化浇入型范中铸成，这样才坚固耐用。但盐币终难以长期保存，所以琅井未发现颗盐，只发现很多贝币。而"咸有法令"的煮盐，也应意味着"煮卤代耕"了。琅盐井本来是为王家所食用的间断开采的盐井，后来进入长期开采而且要交盐税了。但具体是何年进入长期开采仍然未能查清！因而何时开井，何时开建开宁寺，仍然没有具体答案。

（二）从佛教的角度来追溯

《云南通史》指出："佛教何时传入云南，至今仍是一个争论不休的问题，但不会晚于南诏。""南诏大理佛教来源颇杂，既有来自印度、缅甸的，也有来自西藏、中原的，而以中原佛教的影响最大，成为南诏大理时期的主要派别。南诏大理佛教不止一个宗派，而尤以密、禅二宗为盛。"

南诏国的创立者细奴逻生于629年，那时唐朝正式成立也才十一年。南诏国灭亡于902年，5年之后（907），唐朝也灭亡了。可以说，南诏国与唐王朝是相始终的。南诏国在皮罗阁、阁罗凤统治时期达到了鼎盛，与唐王朝的鼎盛时期几乎是同步的。在南诏国和唐王朝共存的约两个半世纪中，两国之间曾经历过和平与战争的多次重复，这其间还有一个吐蕃。唐、南、吐三方角力，南、唐之间和平的时候，必然共同对付吐蕃；南、唐之间战争的时候，南、吐之间必然结盟，当然有的时候表面是和平的，各自内部又有不同的内乱，凡是内部不乱的时候，又都想对外扩张。这种三方斗争、联合、相互角力的状况，一直到吐蕃的彻底衰落和南诏、唐朝的灭亡为止。在双方战争期间，都力图排斥对方的意识形态（包括治国的主流思潮、文化，生产工艺技术和宗教信仰），而在双方联合期间又相互学习对方的意识形态。

对于吐蕃而言，它能输出的意识就是藏传佛教。而唐朝可输出的就比较多，南诏的统治思想也是向唐朝学习的儒家思想，除此之外，还有先进的农业和手工业生产技术，当然也有道教和汉传佛教。南诏宗教的特点是多宗教并存，本土宗教主要是巫教，它在南诏建国前和建国初期占有统治地位，但巫教的多神性，分散了信仰，不利于国家的集中统治，所以统治者试图用佛教或道教来取代巫教，后来佛教的影响力越来越大，甚至成了国教。在南诏流传的佛教被称为"阿吒力教"，属于密宗佛教的一个分支，大约在公元8世纪，通过印度密宗的一支（也有一说是通过西藏的藏传佛教传入的），传入洱海地区，与南诏当地文化融合，形成了南诏特有的"阿吒力教派"。"阿吒力"是梵文"ahcarya"的音译，原指有资格传法的上师，引申为"导师""教主"等不同译法；阿吒力教的僧侣可以有妻子，可以生儿育女，它的传承并非师徒传承、转世传承，而是家族传承，即祖父传给父亲，父亲传给儿子，作为一种职业世代相传。阿吒力教建设的大寺被称为"精蓝"或"莲兰若"，小庙称为"伽蓝"。这些特点和琅井保存的《威楚盐使司琅泉郡梵海大师杨教主墓铭并序》中的内容完全相同。杨善和他的祖父杨政、父亲杨顺克三代都被称为一郡师，他们是子承父业，当时在琅井的南山正在建设大寺，被称为"莲兰若"。这些内容可以肯定是"阿吒力教"。

明太祖朱元璋曾下令不准传播阿吒力教，但是其子明成祖朱棣却又为密宗的《佛顶尊胜陀罗尼经》写赞语："巨海之梁津，幽暗之日月，饥渴之饮食也。世间善男子善女人一切众生，能发菩提心持诵佩服者其福德种种无尽，永脱诸恶苦趣，从无始以来，千百亿劫所积罪业悉皆消除……"

从战国时代一直到南诏中期，佛教占统治地位之前，南诏地区的丧葬习惯是棺葬。在琅井鱼池山出土的战国墓葬中就是棺葬,而且陪葬品中有青铜器二十七件就是证明。当佛教密宗在南诏日益盛行之后,丧葬习俗逐渐改变为佛教密宗式的火葬:居民去世后要请阿吒力主持念经超度,停尸三日后择吉日火化,并将骨灰装入陶罐内,装罐前由阿吒力用朱笔、毛笔或金银粉写上梵文。骨灰罐上一般用莲花、十二生肖、佛像等图案装饰。骨灰罐要埋葬在村后的家族墓地内。还要有贝币、铜钱、手镯等物品陪葬(据说汉传佛教和尚圆寂后不用陪葬物)。在坟上要立墓碑,或立墓幢。墓葬碑或墓幢上书写死者姓名、生平,一般用汉字。另外,还要用梵文在墓碑上书写或刻上梵文陀罗尼经咒。每隔七日要请阿吒力作斋,从一七直到五七斋毕,葬送礼仪式才结束。鱼池后山上出土的红砂石墓葬幢,上面就刻有许多梵文经咒,也在"石碑正中刻南无尊胜大佛母像"①。骨灰罐上也有很精美的图案,并且伴有大量的贝币。此墓幢立于1355年,这时的阿吒力教与七八世纪的不同。"到清康熙时,阿吒力教被作为邪教对待,禁止传播发展。"所以琅井开宁寺佛教之源,是汉传佛教还是阿吒力教仍需探讨。尤其是新近发现的6块梵文石碑,其年代初步定为南诏大理国时期。

南诏幽王劝龙晟在位的810—816年间用3000两黄金,铸造了3尊佛像供奉在佛顶寺。824—859年劝丰佑时期修建的三塔寺供奉佛像1.14万尊,占屋890间,用铜4万斤。修建崇圣寺及千寻塔时,征发役匠万人,所用金银布帛值金4万斤,费时8年。此外,还修建了昆明东塔寺、西塔寺、罗次寺,并用铜5000斤铸佛。在公元859—877年这18年由世隆掌权期间,南诏修建了莲兰若(大寺)800座,伽蓝(小寺)庙3000座。

这三段崇佛建寺时期,与传说中开宁寺开山建寺于唐朝开元二年(714)相距甚远,都晚于开宁寺开山建寺一百多年,何以证明开宁寺开建于唐开元二年呢?

琅井开宁寺确实有唐朝的文物,它们是:

---

① 参见杨学正等《云南境内的世界三大宗教》,云南人民出版社1993年第1版。

盐不由衷
——琅盐井历史新探

石刻"大唐开元宝泉井"（唐开元年间，713—741年）碑头；

有"天宝"两个汉字的梵文匾砖（唐天宝年间，742—756年）；

出土罐藏大批唐朝铜钱（其最晚铜钱是"乾元重宝"，758—760年间的产物）。

这三项文物的年代是连贯的（中间只隔唐至德年间756—758三年），地点是集中的，都在开宁寺的范围内。

在祖师殿土墙中拆出的三块碑：一块大理石碑刻，正面刻有汉文，直排8行共151字，初步认定为南诏晚期（829—902）文物，背面横排刻有梵文。一块刻有僧像；一块刻有36个梵文字母（横6排，每排6个梵文字母）。

另有在开宁寺范围内发现的7块梵文碑刻，其立碑时间也是南诏大理国时期。

关于出土罐藏唐朝铜钱的情况。

近年开宁寺在施工的过程中掘出一罐铜钱，2015年8月24日，笔者参加清理，计有："五铢"钱46枚（五铢钱开铸于西汉元符五年，历代都有铸造，唐武德四年废止，但民间仍然流通，因此不能判定其年代）；"开元通宝"钱357枚（乡政府取走其中4枚）；"乾元重宝"钱6枚（乾元年号为758、759、760共三年）；

黏结和看不清的共23枚。

另有"开元通宝"金钱1枚，中间无孔，稍薄于铜钱。并有"开元通宝"银钱2枚，有孔，也稍薄于铜钱。金银钱只能是官家的赏玩之物和敬佛的供品。总计435枚（当时忙于清理，未留下照片）。

此罐铜钱的埋藏时间，不会早于乾元元年（758），也不会晚于760年。

若此罐铜钱是用于奠基礼的，表示此时有重大项目开工建设，但又与"天宝匾砖"相矛盾。不会是先烧"天宝匾砖"，放置4至18年后才使用。以当时的经济水平，也不会同时开建几个项目，所以此罐铜钱是奠基礼的可能性很小。

若这罐藏的铜钱是陪葬礼品,那一定有一位高僧在 760 年前后在寺中圆寂。假设他享年 80 岁,并且是 34 岁到此地结茅驻锡,那正好 714 年到此地。这正是唐开元二年。这种假设必须以下条件支撑:

①汉传佛教僧人圆寂后,是不兴有陪葬品的,因此,有陪葬品的不是汉传佛教;

②是否有证据表明此时有高僧圆寂;

③是否有证据证明此僧在开元二年在此结茅驻锡;

④此僧的年龄高寿且在 80 岁以上;

⑤既有如此丰厚的陪葬品,其墓葬也定是高规格的。

针对这些问题,需要结合三块碑刻的内容分析才能解答。

1. 新发现的三块碑刻(碑文)

(1)第一块碑:《开创宝应山宝泉禅寺记》。

原夫禅者静也,静其景而理之自明也。景物无所夺焉。盖世中竺圣人,弃富贵喧繁,妙悟禅心四十九年,三百余会谈经,莫不随机开化,显其方便之门,将未赴多子塔前,揭波天王献金色波罗之花,世尊拈起顾视,伽叶破颜微笑。乃云:吾有整法眼藏涅槃妙心实相无相微妙整法,传嘱于汝,可传持,无令断绝教道,讬传王臣护持溜布化利人天为转轮王之福田也。以默照无说之道,二十七祖般若波罗传香王子菩萨,菩提达摩是为二十八祖也。曰震旦国中众生,圆熟遽适,传佛心宗三辞弗护,曰国中众生有向上器根,闻声见色,妙悟心宗。皇任莫忘祖父母之国,九载返之,航海而来,入梁适魏不契,陟熊耳山,兴然而坐九年,法传神光双履,本国五传至六祖,唐中宗神龙元年,六祖得衣钵真传,大显法化,阐扬心地般若法门,大鉴真空智严禅师,传南岳让思,传好马祖道一、百丈淮海、黄檗断际、临济义玄。至此宗分五派,道合一家始开妙悟,此道家犹龙脉一派,得闻曹溪之

禅法,不独为禅门之祖庭。佛法传入震旦,始于汉而盛于唐,远绍直指,单传明心见性之宗,朝野尊崇,六祖地禅法曹溪宝林教化普施。二十五世智严禅师,传二十六世慧照禅师,开元行脚乞食教义,并承衣钵于驾此地驻锡结茅,初名宝林,此处清泉涌出后名宝泉。照慧结茅为寺常事乞食戒德精严化道大圣,归依逾万众,道风远振,劝缘善性,各舍净资为土木工价殿宇塑绘不磨之助予胜事,助佛扬化之福田。住真如理地不尽,福寿无穷

大唐开元十二年住山道诚、道真;清了;德朗、园兴同十方施财等仝立

注:①此碑长91厘米,宽51厘米,厚25毫米,背面为斫琢。
②原碑为竖排,无标点符号。现改横排。
③此碑约在2015年从附近农家赎回。

图13-2 第一块碑

(2)第二块碑:《宝应山开宁禅寺碑记》。

开宁禅寺去井之东南,原名宝泉,为宝应山南诏五百里间有开宁,东望黑井鳌峰独秀,万木萧森文笔掩映,鳌峰镇水宝应开源。灵宫梵宇之所托也。唐开元智严和尚募捐建寺遂成巨刹。继

主者宋开宝高僧园兴禅师，继佛法西来最上乘，直指明心见性，令人当下成佛，真如生死事大，决志割爱离亲超出妙庄严路精修苦行，咸同以降，佛法渐衰。此山名宝泉，至元十三年明永禅师继续开山。先祖智园祖师，今曹溪宝林寺来中兴创建宝泉寺，以后历代修缮皆沿其址。南岳道园禅师来滇驻锡宝泉。大殿经楼方丈僧寮，均皆摧朽容众无所，道严开单接众蒙我佛伽被龙天护持谈佛之理，直指当人之心皆大欢喜。上人悯祖师道场荒废，至此发心重兴梵刹。园兴禅师中兴宝泉已久远，宋时有石碑字皆蒙古不可识辨。得出土古残碑其文灭磨，留有数字，仅宝泉智严开创，不知历代若干次数矣。大殿建成，明嘉靖皇帝据唐宋《南诏野史》记载，神狼舔地而卤出，故名狼井，皇帝奉敕钦赐开宁禅寺，祈祷开盐井求安宁，皇帝喻圣旨铸造铜钟、铜佛八十一尊。梵宇大殿正中，释迦牟尼佛、药师佛、弥陀佛，后奉西方三圣、十八罗汉、诸天二十四圣，正中供奉皇帝万岁万万岁铜牌位，山门梵语沙门，即天王殿奉弥勒佛韦陀中央左右奉四大天王，宝相庄严，有永乐北藏经，道园禅者修持大佛顶首楞严法门入大悲菩萨大誓海中四大幻化之身，竟成金刚不坏之体。道公禅者云：法界一切诸法皆缘一心之所建立佛土净秽随心感变而成，坏亦从之。吾佛于菩提势，初成正其地坚固金刚所成菩萨修行，必以此心而为行本谓金刚心者，即梵网经所说金刚宝戒名，为诸佛心者，即梵网经所说金刚宝戒名培智园先祖正法住世，开宁永祚，十方丛林道在人弘，欲承先而启后，续传慧命以传灯。

大明嘉靖三十八年仲冬十七日佛诞

宝应山开宁禅寺原住持道园坚院大贤率徒海法海化海宽海量仝立

注：①此碑长 100 厘米，宽 66 厘米，厚 2.5 厘米，背面为斫琢。

②原碑为竖排，无标点符号；现改横排。

③此碑大约在 2010 年前后从附近农民家赎回。

（3）第三块碑（一面刻梵文，一面刻汉文）。

第三块碑是2017年6月拆修祖师殿，在土墙中挖出的石碑。（当时一共挖出三块，其中两块有梵文，一块刻的是僧像。）本碑一面刻梵文，一面刻汉文。大理石质，碑长90厘米，宽43厘米，厚10厘米。见图13-3：

其汉文的内容如下：

智严开创宝泉寺。慧能六祖大鉴禅师乃新州人也，黄梅得衣钵传，曹溪为坛，经瀍为佛性，东土不立文字直指人心，见性成佛，澹泊于空而不著空。慧能祖师门下智严禅师得瀍印心，参礼四方，朝礼南诏国鸡足圣山迦叶尊者，传瀍度众。神狼舐地，开井煮卤代耕。开元二年，智严禅师驻神狼井宝应山开创宝泉寺，禅风大振，安保利民。瀍弟子慧照禅者尊崇遗教，曹溪广播，瀍乳源流。

原文无标点符号，直排共7行，字体工整为规范的楷书（见图13-3，像虞世南体）。背面为横排梵文，不知其内容是否与正面汉文一致。此碑无立碑时间和立碑人的的信息。

此碑第一次明确记载："开元二年，智严禅师驻神狼井宝应山开创宝泉寺"，并且使用的是"狼"字。同时把"神狼舐地，开井煮卤代耕"和佛教开宁寺开山建寺联系在一起，其意义重大。

开宁寺的历史追溯及文物 第十三章

第三块碑汉文正面　　　　　　　　梵文背面

图 13-3　第三块碑

2. 对三块碑的解读和对比分析

（1）谁是开宁寺的开山（建寺）祖师？

谁是开宁寺开山（建寺）祖师？三块碑说法不尽相同。

第一块碑，碑题已明确《开创宝应山宝泉禅寺记》。突出"开创"，开创的是"宝泉禅寺"（原名宝林禅寺），因，此处"清泉涌出"，故改名"宝泉禅寺"（并有《大唐开元宝泉井》石刻作证）。开山祖师明确是慧照禅师："二十五世智严禅师，传二十六世慧照禅师开元行脚乞食教义并承衣钵，于驾此地，驻锡结茅。"又说："慧照结茅为寺，常事乞食，戒德精严，化道大圣，归依逾万众，道风远振，劝缘善信，各舍净资，为土木工价殿宇塑绘，不磨之助予胜事，助佛扬化之福田，住真如理地不尽，福寿无穷。"

第二块碑则说是"唐开元智严和尚募捐建寺。"因年代久远，"宋时

201

有石碑，字皆蒙古，不可识辨，得出土古残碑，其文磨灭，留有数字，仅宝泉智严开创"。

第三块碑在碑首就明确为"智严开创宝泉寺。"其后又说："唐开元二年，智严禅师驻神狼井宝应山，开创宝泉寺，禅风大振，安保利民。瀍弟子慧照禅者尊崇遗教，曹溪广播，瀍乳源流。"

这三块碑都是追溯开宁寺的开山祖师是谁，两块碑说是智严，一块碑则说是慧照，但两块碑都说慧照是智严的徒弟。在智严圆寂后，徒弟慧照"尊崇遗教"继续开山。

结合过去我们已知的开宁寺代际传承的"智、慧、清、净；道、德、园、明……"44个字。我们断定，开宁寺的开山祖师是智严禅师和徒弟慧照，他们师徒俩共同开创的开宁寺，智严未完成即已圆寂，而由慧照"尊崇遗教"，继续完成。所以开宁寺代际传承以"智"字开头，"慧"字继承，第三字是"清"字，在第一块碑中，立碑人有"清"了，中间缺了"净"字辈（原因不明）。而第五代是"道"字，有道诚、道真。因其职务是"住山"，所以排在"清"字辈之前。下面则是"德"字辈的"德朗"；再下才是园字辈的"园兴"。所以这个判断是可以成正立的。

（2）开宁寺的开山（建寺）时间。

对于开宁寺的开山时间，第一块碑没有说开山时间，但有立碑时间：唐开元十二年（724）。第二块碑只说"唐开元，智严和尚募捐建寺"，也没有说具体年份。第三块碑则明确说："唐开元二年，智严禅师驻神狼井宝应山开创宝泉寺。"即立碑时间为公元714年。

唐开元二年开山建寺，一直是开宁寺的传说，以前未得到文字证明，从这块碑得到印证，传说并非虚言。但是开山时间和立碑时间，是两个不同的概念。一般是先开山以后才会立碑，开山时间应在立碑时间之前。试想结茅驻锡时，哪有精力和财力来立碑。必定是有一定成果时，才会树碑立传，具有总结成果的性质。

第三块碑有一个重要的信息，它涉及汉传佛教何时传入云南的重大争论。或者说开宁寺的开山历史，似乎证实了汉传佛教在开元二年（714）

已在琅井开山建寺。问题是这只是单从汉文碑文解释，若背面梵文碑文的内容和汉文一致，那这种解释就有问题了。所谓汉传，传的是汉文佛经，若汉文和梵文都是同一内容，即开宁寺是祖于六祖慧能，都为汉梵两系承认，这倒是一种难以理解的新的状况。而如果汉文和梵文不相同，抑或梵文是文理不通、文法混乱的粗劣者所假造，根本不是正规的梵文（实际有这种摹写梵文）。由于我们不懂梵文，无从鉴别！

（3）碑文内容和立碑时间的破绽问题。

第一碑的立碑时间，碑上刻的是唐开元十二年（724），但碑文内容中有释迦牟尼佛祖拈花讲法，传给迦叶，再传至菩提达摩是二十八祖，渡海东来，入梁、适卫，不契，入少室山（碑文为熊耳山），面壁九年，之后本国五传至六祖慧能，以曹溪宝林为祖庭，再传南岳让思，传好马祖道一、百丈淮海、黄檗断际、临济义玄。至此宗分五派，道合一家"。这些传承顺序和1996年广东人民出版社出版的《中国佛教》一书所列示的中国禅宗谱系基本一致。

但如把慧能及其传承各代的生卒年限列出，就会发现其中破绽：

六祖慧能　638—713年

南岳怀让　677—744年

马祖道一　709—788年

百丈淮海　720—814年

黄檗断际（希运）　（？—855）

临济义玄　（789—867）

其破绽是724年立的碑，怎么能预知怀让和他以后各代的事（即724年以后的事）？显然立碑时间不真！真正的立碑时间，一定是在玄义到河北镇州真定城东南滹沱河北岸的临济院传法以后，也就是说在845年（唐武宗会昌五年灭佛）以后。

禅宗传承世系最早整理出书的有唐贞元十七年（801）由慧炬在曹溪宝林寺写的《宝林传》，以及后来在宋元时期的各种续作：《景德传灯录》作于北宋景德元年（1004）；《建中靖国续灯录》作于北宋建中靖国元年

盐不由衷
——琅盐井历史新探

（1101）；《天盛传灯录》作于南宋绍兴十八年（1148）；《联灯会要》作于南宋嘉泰四年（1204）。我们不知道第一块碑的立碑人是根据哪部传灯录写的碑文，但总是在这些传灯录出书之后（据说有的传灯录流传非常广泛，只要信佛且识汉字者，传灯录是必备之书）。

若按碑文，智严是国内二十五世，慧照是二十六世，除去慧能是六世外，其余二十世以每世30年计，则应为六百年，如慧能（75岁）年龄的一半（38岁左右）计算，应是公元1276年，是南宋景炎年间，或为元朝前期至元年间。也就是说，这块碑的内容是由这些著作中抄录下来的。真正的立碑时间，应是9世纪到13世纪之间。

第二块碑上刻有"立于明嘉靖三十八年（1559）"，其破绽更大。碑中有一句"咸、同以降，佛法渐衰"，"咸、同以降"显然是一个时间序词，中国历史上有12个以咸字开头的年号（如咸熙，魏元帝咸熙元年为264年；咸丰，清文宗咸丰元年为1851年；等等），只有两个以同字开头的年号（同光，后唐庄宗同光年间，即923—926年；同治，清穆宗同治年间，即1862—1874年），以咸、同两字顺序相连的年号，只有咸丰和同治。而此碑写明是嘉靖三十八年（1559）所立，怎么又说"咸、同以降，佛法渐衰"？这显然是咸、同以后（即1862年以后）的人立的碑，故意落款为明朝嘉靖三十八年。立碑人为"宝应山开宁禅寺原住持道园坚院大贤率徒海法、海玉、海宽、海量仝立"。所谓原住持，道园立碑时已称坚院，率4个海字辈徒弟立碑。海字辈在开宁寺传承录——智、慧、园、明；道、德、清、静；真、如、性、海"中是第12字。

第三块碑虽然没有立碑人名和立碑时间，但从其行文内容分析"煮卤代耕"这个词汇，是要交盐课来代替耕田地的税赋。因此，不会是只为览贩城内王家食用而间断生产的时期。也就是说，此碑不会立在南诏初期，只能是立在南诏晚期，只有到这时，盐业法令才"一如内地"，要煮卤代耕了。南诏晚期是829—902年间，即南诏出兵攻打西川，攻破成都外郭，大掠子女百工数万人，"自是南诏工巧文织埒于蜀中"。大约在这时才会使用"煮卤代耕"这个词汇。同时此碑使用的是"狼"字，而不是雅化后的"郎"或"琅",也说明此碑的立碑时间要早于樊绰写《云南志》的863年(《云南志》中樊绰用的是"郎"字)。

所以,我们以为最早立的碑是第三块碑,立碑时间约在829—902年间;其次立的碑是第一块碑,立碑时间在9—13世纪之间;第二块碑立碑时间最晚,约在清朝咸丰末期到同治初期,即1862年前后。

(4) 智严禅师的师承和身世。

第一块碑说:释迦牟尼佛拈花顾视,伽叶破颜微笑,乃云:"吾有整法眼藏,涅槃妙心,实相无相,微妙整法,传嘱于汝,可传持,无令断绝教道……"这是说由迦叶传承,至菩提达摩为国外二十八祖,达摩渡海来中国,创立禅宗,六传至慧能,尔后多传至临济义玄才开辟了中国禅宗的临济宗。开宁寺就是临济宗宝刹。

在第一块碑中还有一个问题:"智严禅师传南岳让思"与其后面叙述的"二十五世智严禅师传二十六世慧照禅师"有矛盾,更主要的是南岳是怀让,不是让思,他是慧能的徒弟,在曹溪寺15年,与青原行思、菏泽神会成为慧能死后的三大门徒系统。有人说智严是六祖慧能的门下,意即徒弟,慧能死后,众徒各奔东西,智严就到了琅井宝应山驻锡结茅,既然如此,曹溪寺应有牒谱记载智严的姓名和身世,但后世未见这些资料。

第二块碑没有明说释迦牟尼传给谁,但开宁寺仍是智严所创,并说宋由开宝高僧园兴、元则由明永禅师继续开山,明则由道园继续中兴宝泉,至清之"咸同以降,佛法渐衰",但在传承上仍为临济宗。

第三块碑则说:"慧能祖师门下智严禅师得瀍印心,参礼四方,朝礼南诏国鸡足圣山,迦叶尊者传瀍度众。"这是否意味着智严是慧能的徒弟,直接得慧能的传授?尔后去参礼四方,才到鸡足山参拜。因传说鸡足山是伽叶的道场,所以智严是禅宗的正传。但是"门下"二字,太过笼统,任何一代禅宗的僧侣,都可称为慧能门下(泛指)。尤其是三块碑都没有说出智严的身世,这反映出立碑者说不清楚前人的身世和师承这些问题,间接地衬出"后人为前人立碑"的尴尬。

(5) 正面汉文、背面梵文的石碑和僧像石刻、梵文小碑。

盐不由衷
——琅盐井历史新探

第三块碑正面是汉文，背面是梵文（见前图13-3）。那么，背面的梵文和正面的汉文内容是否一致。

我们不懂梵文，不能答复。国际上，在埃及罗塞塔石碑上，刻有三种文字：古埃及文、科普特文（埃及俗体文）和古希腊文。这是公元前196年埃及法老王的诏书，在1799年法国军队发现此石碑时，无人认识古埃及文。1822年，法国专家破译了古埃及文后，才知道三种文字的内容完全相同。国内也有两三种，甚至四五种文字刻在同一碑上的情况，文义、内容都相同。所以简单类比：这块碑上的梵文的内容，应和汉文相同。

但是，南诏《王仁求碑》是汉字，立于则天后圣历元年（698）；《南诏德化碑》是汉字，立于于唐代宗大历元年（766）；建极年号的铁柱铭文是汉字；剑川石宝山石窟造像的题记是汉文；南诏中兴二年画卷的题记和文字卷也是汉文。所有这些都表明南诏时期汉文字是通用文字。佛教禅宗是地道的中国化佛教，何用梵文？而此碑却一面刻汉文，一面刻梵文。不论其正、背面文字内容是否一致，都说明汉、梵是平分秋色的。何以如此？值得研究。到目前为止，我们共有12块梵文图片，能确定时间的，最早有的"天宝"二字的梵文扁砖（天宝是唐玄宗年号，742—756，共十五年），最晚的是元至正十五年（1355）红砂石的火葬墓幢。其余十块梵文碑刻，都不能确认其时间。在拆祖师殿土墙时（2017年6月），与此碑同时出现的还有一块僧人刻像（见图13-4）和另一块梵文小碑（见图13-5）。据推测，这就是开山祖师智严禅师的像刻，祖师殿是供开山祖师的，智严是开山祖师，刻像供奉也是正常的。从石刻僧像可知僧帽很奇特，大眼是否意味着深目，大鼻是否意味着高鼻，还有胸部的一些刻纹不知有何寓意。总之，不是汉传僧人的形象。如果小碑上的三十六个梵文是他的简介，那此僧应是密宗的阿吒力教僧。那是否可以由此得出一个结论——开宁寺的开山祖师是密宗阿吒力教而不是禅宗？为什么对智严禅师的身世和师承说不清楚，因为他是西僧！为什么后来又变成了禅宗呢？《云南通志》有一段话说得好："在汉传佛教中的禅宗流传至云南以后，教徒逐渐放弃了阿吒力教而信奉禅宗。"①

图 13-4 僧像

图 13-5 梵文小碑

云南的密宗,相传是由赞陀崛多传入的,他是西域摩迦陀国人,蒙氏保和十六年（839）来到南诏国,在《张胜温画梵像》第五十六图中有他的像:圆领华服、深目高鼻。据说他法术高强,能穿山泄水、咒沙成米、驱龙禳灾、呼风唤雨等等,国王劝丰祐将妹妹嫁给了他,并封他为国师。密宗阿吒力教紧密参与了南诏政权的各项事务,在政治、经济、军事上都有巨大影响。琅井开宁寺的智严禅师和赞陀崛多有何关系?智严禅师到开宁寺驻锡是起于唐开元二年（714）,比赞陀崛多到云南早了125年,显然没有传承关系!我们现在说智严禅师是密宗阿吒力教僧人,也只是一种推测。

在前面我们推测过智严禅师在34岁时到琅井宝应山结茅驻锡,此时正是唐开元二年（714）;而第三块碑中又说其弟子慧照"尊崇遗教",说明智严已圆寂,推测他享年80岁,当是公元760年,正是埋藏铜钱的时候。结合本条推测他是阿吒力教僧人。阿吒力教圆寂可以有陪葬品,而前

---

① 《云南通志》卷三,第169页。

盐不由衷
——琅盐井历史新探

面已有众多的唐朝铜钱出土，在更前面的梵文石刻碑中有四至六块可能是墓葬石幢，其石质是高贵的大理石，刻的是《佛顶尊胜陀罗尼经》，由此进一步推测，这可能就是智严禅师的墓葬塔。作为开山祖师的他为开宁寺的开山建寺辛劳46年，是配享受这些待遇的！这也正是第一块碑不提智严是开山祖师，而以慧照代替的原因。这些只是笔者的推测。期待后贤进一步考证，得出确切的谜解。

（6）开宁寺的开山建寺与琅盐井开井的联系。

第一块碑没有说出开山与开井二者的关系。

第二块碑则讲：大殿建成，明嘉靖皇帝据唐宋南诏野史记载，神狼舔地而卤出故名狼井，皇帝奉敕钦赐"开宁禅寺"，祈祷开盐井求安宁，皇帝喻圣旨铸造铜钟、铜佛八十一尊，梵宇大殿正中释迦牟尼佛、药师佛、弥陀佛，后奉西方三圣、十八罗汉、诸天二十四圣，正中供奉皇帝万岁万万岁铜牌位。第三块碑也明确记载："神狼舔地，开井煮卤代耕……"

所以开宁寺的开山建寺与琅盐井的煮卤代耕，是密切相关的。应该说开井煮盐在先，只有开了盐井、煮了盐，而且是专供"览赕城内王家食用的盐"，有了人气，有了名气，才会吸引智严、慧照师徒来这里结茅驻锡。佛教的任何活动，都离不开人，无论是开山建寺、塑佛写经、立幢建塔、度人收徒、讲经传法、乞食化缘、法事追荐、念经超度等等都离不开人，都要有人缘。否则怎么能"归依逾万众，道风远振，劝缘善信，各舍净资，为土木工价殿宇塑绘"？总之要有钱财和人力、人气，特别是有大量施舍钱财的王公贵族和有广泛影响力的地方绅耆的大力支持，才能建成这"住真如理地"。佛教高僧道安有句名言："不依国主，则法事难立。"智严和慧照为何不选琅井东面的妥安、西面的麦冲、南面的水冲、北面的哨上去结茅驻锡呢？归根结底就因为琅井有盐，有王家食用的盐，而不仅仅是此地"清泉涌出"。

南诏幽王劝龙晟在位年间（810—816）用3000两黄金，铸造了3尊佛像供奉在佛顶寺；劝丰祐时期（824—859）修建的三塔寺供奉佛像1.14万尊，占屋890间，用铜4万斤，修建崇圣寺及千寻塔时，征发役匠万人，所用金银布帛值金 4 万斤，费时 8 年。此外还修建了东塔寺、西塔寺、罗次寺，并用铜 5000 斤铸佛。在世隆掌权期间这 19 年（860—878），南诏修建了莲兰若（大寺）800 座，伽蓝（小寺）庙 3000 座。说不定琅井的宝泉寺也是其中之一呢。也说不准那些埋入地下的大量铜钱，特别是那金质和银质的"开元通宝"，也是王公贵族施舍的呢！因为金银钱只是皇家的赏玩品，是不参加流通的。

（7）开宁寺与历代统治阶层的紧密关系。

前面六点分析已经基本上概括了 3 块新发现的碑刻内容。此处谈琅盐井与历代统治阶层的紧密关系：南诏时期，琅井是供览赕城内皇家食盐的产地；元朝时，琅井的寺院提点需由云南行省发檄确定；明清两朝，琅井都设盐课司或盐课提举司管理。同时本条将对两块"开宁禅寺"木匾做些分析，第一块是前述第二块碑内刻有"明嘉靖皇帝钦赐'开宁禅寺'，祈祷开盐井求安宁"。这应该是一块木匾，但未见实物。但"正中供奉皇帝万岁万岁万万岁铜牌位"，这铜牌位的实物仍在（见图 13-6），实物被保存于禄丰博物馆。有了这件实物，推论"开宁禅寺"木匾也是应有之物，只是后来或已被毁。

对于第一块"开宁禅寺"木匾，按碑文内容："大殿建成，明嘉靖皇帝据《南诏野史》记载，神狼舔地而卤出，故名狼井，皇帝奉敕钦赐'开宁禅寺'，祈祷开盐井求安宁。"这是说，嘉靖皇帝根据南诏野史有神狼舔地而卤出的记载，才有这一大串敕封动作。对于这个动因，笔者有质疑。《南诏野史》当时是由杨慎编撰的，其序言中的落款时间是明嘉靖二十九年（1550），到嘉靖三十八年（1559）皇帝看到《南诏野史》，从时间上是可能的。但是，杨慎为什么会被贬到云南？不就是因为嘉靖刚登基时要把他父

图 13-6　开宁寺供奉嘉靖皇帝牌位

盐不由衷
——琅盐井历史新探

母也封为皇帝、皇后而遭到群臣反对，嘉靖恼羞成怒，杖毙了为首的大臣，流放了杨慎等人，直到杨慎老死云南，嘉靖都不肯宽恕他，怎么可能看了《南诏野史》就采取一大串动作？何况嘉靖皇帝不信佛教而信道教，他甚至戴着道冠、穿着道袍上朝，有何原因让他为佛教开宁寺做这一大串敕封。另外，按前面的分析，此碑实际立于咸丰末，同治初（大约是1862前后），距离嘉靖三十八年（1559）有三百多年，何以细节如此确定？如果要为敕封找理由，契机有很多：如洪武年间（1368—1398）大量军民涌入云南，要求增加食盐产量，要开琅盐井；成化六年（1470）应安宁井煮盐灶户的要求，将86灶丁及其煮盐设备搬迁到琅井；天启三年（1623）将提举司从安宁搬到琅井。这些都是重要契机，在这些时间节点上的决策，不是省级政权能单独决定的，都需要皇帝批准。我们不怀疑有敕封"开宁禅寺"匾、铸铜佛铜钟、立皇帝万岁万万岁铜牌位这三件事的真实性（因有万岁铜牌位作证），只是质疑其时间契机是否属实？这个疑问目前尚不能解答。

有资料说，杨慎死于嘉靖三十八年（1559），死在云南充军的住所。至死嘉靖皇帝都没有赦免他。但七年后（1566）嘉靖也死了，隆庆皇帝才借机赦免这一批"罪臣"，并声称是嘉靖皇帝的遗诏，以宽慰和减轻他们对朝廷的怨愤。杨慎死后七年才恢复了名誉。又七年，隆庆皇帝死，神宗万历皇帝登基。他的生母是李太后，封为"慈圣"太后，她临朝专权，大力扶持佛教，佛教中也有一派借助内宫势力，改变了有明一代佛教遭受压抑的境地，呈现复兴景象：建寺庙、铸铜佛、印发永乐北藏经（第二块碑中"有永乐北藏经"），隐喻李太后是九莲圣母，临摹观音像，易以"慈圣"容貌，勒石和印刷，颁发天下梵刹供奉瞻仰。这一系列做派与开宁寺得到的赏赐是相吻合的。说不定这才是真正的契机！

第二块木匾，是乾隆某年乾隆皇帝御笔亲书的"开宁禅寺"木匾。实物见图13-7。

图 13-7　乾隆御笔之"开宁禅寺"匾及两方印玺图

这也是新近赎回的物件,匾头应有乾隆写匾的时间,但被锯掉了,这就给我们添了一个谜,让我们来破解:何时,为何事,乾隆写这块匾? 有匾,这是不容置疑的事实,它不像雍正赐的"灵源普泽"是应云贵总督杨名时之请,为云南各盐井丰获而赐匾,各井都能拓印制匾。乾隆是专为琅盐井开宁寺钦赐,别地不能拓,能拓也不能挂。琅井也不敢自已作假,作假是犯欺君之罪的。好在匾上有两方印,一方刻有"古稀天子之宝"(见图13-8)。乾隆登基时是25岁,到"古稀天子"时应是乾隆四十五年(1780)。另一方印刻有"八征耄念之宝"(见图13-9)。这是乾隆筹备庆祝登基五十五年(1791)和耄寿八十岁而镌刻的印玺;它的意思是说:考察人有八条征询:一曰问之以言,以观其辞;二曰穷之以辞,以观其变;三曰与之间谋,以观其诚;四曰明白显问,以观其德;五曰使之以财,以观其廉;六曰试之以色,以观其贞;七曰告之以难,以观其勇;八曰醉之以酒,以观其态。这是八征之意。耄念则是取自汉曹操的《对酒歌》:"耄耋皆得以寿终,恩泽广被草木昆虫。"乾隆曾作《八征耄念之宝记》

图 13-8　乾隆御笔及"古稀天子之宝"印

图 13-9　八征耄念之宝

盐不由衷
——琅盐井历史新探

云:"予年七十时,用杜甫句:古稀天子之宝,而即继之曰'犹日孜孜'不敢怠于政也。蒙天眷佑,幸无大损。越于滋又浃洵矣,思有所副八旬开里之庆,镌为玺,以殿诸御笔。盖莫若《洪范》八征之念。又镌刻"自强不息",作为八征耄念之宝之副章相配使用。"乾隆五十三年(1788)正好是杨重英从缅甸放回来的时候,我们在《杨重英的官衣》中说过,杨重英在被缅方囚禁长达22年(比汉苏武囚居北海18年更长),始终穿着清朝那件四品补子官服,不肯屈从缅方,他对大清的忠贞,确实给乾隆既长脸又打脸。长脸的是居然还有被囚禁22年,终不屈服的忠臣。打脸的是乾隆曾三次御批,不要顾及杨重英,而且明确指示:但凡杨重英回国立即逮捕。可是,滇督富纲,明明知道回国的是一位忠臣,也遵前旨"执而梏之"。但"亟驰奏",立即驰奏杨重英的忠贞情况。臣子们的记载是:"时上春秋已高,颇悔当时治此案过严,乃下诏旌其忠,奖以节过苏武,且令滇督驿送来京,予备召见。旨至滇,重英已病卒。"

这时正好是乾隆登基53年,是他筹备庆祝八十岁大寿之时,他也会反思自己,虽仍要"自强不息",但也要耄念"恩泽广被草木昆虫";除了杨重英外,还有云贵总督刘藻是自杀并非朕杀;杨应琚,是赐死,罪不容赦;皇后之侄明瑞,战死,忠烈已给旌表;首席军机大臣、小舅子傅恒,瘴气病死,朕失股肱;李侍尧,朕数次免其死罪,已得善终……乾隆回忆着自清缅战争以来,在云南的那些该杀、该处分的大小案件,突然,一件心事涌出:乾隆三十四年(1769)掀开的云南盐欠案,一个小小的琅盐井降调提举高其人,竟能贪污四五万两银子?而之后的查究,竟然京城无眷、京畿无产,虽然后来改为盐欠案(堕煎、堕运、堕销、欠课)。尚留一个小尾巴:373两——乾隆明白这是招待来往军差之亏空!既然要"恩被草木昆虫",此小官——降调琅盐井提举高其人,下场如何?谕旨速查报来!回禀:乾隆三十年,此人任琅盐井提举,他在琅盐井开宁寺十殿阎罗殿前曾立有一匾"彰善瘅恶"(见图13-10),向幽冥十王剖表心迹,降调署白盐井,后案发,系狱已死。乾隆叹曰:罪过!罪过!开宁寺?!于是提御笔,书写了"开宁禅寺"匾,御赐。以消其孽报云云。这一段文字，乃是笔者臆度，目的是要给乾隆御笔"开宁禅寺"匾找个来由，做一个合理的推测。因为，圣旨已佚失，只留下一具装圣旨的牌位（见图13-11）。

图 13-10　高其人于开宁寺十殿阎罗殿前立"彰善瘅恶"匾

图 13-11　木雕"圣旨"牌位

（8）为什么第三块碑要埋在土墙中？

这个问题可能的原因有三。

第一，前面我们分析过，这块碑的立碑时间是南诏晚期（829—863），而在唐武宗会昌五年（845），发生了大规模的灭佛行动，全国共毁废大、中寺4600所，小庙4万余处，焚烧大量佛经，强令僧尼还俗26.05万余人，没收大量良田，解放寺院奴婢15万人，收缴大量金银铜铁佛像与器皿。佛教遭到毁灭性的打击。而就在唐朝灭佛的会昌五年，南诏还派了一个16人的朝贡团到西安，年底这个团返回南诏，必然带回唐朝灭佛的信息，云南各个佛教寺庙必然要做一些预防措施，将开山祖师的碑、像埋入土墙中，无疑是一种很好的保护措施。

第二，也可能是掩盖其开山祖师的阿吒力教的身份，因为在南诏以后，特别是元以后，禅宗大盛，各佛教寺庙纷纷追序禅宗，以禅宗为正脉，有一个阿吒力教的开山祖师，似乎对开宁寺弘法不利，因此埋入土墙中，以做掩护。

第三,这是千年古刹的文物,埋入土墙中得以完好保存。这是现在的观念,并且是一种很好的保存方式,照圣方丈将已拆卸的三块祖师碑像,仍然埋入土墙之中,或许就是出于此种心理。

(9)开元二年(714),唐朝和南诏有关的宗教事件。

开宁寺一直以开元二年(714)为开山建寺的起始时间,这在第三块碑上得到文字证实。但是第三块碑的立碑时间,我们析定为南诏晚期(829—863)。所以此碑也是后人所立,也存在着记忆失误和伪托的可能。那么开元二年在唐朝和南诏都发生了哪些有关宗教的事件?

唐玄宗在开元元年刚刚打垮了最后一个反对集团,实现他的完全统治。同年唐玄宗下令整顿佛教,崇道抑佛,淘汰境内僧尼,强制一万多人还俗,另外,还公布了中原十大法师名单;还在河南新密增建超化寺;在江西吉安由慧能弟子法登禅师开山建资国寺。抑佛和崇佛并行。

而在712年,南诏罗盛卒,盛罗皮继立为诏。开元二年(714),盛罗皮派老相张建成入唐朝贡,"玄宗厚礼之,赐浮图像,云南始有佛书"。有论者认为这是云南汉传佛教的起始之年,开宁寺一直说是开元二年开山建寺,可能与此有关。但是这一条史料,在《新唐书》和《旧唐书》中均无记载,也未为当今《云南通史》所采信。即便此条史料属实,而刻有开元二年开山建寺的第三块碑,我们也析定为南诏晚期后人所立,也存在记忆失误或伪托的可能,而且,当时蒙诏的势力范围也只能达到巍宝山地区,对于觅赕境内之琅井能否具有影响,也是问题。所以琅井开宁寺在"开元二年开山建寺"之说,仍然不能坐实!

而且就在开元二年在蒙诏之巍宝山建立了土主庙以祭祀南诏始祖细奴逻。但未建佛寺。

(10)山名、寺名、井名。

开宁寺坐落的山,在清朝的志书中称为宝华山,但这三块碑上都称为宝应山。其实都是同一匹山脉,只是较东边的这部分,可另称宝华山,但整匹山岭都可称为宝应山。

至于寺名,根据这三块碑的叙述:智严禅师在此结茅时称为"宝林寺",后因"清泉涌现",才改名"宝泉寺"。到了明朝嘉靖三十八年(姑且从之)才改为"开宁禅寺"。取开盐井、求安宁之意。

琅井(包括黑井)在那一段时期,都属定远县的"宝泉乡",这是有史书记载的。但究竟是因为有"清泉涌现",还是因为"有盐泉",才称为"宝泉乡",至今未能查清。

至于井名,我们在第三块碑上见到了"狼井",在樊绰的《云南志》中,见到了"郎井";在"杨善墓碑"中见到了琅井,在《南诏野史》中知道"取音同也"。在《琅盐井志》中有因不雅而神化、雅化的全过程。这都是有文字记载的历史,机缘巧合,因为重修"祖师殿",让我们得见这第三块碑。这也为写这部书助力不少。

二、规模宏大,僧侣众多

据清乾隆《琅盐井志》载:开宁寺相传为琅盐井在开井时所建,祈求开井安宁,故号"开宁"。琅盐井开井于唐朝(南诏),这是唐樊绰所撰《云南志》中明确记载了的历史;而宋元时期的杨善墓碑又明确记载了,在琅井之南山正在建设的伽蓝(佛寺);现在仍然保存有新近出土的佛教梵文石刻和既刻汉文又刻梵文的第三块碑,以实物证明了南诏时期佛教的存在。这三点足以证明开宁寺历史之悠久。

开宁寺过去分为三大进,或称前寺、中寺、后寺。前寺供奉佛教释迦牟尼、伽蓝、阿难、接引、观音、普贤、文殊、十八罗汉、弥勒、韦驮护法、四大大王、门前二将等神明。中寺供奉道教三清。后寺供奉玉皇大帝,王母娘娘、天地水官、斗姆、吕祖、文武财神等。在中寺之侧还有十王殿,供奉地藏和阴司十王。因此,开宁寺是一个儒、释、道三教合一,天庭、地狱、人间三才合一的大寺,不论信神信鬼、信佛、信道都可以在寺中祈求庇荫、消灾纳福,所以信徒众多,香火旺盛,是誉满滇中的大刹名刹。

开宁寺后有一块墓碑,是清朝嘉庆丙子年(1816)立,为临济正宗第

盐不由衷
——琅盐井历史新探

四十一代主持僧泽庵讳和恩寿塔碑，碑上具名徒弟有常字辈常辉等8人，徒孙有清字辈清澄等13人，徒重孙有静字辈静智等13人，玄孙有体字辈体盛等14人。四代落名48人，可见当时开宁寺僧人众多，规模宏大。

开宁寺还有各代僧名排序：智、慧、清、净；道、德、园、明；真、如、性、海；寂、照、普、通；心、源、广、续；能、仁、圣、果；常、演、宽、弘；惟、传、法、印；证、悟、慧、容；坚、持、戒、定；永、继、祖、宗。共四十四代。

原先传说开宁寺开山祖师法名德朗；而根据新的资料，开宁寺开山祖师是智严（是为禅宗第二十五代），其徒是慧照（禅宗第二十六年代），徒孙清了，而道诚、道真二人并列为"住山"，再下才是德朗，再下才是园兴。因此《开创宝应山宝泉禅寺记》的内容和落款，符合其僧名排序的前六位：智、慧、清、（净），道、德、园、（明）。

明朝天启丙寅年（1626）住持僧法名性自，其徒海阔、海法、海玉、海洲、海潮等，其徒孙寂德、寂常、寂悟、寂圣等；清康熙五至十二年间（1740—1747）有海法之徒寂书，乾隆五十八年（1793）有心解，咸丰三年（1853）有悟容等等，都能在排序表上找到位置。

现在的开宁寺，在释照圣方丈的主持下，扩大了寺院范围；修通了公路、又构筑了三台二百多级的石梯道；新建和扩建了琉璃瓦殿宇；重塑了菩萨金身、新铸了十二尊铜佛；购置了精美硕大的法器；组织了本井和外地的居士队伍；收集了众多文物；举办了大型佛事活动，其影响扩散到国内外（中国佛教协会、国家宗教局、印尼、澳大利亚、马来西亚、新加坡、菲律宾、美国都有贵宾莅临及送来贺礼）；其规模和影响超过以往任何时期。

三、文物众多，铜佛精美

最古老的文物要数新近出土的"大唐开元宝泉井"石刻碑头、罐藏唐朝铜钱和刻有"天宝"二字和梵文的扁砖，以及众多唐、宋、元时期的梵文碑刻。在前寺的石质双龙透雕香炉座是明朝万历乙酉年（1585）之物，其上刻有"家道兴隆，功名显达，子孙荣盛，吉祥如意，万历乙酉。石匠礼立"字样；开宁寺后寺玉皇阁上悬挂的"昊天阁"三个大字（见图13-13），是明朝万历癸丑年（1613）所立；前寺伽蓝殿内有明天启丙寅年（1626）琅盐井提举刘公仰所撰《开宁寺常住碑记》；前寺大殿西侧拱门上有康熙五十年（1711）至雍正十年（1732）任琅盐井提举司吏目孙复题刻的诗碑：

> 锡飞何处叹闹浮，赖有灵泉说往由。
> 八德已通云自散，三生未悟水定流。
> 消消不断心中妙，痛痛能忘意外忧。
> 松火试烹寒玉碎，令人尘梦醒扬州。

图13-12　十八罗汉（部分）

图13-13　后寺-昊天阁

十殿阎罗殿前，有提举高其人于乾隆乙酉年（1765）所题"彰善瘅恶"字匾；后寺大殿西侧墙上有乾隆四十九年（1784）刻的大理石碑；原后寺玉皇大帝神龛上匾"统御诸天"是乾隆甲辰（1784）琅盐井提举朱璋所题；原已散落在民间的字匾，如康熙十六年（1677）的"铁面赤心"匾；民国戊辰（1928）的"慈荫琅疆"匾，均由主持照圣出价收回。特别是乾隆御笔亲题的"开宁禅寺"匾，得到皇帝钦赐，是最高荣耀。

此外在《琅盐井志》中保存有大量有关开宁寺的诗文：

盐不由衷
——琅盐井历史新探

陈余达《开宁寺》:

多士翩翩大国风,招携聚乐梵王宫。再来禽鸟如相识,忽撤藩篱真是同。歌咏吾将与点也,醉颓谁复笑山公。从前胜事难为和,拟续重游马首东。

唐文绰《开宁寺小集》:

幽期物外暂招寻,选胜还来祗树林。磴道林烟奔骚屑,山光入夏乱晴明。精蓝漫灭谙时代,云木苍凉自古今。日暮酒醒重回首,几人吟处暮蝉吟。

《登宝华山亭》:

凉风拂面酒初醒,散策来登最上亭。下界早蝉争切响,危松老鹤堕修翎。天空云作鳞鳞白,旷野山浮点点青。便拟投簪从此去,丹岩筑室问仙灵。

宝华山的泉水,原是琅溪珍秘,请看几任提举是怎样赋诗的:
来度诗:

空山尘不到,是合有灵湫。分彼八功德,济兹大比丘。笕飞寒玉泻,池静碧云流。水熟逢茶话,令人忆贯休①。

周蔚诗:

宝华山下水泠泠,疏凿相传事不经。爽气细浸新草碧,流声远带野烟轻。老龙自异谁能絷,古佛无心却有灵。我过香台时煮茗,酿泉每忆醉翁亭。

---

① 贯休(832—913),唐兰溪人,七岁出家,工诗书,善画罗汉。

沈䨇诗：

古刹清涟美，由来圣字传。水声通曲径，梵响散诸天。
不以人工巧，因之佛力绵。曹溪①流一派，千古颂甘泉。

琅井举人张约敬也咏《宝华圣泉》：

卓锡山前事已空，灵泉犹自响淙淙。欲知圣水渊源处，只在天机淡荡中。
滴滴香厨澄皓月，涓涓碧沼冷清风。老僧若识来何处，不向支流枉用功。

张常吉《宝华圣泉》：

宝华泉水涌明沙，凿石沿山引到家。自昔涟漪传圣字，于今梵宇灌琪花。
泉声入耳凝仙乐，草色连云润彩霞。自是琅溪堪美处，好从池畔一烹茶。

夏天宠《开宁寺赏茶梅》：

鹫岭山分宝应东，花开幽处曲径通。春光未到香先满，淑气方升色已红。
直共松筠斯腊雪，不同桃李斗春风。冰姿竟向祇园老，艳质久从胜地丰。
玉剪缤纷联梵宇，宝珠绚烂映琳宫。种超庚岭琅中盛，名重滇池海内空。
雪点枝头横古砌，霞栖树梢坠芳丛。归来余兴犹酣畅，不觉长天月正中。

除诗外，在井志中，还有提举来度写的《开宁寺碑记》。

开宁寺还保存有乾隆年间制的瓷器多件，如精美可爱的"寿"字瓷碗。更为珍贵的是明清两代的泥塑释迦牟尼和十八罗汉塑像以及后寺的吕纯阳泥塑像；最令人赞叹的是开宁寺铜佛（见图 13 - 14）。琅井因产盐而

---

① 曹溪即禅宗开山祖师慧能在广东曹溪寺的道场。

盐不由衷
　　——琅盐井历史新探

经济发达、寺庙众多，据《琅盐井志》记载庙宇共有30余座，许多寺庙都铸有铜佛，由于各寺庙相继失修坍塌，铜佛逐渐集中于开宁寺保存，总数为80余尊。据《禄丰县志》记载："佛教铜佛大小12尊，其中释迦牟尼坐像、燃灯、阿弥陀佛均高1.32米，其余高0.46～0.52米；铸于明崇祯元年（1628）道教铜像大小23尊，其中玉皇大帝坐像高1.78米，旁立四个金童玉女像，高1.58米，天官、地官、水官、真武、斗姆、王灵官像高1.46米，铸于明万历十二年（1584）。文昌、关帝像高1.40米，文财神、武财神像等10尊，高0.45～0.54米，据考，铸于清嘉庆末。以上佛道铜像，原供奉在琅井开宁寺和玉皇阁中，1986年收藏于县文化馆。"这是就铜佛的数量和尺寸而言的，对铜佛的铸造水平和艺术水平而言，中央电视台曾对这批铜佛做过报道，称赞为"国宝级的文物"。遗憾的是他们不能享受人间烟火。从保护的角度看，在博物馆内很安全；而从利用的角度看，除了少数研究者外，只不过是被欣赏的对象，和商店橱窗里陈列的工艺品没有多大区别，不能给予善男信女们精神的慰藉和情感寄托，缺少那种佛陀、神仙的灵气，也缺少香烟缭绕、帐幔低垂、梵呗连声、虔诚膜拜的肃穆气氛，对旅游的发展或会产生不利的影响。

　　开宁寺还有一块碑需要说及，名称为"宝应山宝泉寺常住石碑"，碑末刻有"明万历三十年二月初八日住持僧海法沐手焚香撰"，还有"注：此碑近期由民间收回，字迹严重磨灭，于二〇〇二年二月按原文重刻。"从这三条文字看，此碑应是古碑，但从碑的内容看则完全是现代人的口吻和语言结构。文物的修复应是修旧如旧，不应添加现代的内容，正所谓"假作真时真亦假"，其结果是始作者意想不到的！

开宁寺的历史追溯及文物 第十三章

图 13-14 开宁禅寺明代铜佛像(部分)

盐不由衷
——琅盐井历史新探

图 13-15　现在开宁寺全景（航拍）

附录一 为《禄丰县妥安乡琅井开宁寺参加六好模范寺院评比》而写的材料

开宁寺坐落在琅井宝华山腰，据井志载是琅盐井开井时建，祈求开井安宁之意。唐朝樊绰所撰《云南志》中说："升麻、通海已来，诸爨蛮皆食安宁井盐，唯有览赕城内郎井盐洁白味美，惟南诏一家所食，取足外，辄移灶缄闭其井。"说明琅井在863年之前，就已开井煮盐。现存的《威楚盐使司琅泉井梵海大师杨教主墓铭并序》碑记载：在元朝至正十五年（1355年）之前约100年就在琅井之南山，建设"莲兰若"（即寺院），当时在中原是南宋时期，在云南是大理国时期。所以琅盐井在唐宋时期开井，开宁寺也就在唐宋时期开建。到现在已有千余年历史。此外，不论是南诏国还是大理国，佛教都对其产生重要影响。元朝至正十五年橄景善为寺院提点，管理寺院的兴举废坠事宜，而在景善之前由高升泰后裔高长寿赐杨善及其父杨克顺、其祖杨政祖孙三代相继为教主，号称"一郡师"。正因为杨善"未能缮治庄严"，才遭罢免，而由景善代替，改称"寺院提点"。琅井先后建有佛寺30多座，可见佛风之盛。同时琅井现存有梵文经文残碑一块，其文字与大姚、姚安梵文经文相同，但质地是大理石，远较砖刻为优。明清时期琅井的盐业达到鼎盛，琅井的佛事也达到鼎盛，现在保存在禄丰、楚雄博物馆的大批铜佛就是琅井各寺院的供佛。中央电视台曾两次报道，称为"深山里的金铜佛"。目前开宁寺内还保存有许多文物证明着它有光辉的历史。

党的十一届三中全会以前，寺院建筑多已倒塌，残留的部分也破败不堪，还被占作仓房、榨油房，僧侣被迫还俗流散，佛像被毁、铜佛被迁，在倒塌的地基上，种满了庄稼，除开宁寺这个名称还留在琅井人心中外，其余俱已消失。

党的十一届三中全会以后，随着党的宗教政策的逐步落实，比丘真

盐不由衷
——琅盐井历史新探

法、常学比丘尼相继回寺,要回了残破的殿宇,清理了荒芜的庭院,逐步复活了人们心中的佛缘。当两位老僧尼相继去世后,照圣被迫中断了莆田佛学院的学业,回寺主持。经过艰苦的努力,1998年翻盖了藏经殿,2003年新建了3层的起居楼,接通了山泉水,改造了用电,厨房、厕所、浴室、围墙、钟楼、鼓楼相继配套建成。于是有了琉璃的殿宇、精美雕刻的门窗,有了两尊最高、最重的铜佛,有了木雕华严三圣,佛像又重穿金装,法相庄严,气魄宏伟,法钟、法鼓、经幢、匾联、云板、木鱼、香炉、宝鼎、铜磬等法器的形体,都超过了历史的最高水平。庭院内绿树葱茏、鸟语花香,风动铃响,一片清幽。

在硬件环境基本具备的基础上,又进行了下列软件建设。

第一,建立和健全了各项规章制度:

(1)开宁寺场所管理制度;(2)开宁寺财务收支管理制度;(3)开宁寺教务管理制度;(4)开宁寺宗教管理制度;(5)开宁寺汉传佛教管理制度;(6)开宁寺常住人员管理制度;(7)开宁寺安全保卫制度。

(七项制度内容略)

第二,成立了开宁寺佛教管理小组;成立了四个居士护法小组并选举了组长;选举了财务会计、出纳并经州级培训合格,取得结业证书;通过居士护法小组联系着琅井、昆明、广通、一平浪、楚雄、牟定、禄丰等地的数百名信教群众。

第三,开展了一系列佛事活动。在遵守国家政策法规和本寺各项管理制度的基础上,开展了经常性的敬香、拜佛、供奉、素斋、诵经、念佛、放焰口、供天斋、打普佛等活动;每年都进行一次对皈依弟子的培训,并请乡人大主席、县宗教局长来寺讲解党的宗教政策;2001年举行了藏经殿落成和华严三圣木雕佛的开光法会;2002年举行了铜观音佛像的开光法会;2003年举行了佛祖重新穿金开光法会,并请浙江鳌教寺88岁圣修长老专程领参盛会。这些盛会每次都有数百信众参与,既弘扬了佛法又扩大了开宁寺的影响。因为创造了较好的接待条件,加上环境清幽宁静,得到了信众的好评。

对于开宁寺的振兴和发展，虽然是政策允许、社会需要，但是如果没有一个诚心向佛、吃苦耐劳、不计名利、坚韧不拔、作风正派的领头人，十数年如一日的艰苦经营，是做不到的。开宁寺主持释照圣，俗姓曾，牟定县出生，1986年16岁时就出家于开宁寺，1988年由真法长老推荐到福建莆田佛学院学习深造，1993年10月1日在四川成都文殊院受戒于宽霖法师，1998年真法长老圆寂后，他被迫中断学业，回开宁寺主持，之后，取得国家合法注册资格，并且次年检合格。经过多年的实践和观察，照圣有如下优点。

第一，能诚心向佛，吃苦耐劳、不计名利。照圣少年出家，即使在幼年时期，跟随外公生活，外公也是出家还俗者，因此在少小的心灵中种下佛缘；在青年时期，又生活在寺院和佛学院中，很少沾染世俗利欲浮糜的习气，一贯能吃苦耐劳。就以他去双柏县林区为天王殿购买木料为例，在山高林密、风雪交加的林区，全是用自己带去的冷饭团，干巴巴地度过一个多月的艰苦时光。以耐劳而言，也有显著例子：为办理入林区的各种证件反复奔走于乡、县、州、厅、省各级部门，5颗大印，4种准许证明，才把准伐证办到手。局外人很难体会这其中的艰辛。照圣深知他花的每一分钱，都是信众们的捐献，决不能乱花。有一次为了买钉子，照圣硬是步行到牟定县，往返80里就为了省下路费。

善男信女们布施的钱财，除了用于建设开宁寺外，照圣还关注人民群众的疾苦，例如琅井旧大桥被1998年的洪水冲垮，需要重修，照圣捐出560元；引沧浪菁农田灌溉水沟冲坏了，要重修，照圣捐了600元；鱼池村要修道路，照圣捐了全部水泥费用4600元；琅井群众要修张经辰烈士纪念碑，照圣又捐了500元；昆明居士布施的衣服，照圣捐给了牟定化佛山和猫街等地的受灾群众；还经常给孤寡无助的老人送米粮……

正因为有寺庙修建的业绩，又有修桥、铺路、救灾、怜贫的善举，因此他得到了回报：一方面，他被推选为州人大代表，得到党和国家与人民的信任，一个普通的青年僧人坐在州人大代表的席位上，参与国政；另一方面，开宁寺更加得到人民的关爱和支持，如2000年正月间，得知开宁

盐不由衷
——琅盐井历史新探

寺新迎来的铜铸（接引佛）运到山脚，需要人工抬上山，真是一呼百应，一下子来了百多名青壮年，硬是将两吨半重的铜佛和一吨多重的宝鼎全用人肩扛，抬上了山，在那陡峭、弯曲、狭窄的梯蹬山道上，数十人前呼后拥、肩扛手拉，还有经幡、香烟、爆竹的引领，场面确实感人。这种场面正好说明了照圣爱国、爱教、爱人民，开宁寺庄严国土、利乐有情的善因善果。

第二，坚忍不拔，作风正派。开宁寺要重建，必然要收回被占领的地基，这就与分得这些土地的群众有利益上的矛盾。在各级领导的关怀下，经过反反复复的协商，照顾方方面面的利益，这种矛盾总是要在耐心忍让的基础上才好解决；另一种情况，开宁寺在建设中，总是要向各种各样的商家和个人，赊购一些材料和物品，而当寺内暂时不能按期付款时，这些债主就会登门讨债，有时还会说些令人难堪的话，这时也需要忍耐，再难听也得听，为了寺院建设，为了弘扬佛法，忍耐也是一种向佛心的修为啊。最后一种情况，即"不遭人忌是庸才"，遭人忌妒也就罢了，更有一种别有用心的人，会指使一些不明真相的群众来寺当面谩骂，或电话中威胁，另有人行以利诱：每月给照圣多少钱，条件是交出开宁寺的主持权。更有甚者，公然贴出大字报，进行人身攻击，目的是搞臭照圣，让他在开宁寺站不住脚，迫使他离开。其实，不过是因为照圣有建设的成绩，而又有正派的作风，相对映衬出另一些人的肮脏心理和阴暗的勾当。但是从佛家的观点看，都是社会对一心向佛的照圣的佛心的考验和佛法修为的锻炼，照圣一再告诫自己，一定要忍耐，不敢妄动嗔念，不敢动摇佛心。真是作风正派，坚忍不拔啊！

时光短暂，业绩也只是开始，佛心还须坚定，修为尚要深入，开宁寺的将来一定更加辉煌灿烂！

开宁寺佛法管理小组
2003年8月9日

附录二　罗应起①《琅井发展简史》中《开宁寺简介》摘录

开宁寺位于琅井之南，宝华山腰，离井市约一公里。因琅井旧名宝泉，此山故名宝华山。据《井志》记载，开宁寺是"开井时建"，但无确切的考证依据。

原来分前中后三重殿阁，前后毗连，殿复登高，背座笔架高耸，山脚鳌峰锁龙，前迎大魁山气势磅礴，石拐湖镜映山门，远眺曲溪东流，近观市井炊烟，四周柏树苍郁，夏秋稻谷飘香，是琅井仅存的名胜古刹。

前寺建有山门、天生殿、罗汉殿、接引殿、五祖殿、大雄宝殿、伽蓝殿、藏经楼、禅堂、客堂、五观堂、四大寮房、海会塔、方丈室；中殿为三清殿；后寺为斗姆阁、关圣殿、吕祖殿和玉皇阁；左侧为地藏十王殿；历世沧桑，累遭灾毁，数度重修。

昊天阁建于明代万历四十一年，岁次癸丑（1613，考证依据现存昊天阁直匾）。后被火灾，重建于清乾隆四十九年，岁次甲辰（1784），提举朱璋土官巡捕李暨合井士绅灶民六房马耆备役街民人等重修（中梁记载）。

吕祖殿系清朝嘉庆年间里人杨时行出任广东肇罗兵备道道台时捐银建成。

地藏十王殿建于清朝乾隆三十年岁次乙酉（1765）。殿檐前挂有提举高其人敬立的"彰善瘅恶"匾，后于咸丰七年岁次丁巳（1857年）住持僧常桂、徒侄清洋、徒孙净芳、净升重修（中梁记载）。

斗姆阁康熙癸丑（1673）住持僧寂书募众灶捐资重修，清乾隆二年（1737）提举李国义倡率州同王述文重修。

开宁寺大雄宝殿明代天启六年丙寅（1626）陈之遽重修；清乾隆五十八年癸丑（1793）提举李××儒学训导陈××土巡捕李×暨住持僧心解徒

---

① 罗应起是琅井人，中华人民共和国成立后培养的本地干部，退休后写的《琅井发展简史》保存了他所见到的资料。

宗传再次重修（厦梁记载）。

五祖殿清咸丰三年癸丑（1853）住持僧××率徒孙悟容重修（厦梁记载）。

民国十二年（1923）有重修昆明西山《云栖禅寺》的虚云和尚曾到琅井开宁寺卦锡，赠言曰"凤高翔于千仞兮非梧不栖，高僧大德兮非圣地而不卦锡"，由此说明开宁寺在当时享有的声誉。

后因年久失修加"左倾"危害，只存罗汉、伽蓝、大雄宝殿，及后寺的昊天阁、吕祖殿、十王殿，其他殿宇已毁坏无存。

党的十一届三中全会以来，落实宗教政策，佛教信徒募资修葺殿阁，重塑佛身，种树栽花以供群众游览。

第十四章 蒙文？梵文！
——一个尚待开垦的领地

在乾隆《琅盐井志》的古迹中有："元朝碑在弥勒山左，字皆蒙古，不可识辨。"在（鱼池村）弥勒山左，2010年出土了元朝至正十五年（1355）的火葬墓幢、一批火葬罐和大量贝币，见图14-1至图14-3。

图14-1 火葬墓幢出土实况、梵文墓幢头等（照片由寇国雄、杨敬先提供）

图14-2 出土的火葬罐　　　　图14-3 贝币

盐不由衷
——琅盐井历史新探

很长时间里，我们对这种奇异字体也不认识。当时只有一块残碑的实物及照片和拓片，曾经请教过一些人，他们也不知道。因为显然不是蒙古字，也不是元朝八思巴创立的新字，也不是拉丁字，更不是回文。正当迷惑不解之时，一天，杨敬先打来电话，说残碑的字体和大姚白塔的梵文一样，因此是梵文的梵经。虽然我们也不认识梵文，但终于解开了乾隆《琅盐井志》中的谜。这是蒙古碑，但不是蒙古字，而是梵文！

此后又陆续发现了一些梵文碑，见图14-4。

图14-4　琅井出土的梵文碑

蒙文？梵文！——一个尚待开垦的领地

这十多块梵文碑证明，唐、宋、元朝时梵文在琅井曾经的辉煌，而它们又与佛教密切联系，所以琅井的佛教之溯源，就不能仅仅归于汉传了。这些梵文碑就是物证。

我们不懂梵文，但杜文玉的《唐代长安佛教经幢题记与题名研究》中，对唐代长安地区的57块佛教经幢进行分析探讨，认为"官吏阶层，占题名总数的41%"，"僧尼阶层，占题名总数的41%"，"平民阶层占题名总数的18%"，并且"基本反映出唐代长安地区佛教信仰的社会分布情况，上至皇帝、公主、诸王、文武百僚、甚至包括宦官及其妻子、子女，下至僧尼、平民百姓，无不对佛教虔诚地信仰"。"由于这里是唐代的佛教中心，在一定程度上也可以代表全国各地的信仰情况。"这57块经幢最早的建于689年，最晚的建于879年（从725年到789年建15块，802年到879年建31块，有10块没有建立时间）。从题记的内容看，"属于佛顶尊胜陀尼罗系列的经幢共48座，占经幢总数的84%"。

对照琅井地区的情况，琅井的经幢无疑应是僧尼和平民所建；其建造的时间，除红砂石的经幢确定是元朝以外，其余均不能确认，有可能是唐朝，也有可能是大理国和元朝；而其内容，主要也应是《佛顶尊胜陀罗尼经》系列。这个判断的主要依据：其一和长安的情况一样，即《佛顶尊胜陀罗尼经》适合僧尼和平民的需要；其二是在碑中也有6种图形（蛇、狼、牛、马、猪、狗）。按《佛顶尊胜陀罗尼经》的说法，人死之后要下地狱，从地狱中出来会投胎于猪、狗、牛、马、狼、蛇，去受猪狗之食、牛马之苦、狼蛇之毒的罪孽，而常诵《佛顶尊胜陀罗尼经》就可以灭一切业障，不受地狱之苦，不遭六畜之灾，等等。所不同的是，琅井的经幢刻的是梵文。在云南昆明地藏寺大理国经幢上，也刻有梵文《陀罗尼经》，并且刻有汉文的《佛顶尊胜宝幢记》。

《云南通史》第三卷①指出："今存的《王仁求碑》、《南诏德化碑》、建极年号的铁柱铭文、剑川石宝山石窟造像的题记、《南诏中兴二年画卷》

---

① 何耀华总主编：《云南通史》第三卷，中国社会科学出版社2011年版，第134页。

盐不由衷
——琅盐井历史新探

的题记,都是用汉字写成。可见汉字是南诏的通用文字。"但是,不能说这些梵文碑刻不是南诏、大理乃至元朝时期的物件。尤其是在这些梵文碑中,是否有关于琅盐井开井的信息,以及其他社会信息,我们仍然一无所知。

所以,这些梵文碑是一个尚待开垦的领地,仍然有待专家解读。

另外,说到鱼池村,在1975年出土的墓葬青铜器27件,经云南省文物工作队鉴定为战国时期的文物。其中,锄13件,斧6件,矛3件,戈2件,剑2件,镦1件,部分见图14-5至14-10。

图14-5　新石器时代石斧　　图14-6　青铜铣

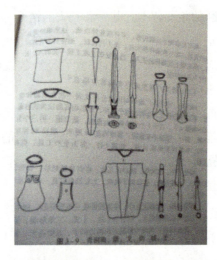

图14-7　禄丰琅井发现的青铜器(引自段志刚、李朝真著《彝州考古》)

蒙文？梵文！——一个尚待开垦的领地 第十四章

图 14-8 青铜剑和青铜箭头

图 14-9 孙可望（张献忠义子）进占云南所铸"兴朝通宝"

图 14-10 青铜钺

第十五章　奇峰寺奇事三则

奇峰寺坐落在奇峰山山腰，林木葱茏，岩壑清胜，俯瞰平野，曲川烟柳，清溪掩映；寺左有七宝寺、寺右下有慈寿寺，鼎列环伺，丹辉映带。井志记载，奇峰寺为开井时建，历史悠久。有众多文人为其吟咏。

明朝进士，落籍琅井的陈玺题壁奇峰寺诗云：

绿竹青青，花香满地。振振君子，子孙千亿。
乃游奇峰，乃酿脂酒。爰笑爰居，得我好友。

明朝黑井举人李朝阳《游慈明寺》诗云：

耽此因性癖，景物可舒眸。覆刹丹霞丽，连天碧树幽。
月明清影散，风过异香浮。兀作刚三鼓，逢人话旧游。

来度（提举）《题奇峰寺》云：

国里须知是众香，米颠来去亦何常。
登山不厌看花屐，住世先从选佛场。
梵磬六时惊鸟啼，茶铛终日唤僧忙。
此间谁问罗浮客，为我频遮薛荔墙。

然奇峰寺之奇事有三，分述如下。

第十五章 奇峰寺奇事三则

一、"千瓣白梅一株,一花三实,遇有祥瑞,即开红梅一枝,必按方位"

在井志中有众多吟咏奇梅①的诗。
陈荀产《奇梅远荫》:

古琅井畔多林麓,奇峰旧刹藏山腹。
寺遮合抱梅一株,连蜷老干苍纹簇。
传闻国初开盐井,禅堂已散横斜影。
东土根枝甘露深,佛光常供梅花冷。
冷曹谪吏代庖人,每寻佳处怡心神。
也知繁荣待幽赏,绾章其奈非闲身。
仲冬稍暇为山行,屏尽前呵俗吏声。
纱帽不教幽胜妒,山花含笑如相迎。
向阳欹枝花半吐,湘华经日湿垂午。
悬冰未落高艳鲜,缀玉初分寒雀舞。
村樵不解梅清楚,零落同心蹴芳蕊。
倩将官法护花灵,我可作宾花作主。
清供偏能伴法王,空门岁岁生冷香。
路非驿亭难折寄②,山遥宫阙肯添妆。
但云三实一花开,谁知千瓣非凡胎。

---

① 梅:果木名,早春开花,色有红白二种,白者初开时微带绿色称绿萼梅,开花后生叶,果实味酸,立夏后熟,生者色青叫青梅,熟者色黄,叫黄梅。古代用作调味品。书经有:"若作和羹,惟尔盐梅。"

② 折寄:南朝宋,陆凯与范晔交善,自江南寄梅花一枝至长安赠晔并题诗曰:"折梅逢驿使,寄与陇头人。江南无所有,聊寄一枝春。"

盐不由衷
——琅盐井历史新探

浪夸庾岭①南枝落，不为孤山处士②栽。
水部③题残东阁句，堕枝似卜鸠飞去。
嘉卉虽邻斥卤泉，高岩空借调羹喻。
徘徊树底怜疏瘦，故条照眼新条嗅。
未逢和雪嚼晴花，咏花肯在前人后。
寒深万木生机竭，惟尔凌风复却月。
凋谢时令游兴增，荒山如坐众香国。
清茶一盏僧将至，无樽心亦为花醉。
选枝折归注胆瓶，今宵静对梅花睡。

来度（提举）也有诗：

琅溪水清天不雪，老梅古干空如铁。
小亭寂历几黄昏，横斜影覆前朝碣。
托根萧寺不记年，色香已证花中禅。
嶙峋劲骨疑久脱，纷纭桃李亦嫣然。
相传三实子离离，寒胎何复能多儿。
固知此种不可失，春阳独放条风吹。
前余亦自冷曹至，素心相照复相视。
携樽徒倚可自由，巡檐能不同花醉。
我闻博望④事凿空，葡萄泻绿安榴红。
封侯直可动天子，区区草木皆丰功。

---

① 庾岭：指江西大庾岭，为五岭之一。
② 孤山处士：指宋代林逋，林和靖，杭州钱塘人，不趋名利，不娶，结庐孤山，居多植梅蓄鹤，客至放鹤致迎，时称"梅妻鹤子"。
③ 水部：即南朝梁人何逊，官水部郎。以诗文著名。其诗善写景，工练字；杜甫有"东阁官梅动诗兴，还如何逊在扬州"的诗。
④ 博望：张骞出使西域，带回葡萄、石榴等水果，被封为博望侯。区区草木都可让天子动容，建立丰功，而如此奇梅只能伴山僧白头，真是可惜！如何逊之诗已扬州梦断，林逋的屐齿亦折，这些比对都是来度借梅自怜、自惜而已。

吁嗟老梅真可惜，山僧头白数晨夕。
扬州梦断何逊诗，孤山齿折林逋展。
热肠随去问高寒，冰霜千古留心肝。
好友举杯更长啸，雪中且共寻袁安。

周蔚（提举）诗：

老梅偃仰向山阿，着屐闲来一再过。
历落冰心空色相，横斜铁干作烟萝。
蓬人尽道开花好，独我偏怜结子多。
槁尽繁华奇种在，不材生长漫婆娑。

沈鼒（提举）诗：

本是罗浮①种，开时发异芳。月明怜瘦影，风细惜寒香。
雅淡羞桃李，萧疏傲雪霜。孤山曾赋咏，到此兴偏长。

李匡诗：

空庭广坐岭云凉，纵饮高歌殊未央。
工部吟成真独擅，罗浮梦入迥生香。
苍茫暗结蜻蜓水，疏放横披宝应岗，
最是使君开胜赏，不教明月断笙簧。

---

① 罗浮：山名，在广东增城、博罗、河源等县间，长达100余千米，峰峦400余千米，风景秀丽，为粤中名山。相传罗山之西有浮山，是蓬莱之一埠，浮海而至与罗山并体，故曰罗浮。罗浮山飞月峰下，有罗浮村，旧时梅树成林，村人赖以酿酒为生。苏轼有诗云："罗浮山下梅花村，玉雪为骨冰为魂。"唐柳宗元著《龙城录》载："隋开皇中赵师雄迁罗浮，日暮息于松林酒肆旁，见一美人，淡妆素服出迎，与语，芳香袭人。因与扣酒家共饮。师雄醉寝。比醒，起视乃在梅花树下，上有翠羽啾嘈相顾，月落参横，但惆怅而已。故有罗浮梦、罗浮魂之典。"

盐不由衷
——琅盐井历史新探

马天选（楚雄府同知）《古梅》诗：

玉女何年降碧苍，步摇环佩识新妆。
人间咏尽罗浮景，天末珍流阆苑芳。
野僻传来书信早，山深爱与月明将。
根蟠不复稽朝暮，岁月何知问汉唐。
起卧休皋飞燕羽，婆娑岩岫挹琼浆。
娇躯扑地声无腻，倩频迎人笑带香。
堆簇冰团千万叠，胎凝珠粒两三行。
虬枝高竿菁葱盖，翠带频添薜荔裳。
清畏人知名自淡，时逢景好兴偏狂。
别来寒骨愁驴背，看到奇茎袭锦囊。
万里吹横夜笛冷，千溪影散晓云忙。
也知东阁调饥急，谁念西陵梦绕长。
铁石广平情有赋，风流水部成韵章。
因思鼎铉和羹重，取向青峰炼雪霜。

刘联声（楚雄）《古梅》诗：

古干离离挂夕阳，频年未肯泄春光。
魂销庾岭三更月，瘦减罗浮五夜霜。
雪踏江皋难觅偶，烟迷驿路漫寻芳。
倚栏忽见琼瑶色，绕砌重惊浅淡妆。
绰约层台清蝶梦，萧疏并蒂倩蜂忙。
影斜碧水晴波丽，枝带梅苔晚径凉。
素质偏同松节劲，孤标不逐柳丝狂。
行吟销得诗千首，洗痛还浇酒一觞。

莫道调羹须耐冷，应知彻骨自生香。
暮云敛尽千华态，一点冰心映玉堂。

邓川教谕张约敬（本井）《古寺奇梅》诗：

不识何年传异种，琅溪古寺有灵葩。
经霜玉质成三实，傲雪冰姿只一花。
独抱幽贞留古寺，自标余韵在仙家。
一从月夜空庭静，老干扶疏瘦影斜。

廪生杨翠洸（本井）《奇梅》诗：

庾岭分来种不同，一枝红绽喜先通。
含香淡雅还堪并，带叶萧疏莫此丛。
为薄浮华花数减，专修实行子偏充。
和羹应是盐梅重，从此频增卤味隆。

庠生张惠秀（本井）《古寺奇梅》诗：

亭亭梵刹见清操，时伴松风气概豪。
满树月斜金殿冷，一枝雪压玉山高。
春深南国垂三实，梦入西滇奏八璈。
试问冰心谁寄取，只今官阁有仙曹。

庠生张常吉（本井）《奇峰古梅》诗：

为爱奇梅种，花开异众芳。经寒多结籽，冒冷倍生香。
傲骨欹残月，高枝拂晓霜。携尊一相赏，幽韵不能忘。

盐不由衷
——琅盐井历史新探

张起秀（本井）《奇梅》诗：

萧寺传奇树，罗浮引梦清。
一花春信早，三实尽调羹。

琅井儒学训导唐文灼（晋宁）《访奇峰古梅遗址》诗：

百叶名葩古佛前，人传初地宋明年。
空留词客题珊佩，无复天花落梵筵。
萼绿华来抓香国，许习琼返玉真天。
好从柯笛遗音里，想像清寒一洒然。

楚雄教谕李载膺（石屏）《琅井奇梅》（梅花引）：

冰撑骨，萼萃绿，老干百年研似玉。秦楼妆，汉苑香，暗中影动，群花谁竟芳。
离离垂实每同蒂，玉英檀心昭异瑞。承霜华，发奇葩。清冷自别，休猜梨树花。

对于奇峰寺的奇梅，有 14 位作者作诗吟咏，其中有官有民；有诗有词，有七言长诗，也有五言短句。他们从不同角度、不同侧面来书写奇梅，也从根、枝、叶、蕊、实、形、色、香等等来品评奇梅，各抒情愫，各敞胸怀。看陈荀产折枝注瓶清供，昏宵静对梅花睡的隐官，其心迹是用丘壑心销风波险。来度却是借梅自喻，举杯长啸，要寻袁安为其平反。周蔚注重实惠："蓬人尽道开花好，独我偏怜结子多。"他在琅井修井，建筹井楼为井民预作筹后，敢于创新，不怕失败，尽管他修井失败了，仍是"槁尽繁华奇种在"，精神可嘉！李匡参加吴三桂造反，是梦入生香，苍茫暗结，如蜻蜓点水，一瞬而逝！只有沈霭到琅井"兴偏长"，"开时发异芳",做了不少好事。最大的好事是续修了志书,文章千古事!不仅保存了史料,还让我们能欣赏到这些咏奇梅的诗篇。

值得指出的是,在陈荀产的时代,奇梅是真有的。第二版《琅盐井志》① 中记载:"奇峰寺,一名慈明寺,在奇峰山,开井时建。署司推官陈荀产重修,具载有碑记,殿左有古梅一花三实,为海内异本。陈荀产构亭梅侧为觞咏地。云南督学杨师孔额曰"古梅远荫"。提举来度续题亭额曰"花中国士",并诗记之。今古梅与亭无存。康熙三十年,殿宇倾圮,井民杨恺、江钟哲、杨喜等倡首募众重建,寺僧复植古梅遗种一本、红梅一本以续古迹。"康熙三十年(1661)种的古梅遗种和红梅,到五十一年(1712)修志时,是否还活着?即便活着,是否变种都不得而知。但到了来度的诗中,却是"相传三实子离离",相传即未亲见,这就是说早自康熙五年来度任提举时起,一花三实的古梅花已经没有了。而到乾隆二十一年(1756)修编《琅盐井志》时,担任"参订"工作的唐文灼写的诗题目叫《访奇峰古梅遗址》,奇梅已经没有了,只有遗址,留下对奇梅的念想。所以,陈荀产以后的这些诗人和他们所作的奇梅诗与实物无缘,只凭念想而作,是"想像清寒一洒然"。这就是文学的浪漫!

一花三实的古梅是否有遗种?遗种是否变异?这仍然是谜。

二、寺名与人名相同

明朝琅盐井提举陈荀产作有《奇峰寺碑记》,记"寺名与人名相同"。今全文录入。

夫慕豪华者厌枯寂,羡东瀛者迂西竺,膻仕路者淡隐林,人性之癖比比也。余不其然,迂豪华则艳场结客而心不驰;逢初地则礼偈逃禅而念不搞。总之心无其心也,视飘然羽化者,蓬岛非遥。三昧自焚者鹫岭不远;

---

① 康熙五十一年修《琅盐井志》卷一《寺观》。

总之心同出世也。以孝友为政,籍宦地为隐,总之,范身者淑世,用丘壑心销风波险也。

琅为滇官苦海,余值其厄,适代井庖。一意以慈航济诸灶。一年间,民若望彼岸为趋,乃不自觉堕澴波中。或者航可济人,而舟师不谙治楫、舵不应手,将臭厥戴耶!督课之暇,每步入奇峰,见寺外颇多幽致,寺中一花三实之梅,偻屈奇古。余足迹半天下,实未见之。即光福为吴中胜地,十里梅丛何下千万株,不能得此一本也。见梅如与知己相对,时时往探,纵晴日驱车,亦酷类蹇驴踏雪。因自谓曰:"若官此,课无逋欠,可吏而隐也。"因梅俟佛,枯寂生想,慈航动念矣。又如本寺而外,去奇峰之左,七宝寺在焉;下奇峰而右,慈寿寺在焉。与司治相向,观音寺在焉,度司治而南,又有开宁寺在焉。周逾二里许,列寺惟五。琅顾不乏慈航哉!修寺寓心,余况有夙愿也,余兄季随为楚令,一日始书相示,谓老母在堂,八旬有五,我兄弟一宰楚南,一宰西滇,迎养不能,宜局未结,惟爱民寄修积,随缘作因果,为母氏祈年云。余终心藏之。且寺为盐司拜谒祝寿习仪之所,创自国初,殿低而圮。会住僧三玄将为鼎新计,谋之灶老,奈盐落灶贫,心限于力,始请于余。余乃捐俸鸠工,又高其殿宇,饰其坊墀,铸铜佛三,为灵山莲座,塑罗汉十八,为东西龛列之。殿右老梅古干,则护以垣栏,更构亭为饮地,而徙石移竹点缀之。置常住数亩以饱住僧。建东楼三盈以供方丈。无端,灶与僧好貌余其中而尸祝焉,余愧欲死,力阻之不得,置蛇足视之耳。今琅民犹未出苦海,余才短德薄,不能引之彼岸。能不借庄严诸佛为尔井中民大放慈航,且以慈波之余,祝余堂上亲善饭增龄也。井民尸祝余佛,未必免俗吏不职之谴,余倩佛光以照井民,井民其有谬乎!寺成,父老始传,本寺原名慈明,奇峰者,因山号也。余复爽然悟:余旧字慈明,重新若寺,主盟于余。余因缘之说此其一验矣。并识之。记成再书记于左:

因我作像,我缘无像,以像貌我,我亦无我。

我新厥寺,寺原当新,非我铸佛,佛成现身。

山原名寺,寺同余字,修毕始知,修原无心。

知在功竣，因缘乃真，空空之性，随处寄神。

夫何容心，佛共一灵。

这篇碑记不到900字，却把奇峰寺的环境、地形和一花三实的奇异加以描述，他足迹半天下都未见过有此奇花。又记了修寺的原因和增修扩建的殿宇、亭楼，还铸铜佛三尊为灵山莲座，塑罗汉十八，这是琅井有记载铸铜佛的最早文字。灶民、住僧将他的像也塑于寺中供奉，而他自己羞愧推却不得，只当作画蛇添足吧！寺成之后，才知寺之原名与其旧字相同，都称"慈明"，感叹因缘相因。其时都把在琅井当官当是步入苦海，而陈荀产先是当作隐居之所，继后因修寺之举，却成他为井民祈福、为其八五老母善饭增寿之积善修行。由苦海而成善地。奇因与寺同名，善果流传千古！

三、为官、修寺早有前定[①]

清朝乾隆年间，有江西人朱氏者，在朝为官。年三十余始得一子，取名朱璋。生璋三日，其父宴请亲朋。曾有一僧到门前，要求叩见老爷。守门者施以钱米，和尚拒之，定要求见朱氏夫人，时璋哭泣不止，又加要招待亲朋，朱夫人内心烦躁，且不便分身。侍者数次禀报：和尚不肯离去。朱夫人只好到门前面见和尚，问道："你这出家人到我门前，一不要米，二不要钱，何事非要见我？"僧答曰："你家小儿哭泣不止，请抱出来让我看看如何？"朱氏甚为诧异，为何知小儿哭泣？其中必有原因。即命侍女将小儿抱出，和尚对儿口念哑语，并用手在小儿嘴上连摸三下。小儿哭声立止。和尚道："我是琅井奇峰寺僧人，寺倒佛来修，请你们记住，如小儿长大，到云南为官，请到琅井来修奇峰寺。"后来，朱璋成人中举，授任琅井盐课司提举，其父将这段因缘告知。朱璋一到琅井就问有没有奇峰

---

① 此则奇事摘录自罗应起《琅井发展简史》。

盐不由衷
——琅盐井历史新探

寺？得到肯定答复，但又回称寺已坍塌，佛正受难。朱璋以手顶额向天祷告：决心在任内，重修宝寺再塑金身。年余，果捐俸将寺焕然鼎新。并镌碑记述此奇因果云。

在罗应起的文章中还有一则《奇峰寺匾的由来》。据说乾隆四十年（1775），提举朱璋捐资修建山门和西楼三间，完工后，要题山门之寺匾，当时请顾裕洞和土巡捕李勷的次子李大成二人题匾，但二人再三谦让，不肯就笔。后议定二人各写一幅，再由众人选定结果众人各选中一字，选中顾写的"奇"字，李写的"峰"字，一块匾由两人写，也算奇寺之奇闻。因顾年长，又是奇字在前，故落款只具"毅山顾裕洞题"。虽是两人书写，但因都宗习王体，故字体俨然和谐统一。

附录　琅井的城隍庙

《琅盐井志》："城隍庙在司治南，开井时建。"什么是城隍？据手头资料有二：一是《黑盐井志》之《重修城隍庙记》（清提举沈懋价作）；二是《郑板桥文集》之《城隍庙碑记》，这是他在乾隆十七年（1752）在山东潍县所作。这一南一北都说修城隍庙的事，就借他们的文辞来说琅井的城隍庙。

古时，府、州、县邑都挖土筑高垣，如环无端，名城。去土之槽，浚之深，抱环而流，谓之隍，就是护城河。而且认为天地之间有一物必有一神。筑高城，浚深槽以卫，必有所主之神，即城隍也。但城隍庙之名，不见经不见史，唯唐开元后李阳冰有《当涂县城隍记》。而琅盐井开于唐，虽无城池，但有可卫之盐井、盐民、盐课。开井即有主神，城隍庙与琅盐井同步建设。明洪武元年（1368），对城隍封爵：府曰某某城隍公、州曰某某城隍侯、县曰某某城隍伯；洪武三年（1370），革去封号，只称某某城隍。不数月又下旨：屏去城隍庙内闲杂神道。越二日再下旨：各府州县城隍庙俱如其公廨，设公座笔砚如其守令，城隍用木造成，毁其塑像舁于水中，取其泥涂壁……。朱元璋造城隍也很不易，屡屡变更！"官廨与神庙（城隍庙）相表里，苟不如法，何以尊体统、肃观瞻乎！"这话说得经典极了！又说："苟为官以敬神者重民，则居上者之礼得；为民者以事神者敬官，则为下者之分安。"沈懋价的话，目的非常明确，话也说得很坦率！敬神是为了让民安分。郑板桥则说："予之以祸福之权，授之以生死之柄，而又两廊森肃，陪之以十殿之王，而有刀花、剑树、铜蛇、铁狗、黑风、蒸鬲以惧之，而人亦衷衷然从而惧之矣。非惟人惧之，吾亦惧之。每至殿庭之后，寝宫之前，其窗阴阴，其风吸吸，吾亦毛发竖栗，状如有鬼者，乃知古帝王神道设教不虚也。"作为扬州八怪之一，敢"呵神骂鬼"的郑板桥，入城隍庙内也会害怕！

盐不由衷
——琅盐井历史新探

尊制，琅井的城隍是用檀香木雕刻的木主，肢体有机关，胳膊能动作。穿戴以明制的官服乌纱。虽然没有刀花、剑树等，但有主簿、判官、牛头、马面、黑白无常，同样阴森可怕。记得我们读中学时，一次要演剧，需借城隍老爷的官服，一位同学和一闲棍同去，闲棍扭动机关，城隍的手臂向同学扇过来，吓得此同学大病一场！

第十六章　琅井的洞经会[①]

一、琅井洞经会的历史和现状

什么是洞经会？什么是洞经音乐？洞经会是一种兼容儒、道、释文化的业余宗教性民间音乐社团。它在组织上不隶属于儒、道、释任何一教。洞经会既非佛又非道，儒又不成教，因此没有纳入宗教管理，也没纳入文化管理。在中华人民共和国成立前，它存在了千百年；从封建社会到民国时代一直生存和发展着，有的时期还适应政府的需要得到大力发展。"文化大革命"期间和其他宗教文化一样遭到严重摧残，直到十一届三中全会以后，它才得到恢复。

（一）洞经会供奉的神灵

1. 道教诸神

三清：元始天尊、灵宝天尊、道德天尊。

四御：玉皇大帝——总执天道；天皇大帝——协执三才，兵革；紫微大帝——协执天事；女神后土皇地祇——协执生育。

斗姆及南、北斗：主掌众生生死、善恶业报。

日、月、九曜、二十八宿：分掌各种自然现象。

[①] 此文为2007年笔者为琅井洞经会写的报告。

盐不由衷
——琅盐井历史新探

五方五帝天神，五岳四渎地神及所统城隍、土地、灶君：执掌众生命运，监察众生善恶。

文昌、关帝、太乙、三皇（天、地、人）、四官（天、地、水、火）、龙王和监经、监坛的王、马天君。

洞经会特别崇奉玉皇大帝、文昌帝君、关圣帝君。认为玉皇是天界神权统治集团的主神，承三清之命统御群神及人间帝王、百官、群僚、佐吏；文人学士崇信文昌帝君，企望能享高官厚禄；关圣帝君能伏魔降怪保平安。此外还有"八仙"、张三丰等。

2. 儒家圣人

至圣孔子、复圣颜子、宗圣曾子、亚圣孟子；文昌也列为儒家祖师，称为"注禄岁籍天尊"；魁星称为"文宗主宰科场显应魁星大神"。

3. 释教诸佛菩萨

释迦牟尼、文殊、普贤、地藏王、观世音、弥勒佛、接引佛。

道教的护法神是王、马二天君；佛教的护法神是韦陀；儒教的护法神是魁星。谈演哪教的经籍，就设哪教的护法神。此外，还有历史上的英雄人物如孔明、刘备、张飞、赵子龙、岳飞和各地保护神。

对这众多的神仙、圣人，在其诞辰日，都要谈经、演教，加上每逢朔望日，再加私人祈福、延寿、追荐、消灾等等，全年要谈经126天。虽说洞经会是业余的，但也谈不了这许多，所以各地洞经会只择其主要的日期谈演，不能全部谈演。

（二）活动内容

1. 洞经经籍

所谓洞经经籍（谈本），主要是源于道、释、儒经籍。如由道教改编的有《大洞仙经》《关帝觉世经》《忠义真经》《高上玉皇本行集经》《太乙天尊消劫救苦度世真经》《三官妙经》《三光妙经》《斗姆仙经》《南斗真经》《北斗真经》等等。由佛经改编的有《十王妙经》《血湖经》《大乘妙法莲华谈经》《大圣观音度人圣经阐微》《土主妙经》。由儒家经籍改编的有《宏儒圣经》《孔子觉世真经》。由儒、道、释三教同理而编撰的有《三教经》（指儒家《孝经》、释教《四十二章经》、道教《道德经》三经合一）《三教华严经》（太上老君、西方佛祖、孔圣等三教仙、佛、圣）《救劫皇经》（10卷，为玉皇、太乙、关帝、孔圣、王母、药王、灶王等所阐）《度厄真经》（为观音、文昌、关帝、玄帝、吕帝等三教五真人降著，以忠孝节义及日常教化黎民）《报恩谈经》（是经原为佛经，改编以后，以道圣为神，佛义为论，忠孝为先，实为三教思想融合之产物）。

绝大部分谈经之结尾都有忏卷。"忏"是梵文（ksama，忏摩）的音译，原意为对人坦露自己的过错，求容忍、宽恕之意，但经过洞经的改造成为忏前行儒礼，拜理学真儒，再拜道化之神真。接着是佛忏，忏中又融进儒礼，可真谓之三教混融！

2. 洞经音乐

云南洞经是儒、道、释复合的文化现象，在洞经音乐中也是这种表现，道、儒、释都重视音乐的作用，以老子、庄子为代表的道家，音乐的理想是崇尚自然，提出"大音希声"，音乐的最高境界是"天籁"之音。以后又进一步得出"以乐治身，守形，顺念致思，劫灾"，把效法自然的朴素音乐理想推向人神感应，把念诵经文与音乐结合起来而产生了仙歌、啸咏、步虚之声。

隋唐以后宫廷雅乐、道乐与西域传入的"胡曲"融合，到明成祖时颁发了《大明御制玄教乐章》。儒家的音乐理想是把音乐纳入礼教的范围，制礼作乐以教后世，礼以范身，乐以怡情。"大乐与天地同和，大礼与天地同节。和，故百物不失；节，故祀天祭地；明则有礼乐；幽则有鬼神，如此则四海之内合敬同爱矣。"于是又归同于神道设教的轨道中去。

佛教音乐的目的，一是赞佛功德，一是宣传佛理，开导众心，"实唯

盐不由衷
——琅盐井历史新探

天音"也进入天佛的轨道。道、儒、释三教对音乐的作用是相通的。洞经音乐的曲目来源于三教的曲目如下。

道教曲目：《步虚》《仙家乐》《道腔大赞》《道士令》《小道腔》等。

儒家曲目：《大晟乐》《孔子歌》《儒腔大赞》《儒家开堂赞》等。

佛家曲目：《佛赞》《普光音》《拜忏》《皈依》等。

琅井洞经会是由大理赵老夫子传教的，所以其音乐风格与楚雄洞经不同。三元社的音乐多由吴道人传授，所以道教风格较重。而楚雄、曲靖、建水等地则有更多的宫廷古典风味。

各地洞经会谈演的曲目多的有130多首，少的只有20多首，琅井的现在有30余首。

至于乐器大体分为三类：一是"细乐"，即丝竹乐，曲调幽雅，音色细腻柔和，演奏曲目如《山坡羊》《小桃红》等。二是"大乐"，以唢呐为主奏乐器，加上大锣、大鼓、铙、钹等，特点是气势宏大，热烈奔放，给人以"粗、刚、热"的感觉，多用于谈经开坛、收坛、请神、送神、游街、仪仗等场面。乐曲如《将军令》《扮妆台》《小开门》《浪淘沙》《仙家乐》等。三是"清锣鼓"，即打击乐器合奏，其特点是音响强烈宏大，或是扑朔迷离、悠远清静，隐意神圣莫测。琅井洞经会的器乐队伍还比较齐全，因此能适应各种演奏的需要。

3. 洞经科仪

礼俗是一种不成文的规矩，而一旦形成文字规则就成了科仪。古代社会最大的科仪，就是皇帝上朝的朝仪，那一套仪式紧张、庄严、肃穆而又烦琐；皇帝是天之子，洞经谈经演教要请天神，尤其是请皇帝的老子，更是一套更为烦琐、严肃的仪式了。各地洞经会所使用的《三教真宗》是一部洞经活动规则的书，是光绪十五年（1890）托关圣帝君降序的规则，琅井洞经会也有。琅井洞经会还有一部《典礼则要》的书，共四卷（缺第三卷）。成书时间更早，大约是康熙壬戌年（1682）。它规定了建立洞经会的条件、申请入会的条件（具结、批准、给法号）、会众记功罚过的规则、谈经演教坛上各种神圣牌位的圣号和位置、关圣帝君坛规十戒、文昌帝君蕉窗十则、孚佑帝君降定十戒、桓侯大帝坛规十条、圣谕坛规十条、灶王府君谕男女各六戒、宣讲礼节仪注、演经讲坛三礼礼节仪、讲坛晏驾祀（包括上帝礼仪节、祭祀孔圣仪节和祭诸圣仪节）。经会条规、经筵十则和经会规戒等。《典礼则要》卷二是对各种神圣的祝文规范，卷三缺失（估计是各种咒符的规范），卷四则规定各种奏呈、启文、祀文、疏文、表文、谢经表等的格式规范。所有表文格式，都仿照往昔官样文章，由土地城隍功曹等逐级上呈，类同人间告状奏章的法度，可以说是洞经活动规范大全。在张兴荣教授的著作（见本章附录三）中，虽然也有类似章节，但未见《典礼则要》这部书的名称，也许这是琅井洞经会独家保留的书籍。

（三）洞经会的历史

有关洞经会的历史，有许多种说法：一是一千二百年说，二是七百年说，三是三百年说。现分述如下。

1. 一千二百年说

南诏王异牟寻与唐朝使臣崔佐时在唐贞元十年（794）点苍会盟的《誓词》中说："上请天地水三官，五岳四渎及管内川谷诸神灵同请降临。"这说明南诏时候已崇信道教。在《南诏德化碑》中又说："官设百司，绍开祖业，阐三教，宾四门。"说明那时不单信道教，也信佛、儒。随后，元灭大理国，"至成宗大德而道兴，龙门、全真诸道学纷纷传入南中、三迤诸地。至延祐，三迤诸地遍布道观。"三洞诸经中最早谈演于中峰玉皇阁。延祐初"一代宗师陈玄亮，演道立说，以五音传道，谈演九玄三洞元始教化。士大夫争习之，至此，新学萌源，名曰'谈经'"。这是最早的谈经活动记载，在特定的地点——道家的庙观中，由道教一代宗师陈玄亮主持，以五音，即宫、商、角、徵、羽的音乐，谈演三洞元始经籍，而且士大夫争习之，谈经活动成为萌生的新学。

这几段引语，与琅井洞经有何关系？前一段是出自唐朝人樊绰所著的

盐不由衷
——琅盐井历史新探

《云南志》。在这本书中就明确提到琅井。后面一段引自《三迤随笔》，现在保存在琅井魁阁楼前的石碑上，说：延祐初，明威将军赐杨善为"一郡师"，主管当时正在琅井南山兴建的寺院，至正丁酉前两年，因其年岁较大，未能缮治庄严才罢去他"一郡师"的称号，改檄琅井人景善为"寺院提点"，主管寺院的兴举废坠事宜。当然这里说的寺院建设是否包括道教的玉皇阁，尚未明确，也没有直接涉及谈经演教活动。但是当时琅井被称为"威楚盐使司琅泉郡"，是直属威楚盐使司管辖的。想来对王家乃至元朝威楚盐使司而言，如此重要的郡邑，又在南山建设有寺庙群，吹来谈经演教的时尚新风，未尝不是可能的事。何况对杨善和他的父亲、祖父的称呼与汉传佛教有明显的区别，虽然也称梵海大师，但也许这梵海大师并非法名而是通用称呼，其实是阿吒力教。

2. 七百年说

根据张兴荣教授的考证，洞经始自1222年之后，传入云南大约是1382—1530年间。云南最早的洞经会是大理的三元社和叶榆社，传入地为南京和四川，到清朝康熙中期至道光年间（1680—1850）约170年间，特别是乾隆三年（1738）大兴礼乐，是各地洞经会最兴盛的时期。

其实两种说法并不矛盾，都有史籍作为依据，道教传播可能较早，有道教经籍传播不一定伴有整套的洞经音乐和礼典科仪。作为洞经活动的三大组成部分：经籍，音乐和典礼科仪，达到完备形态的时候，也就是在明朝进入云南以后。

3. 三百年说

传说是大理赵老夫子（赵屏雪）和邹老夫子（邹屏翰）传授的。据查，大理赵老夫子就是下关三元社和大理叶榆社的创始人。因为杨慎（升庵）是"状元"，李元阳是"会元"，赵屏雪是"解元"，三人为知交，号称"三元"。三元社成立于明朝嘉靖庚寅（1530）五月十三日（关圣帝君诞日），同日叶榆社也成立，赵、李各为一社之长。但是邹老夫子（屏翰）是否与赵、李为同时人，无从考证。

邹屏翰在《琅盐井志》中确有两首诗，今抄录如下：

琅溪秋雨吟①

秋雨淫淫将十日，日日思晴晴莫必。
银河堤溃漏梁州，我欲补天凭何术？
客窗蕉洒薛涛笺，书楼花湿江淹笔。
写作琅杆泛滥愁，画成鼎鼐淋漓迹。
煮卤泉添味不咸，煎山薪远途多窒。
水火争权并苦人，等闲闻见心凛栗。
阴晴井灶系艰难，稼穑风烟谁邻恤？
由来忧乐属斯人，饥溺漫渭无专秩！
黍谷寒生习习声，殷勤愿奏回春律。

神石

不皴不皱树滇琅，父老传闻镇一方。
可转何须分美恶，有灵岂复辨阴阳。
谁能射虎教羽没，几欲从龙应雨苍。
漫向君平求赏识，今人拜下学元章。

乾隆《琅盐井志》成书于乾隆二十一年（1755），它所收的诗文，最早的不过是明朝末年提举陈荀产的文章和诗。从邹屏翰的诗来看，他不是明朝人，因为明朝人是不敢直称其开国皇帝朱元璋的名字的，此其一（其实这里说的不是明朝开国皇帝朱元璋，而是宋朝米芾，号元章，他多敬奇石，曾因拜奇石而被罢官，但明朝人仍应避讳元章二字）。其二，在《佑圣真武报恩谈经·礼请卷》中，礼请36项尊神的志心皈命礼之后，礼请

---

① 后署名为廪生邹屏翰赵州（即大理）。

盐不由衷
——琅盐井历史新探

的是"大理府赵州贡生来井教经之师",而未提赵老夫子。其颂礼请词为:

道崇科法,儒崇洞文。开来继往,阅典谈玄。兴演诵之会,倡作善之门。和钧韵而扬圣籍,调丝竹以敬神思。履中蹈和,承先人之启迪。周规折矩为后人之提撕。有典有则,是训是型。邹老夫子,历代会首,羽化先生。

这册报恩经礼请卷是民国二十八年(1939)由琅井人李永芳抄写的,他当时65岁。是明朝朱元璋封赐"土巡检"世袭的最后一代,他的叔伯兄弟李永森承袭"土巡捕①"到清朝灭亡。所以他不单是读书人,也是乡绅世家。虽然寻找不到其他典籍来说明他抄的报恩经作于何时,但是他的这一礼请卷所称颂的邹老夫子(屏翰)与一直口传的是相符合的。

另外,从邹老夫子的诗中也可以看出端倪。客居琅井,遇上十日阴雨,给煮盐事业带来灾难,雨水使卤泉味变淡,要多费煎煮柴火,而雨水使道路受阻,柴火难以运输。这水火争权,盐煎不出来,等闲闻见心凛栗,我欲补天凭何术呢?大约是他的老本行了,弹演洞经,祈求停雨,"殷勤愿奏回春律"了。

所以,邹老夫子只能是清朝人,其年限只能是康熙中后期至乾隆中前期,与大理三元社的赵雪屏等人不是同时人,前后相差150年以上,也就是说,琅井洞经会的历史不可能上溯到明朝嘉靖年间。说琅井洞经会有400多年的历史的说法也缺少更多的证据。但是开宁寺后寺有昊天阁,是供玉皇大帝的,"昊天阁"三个大字匾是明朝万历癸丑年(1613)所立的,双龙石雕的香炉座是万历乙酉年(1585)雕成的,上面雕的"家道兴隆,功名显达,子孙荣盛,吉祥如意"的祈祷语,更像道家的多神祈福请求。在探寻琅井洞经会历史的过程中,发现有一册《观音妙法莲华谈经》的手抄本,现将其序言全抄如下。

---

① 清朝时改巡检为巡捕。

古云天从人愿，人心即天心。佛本凡修，修必证佛果，斯言善也。叙此观音谈经，其由始于白井。我琅善友见之，举动善念，欲兴我琅，遂抄本带回。观之乃香山记，非经文也。其谈赞皆俗语，且无开收段落，难以举行。时有青溪杨友，发菩提之念，向余商酌，互相赞助，余曰以经解经，以佛赞佛，必合其奥。遂于园通忏中，华严经内，采取条分缕晰，演成三卷，有开有收有起有落，且音律和谐，乐器齐备。如密云内而兴电光，黑暗中而燃火炬，众皆喜曰："善哉，焕然新本也。"非余措词居功，实菩萨悯其凡诚，默彰感应，暗助成功也。虽然平仄未合，但出自经文，非敢谬为加添，招其罪戾，惟愿诸善友勿疑词害意，疑语悖经，妄为增补，若得个个虔躬，人人佩受，天福益固，唑招自然，足见天从人愿，佛本凡修，果不虚也。是为序。乾隆戊寅岁季春月吉旦琅溪开宁寺水月乞士菩萨戒弟子本妙焚香顶礼撰并书。

根据这篇序文可以归纳为下四点：

第一，琅井的善友与白井、柳青的善友声息相通。

第二，谈经可"以经解经，以佛赞佛"的方法，创造性地改编出新的谈经来，做到有开有收，有起有落，音律和谐，乐器齐备。要做到这一点，必须由有一定的文化和音律修养而且又熟悉经典的人来改编。

第三，落款的时间是乾隆戊寅年即乾隆二十二年（1757），撰书人是琅井开宁寺的本妙。查本妙这个法名，不是开宁寺佛教辈分排序的44个字号中的任何一个，因此他不是佛教和尚，但是他受过菩萨戒。而按洞经会《典礼则要》中善名排辈的十字规定：善、悟、积、体、戒、觉、省、秉、本、守。他是"本"字辈。现在的洞经会会长李庭法名善端。排完一轮又从头排起。至于水月乞士应是他的道号。《典礼则要》还规定："凡具结入坛者，均赐以善名。""如其心志坚定，根基稳固，素常德行无亏，敦重伦常，善心真切者，复赐与道号。"这位作者自是开宁寺的人，又有一定的儒学修养，受过菩萨戒，根据园通忏，华严经演绎了莲华谈经，使其符合洞经谈演的需要，这本身就表明开宁寺是儒、道、释汇聚的寺院，

盐不由衷
——琅盐井历史新探

在距今240年前的乾隆二十二年就是如此。

第四，在寺院设立洞经会的不仅是琅井开宁寺，按照《典礼则要》开篇设坛第一条就写着："凡建立讲坛，必择宽便、清静寺宇，或家庭书院亦可。"所以琅井洞经会的前身《追善坛》设在开宁寺，《宏文会》设在奇峰寺，《述善坛》设在梯山寺（即白马庙）。不唯琅井如此，云南全省的绝大多数洞经会都设在寺庙里。关于《典礼则要》，应该给以更多的关注。因为张兴荣教授的著作中没有明确提到它，也许只是琅井洞经会才保存下来，它共有四卷，成书于康熙二十一年（即壬戌年，1682），是萝山遗士和阳子编辑的，桂宫奏事仙官姚德正作序，淳善堂讲生陈烨昌（号明心子）缮写，封面有"柳溪德尘堂图记"条章。

二、"耍钟馗"——独特的民间灯艺

"耍钟馗"这一民间艺术，在云南省乃至全国也未见第二家，究竟从何时兴起，现在很难考证。有资料说在江西南丰、婺源、乐安等县有一种民间舞蹈号作傩舞，所谓傩，是旧时迎神赛会驱逐疫鬼的神，琅井有江西会馆，大约舞钟馗是从江西传来的；湖南沅陵辰州有傩戏，而琅井话中有许多字音与湖北人发音相同，如国家的"国"、唱歌的"歌"，因此耍钟馗有可能从这两省传来。琅井洞经会的人既然能改编经卷，那么根据钟馗的民间传说，也能改编成灯艺。民间传说钟馗驱鬼的故事来由甚早。唐朝皇帝李隆基，做了一个恶梦，恶鬼追逼他讨还命债，正在紧张时刻，忽见一人袒衣露臂，冠履不整，抓住恶鬼，撕了来吃，救了李隆基，李隆基问他是何人，他回答臣乃钟馗。李隆基梦醒后，把梦境告诉群臣，并让大画家吴道子为钟馗画像，画出来的钟馗居然和梦中极为相像。后来传说钟馗家住终南山，父母双亡，家境甚贫，与兰英妹妹相依为命。原来的钟馗生得仪表堂堂，满腹经纶，大比之年上京赶考，一天行至荒野，夜黑风高，昏迷中被一群恶鬼毁了容，打成驼背。但他仍然坚持应试，果然高中，在殿试时，皇帝见他奇丑可怕，不点他为状元，钟馗悲愤，撞阶而死，一缕阴魂大闹阎王殿，阎王奏报玉帝封钟馗为驱鬼除邪将军，专管妖魔鬼怪。因放心不下兰英妹妹孤单一人，他就托梦给好友杜平和妹妹兰英，促成二人婚姻。于是就有了"钟馗打鬼"和"钟馗嫁妹"两种剧情。

灯艺中的钟馗是用竹篾扎成一米多高的钟馗头像，用纸糊彩画，内部装上灯光（过去用蜡烛）。"耍钟馗"的人是用头顶着一米多高的钟馗头像，身体也是用竹子扎成庞大的驼背架势，再套上特制的衣服，这样就显得钟馗特别高大，便于群众观赏。当然钟馗的故事还可再结合实际需要而扩编，这就需要有关方面给予支持和帮助，将洞经和"耍钟馗"列入非物质文化遗产而加以保护、继承和发展是非常必要的。

实际上，"耍钟馗"一般都是在正月十五夜闹元宵、观花灯的时候进行。据专家考证，元宵闹花灯的习俗起源于佛教，《涅槃经》上说：如来佛死后，火化烧成的舍利子装在精美的罐子中，安放在金床上，由弟子们一边散花，一边奏乐绕城游行，以示祭祀。以每一步（约1.4米）的距离点燃一盏灯。此俗大约兴起在北周时代（557—581），正是崇佛兴佛的时代，以后发展到民间，观灯、赛灯的人不分主仆，不论贵贱，不管男女，一切贵贱、等级界限都打破了，成了平等参与的狂欢节。这与佛门禅宗"众生平等""人人都有佛性"的理念是一致的。

钟馗的传说是玉皇大帝封他为驱鬼除邪将军，属道家系统的封赠，而演成"耍钟馗"的剧情又离不开儒家学士们的改编排演，所以佛、道、儒又统一在这个灯艺中了，这也体现了琅井洞经传统的创造性。

三、需要探讨的几个问题

第一，洞经会在云南是普遍存在的。不可能只将某地方的洞经会列入非物质文化遗产项目。现在越来越多的人认识到洞经会存在的价值和加以保护发展的必要性，所以要从云南全省的角度，统筹考虑才行。此其一。其二，要明确对洞经会及其活动的主管机构，才能协调和指导其发展，以适应现阶段社会主义建设的需要。其三，进一步分析确认洞经的经籍、音

——琅盐井历史新探

乐、礼仪中哪些属于应该保留和继承发展的精华,哪些属于应该抛弃的糟粕。

第二,目前有些地方只恢复洞经音乐,有些地方则恢复了谈经演教和洞经科仪。其实内容和形式应是统一的。如果只采用洞经音乐元素,则不可能深化保护和发展。

第三,在有洞经存在的云南农村中,大约只有三种文化力量:一是以九年义务教育为中心的中小学校的文化活动,但它不能担任长期的社会文娱的组织者的任务。二是群众自发的文娱活动,如跳脚、对山歌、唱曲子等,这部分虽有广泛的群众基础,但没有组织,更没有提高。三是在有洞经会活动的农村,这批人有一定文化,有全套音乐技艺。有洞经活动时,他们是洞经会的成员,同时又是社会文娱活动的骨干。琅井的情况就是如此。妥安乡开人代会、党代会都要琅井出文艺表演节目,演员70%~80%都是洞经会成员,并且可以唱滇戏、唱花灯。以村委会名义组织的花灯还参加过州县的文娱会演,有的节目如花灯《养老庄》,宣传优生优育,孝敬父母,还得过奖;花灯《劝赌》也得到好评。每年春节前后,楚雄州洞经协会、牟定县老年协会与琅井洞经会,共同在琅井演出三四天,1000多人的礼堂每次都是座无虚席,娱乐了群众,群众也从节目中受到教益。重要庆典如在琅井举行的张经辰烈士纪念坛落成晚会上,也是中小学和村宣传队(70%~80%都是洞经会成员)表演文娱节目。

第四,可以考虑在农村红白喜事中运用这支队伍。目前是婚嫁时有吹唢呐的,个别人家还请跳脚队表演以增加喜庆气氛。办丧事时,除有唢呐吹奏外,还有洞经会的锣鼓队参加送殡。如果好好组织,适当改革,好好利用这支队伍,对婚丧习俗的改革、渲染喜庆气氛、发扬敬老行孝传统都有积极作用。

琅井的洞经会 第十六章

图 16-1　谈经

图 16-2　耍钟馗

图 16-3　琅井洞经会活动

盐不由衷
——琅盐井历史新探

附录一 黑井洞经会探源

黑井洞经会有悠久的历史,据《黑盐井志》载,万历二十二年(1594),有贾瀛洲者乃得道高僧也,他能"合儒释道而一贯其说"。当时黑井学孔孟的、谈佛老的都很崇敬他,都向他请教三教精义,并且要为他在"绝峰岭造庵以居瀛洲,瀛洲弗许"。众人说:"绝峰耸出万山,黑水潆洄九曲,虽海内胜概何以加焉?"瀛洲曰:"僧,禅也。禅主于静,山露而水动,此僧之所无以良也。不如建庵峰之麓。"众人说:"无水。"瀛洲执杖指其隅曰:"掘此得水,我且去,庵成当自来。"诸衲把锄掘地,果得泉,后来就名庵为"杖泉庵"。这就是云南知府梁国相所撰《杖泉庵碑记》上的故事。所以贾瀛洲应是黑井洞经会三教汇通的历史第一人。

如果上例仅是个人的三教汇通,那么明正德年间(1506—1521)的蜀川江津道人王清正,云游到黑井密塔庵,认为"是个去处。"于是"概延会首居士"续成半功的庵寺,庵中"所敬塑者儒释道三教焉"。这是楚雄知府仰儒所撰、元江通判邹学书丹、黑盐井提举郝理篆额、会首宋贵华、白水昌、杨汉、蜀川江津道人王清正共同立的《密塔寺碑记》中的概况。其塑儒释道三教圣像、称"会首居士""蜀川江津道人"等与洞经会的做法是一致的。

明崇祯十三年(1640),由楚雄府通判署井事曾日琥撰写的《三教常住碑记》更明确:"儒云'文昌',释云'观音',道云'玄帝'。种种发慈悲心,种种发广大愿。一则分身救苦,教强悍者发慈悲之心;一则磨杵成针,教柔惰者兴鼓舞之意;一则神文圣武教诗书者动忠孝之思。其教虽殊,其心自一。……于是铸三教圣像一堂,永作香山供养。"

明崇祯八年(1635),由烟溪后学近溪琳宇李唐龙撰写的《新创中圣乐城并常住铭言十九韵》是洞经音乐的诗文,在演奏时必配与一定的曲调,其文如下:

260

天竺一脉向西来，神超接脉金地开。
山林崎峭鹦竹跃，世人翻见普陀岩。
吾祖功德原非鲜，星霜几经风雨灾。
业今藻绘丹青弄，依旧琳琅耀三才。
更思光前并耀后，磬囊右辟一天台。
宝刹崔嵬凌霄竿，金碧辉煌蔽日恢。
三教中圣金像铸，百种庄严异壁栽。
鹤舞锡飞兰若置，祖庙慈容享祀排。
毒龙伏法玉瓶伏，白石点头清梵堆。
博山一炷腾跃冶，香积九年余世财。
还恐后来缺供奉，常住益深土田培。
乌女美种叔祖赐，不仓儿孙贮圣台。
永远流传雨花润，用并乾坤不朽哉。
族人世系妄生变，雷火虽诛殄恶魁。
计及沉没云根镌，千载耳目令如雷。
大厦深簷僧谨护，莫教厉角共莓苔。
区区小善向堪录，特扬祖烈不任埋。
漫兴生花龙蛇走，达人莫哂老狂飔。

附录二　白盐井的洞经

刘邦瑞（白盐井提举）《龙山吟》：

神羊开井后，五龙盘其中。东南林泉美，山高亦号龙。
石发扬头角，鳞甲老苍松。唯龙有潜德，惟人慕仙踪。
我闻尹先觉，胸怀殊开拓。似从天上来，方外寻峦壑。
卜筑山之巅，相邻瞿云阁。举室尽焚修，谈经天花落。

盐不由衷
——琅盐井历史新探

经声响梵音，神龙伏壁听，先生其犹龙，山川亦效灵。
流风今未远。遗像好追寻，遥遥庞居士，千古与同心。

刘邦瑞是白盐井提举，于雍正四年（1726）丙午到任。在白井20年，直到乾隆十年（1745）。他详革旧规，请加薪本，重修学宫，创修井志，回龙山是白井名山，此诗除写山势和山景外，更值得注意的是"举室尽梵修，谈经天花落。"这说明白井在雍正年间就有了谈经，而主持谈经的庞居士已经仙去了，只留下遗像，供后人追思。

附录三　本章参考资料

［1］张兴荣：《云南洞经文化——儒道释三教的复合性文化》，云南教育出版社1998年版。张兴荣，云南艺术学院音乐系教授、中国音乐家协会会员、中国民族管弦乐协会理事、欧洲中国音乐研究基金会《磬》会员。他的这部著作是经过数年的实际考察，行程万余公里，遍访了云南省24个地州县的32个洞经会，参阅了七八十种有关资料而写成的，是最全面的论述云南洞经会的书籍。张教授访问过禄丰县城、乡的洞经会，也访问过黑井洞经会和妥安乡柳青何家村的"化善坛"洞经会。虽然他没有访问过琅井洞经会，但他的著作已经概括了琅井洞经会的一般情况。

［2］李朝真：《加强洞经音乐研究，弘扬民族文化遗产》，《楚雄彝州今古》2005年第1期。李朝真，楚雄州博物馆原馆长、楚雄州洞经音乐协会原主席。

［3］琅井洞经会所保存的洞经经籍和传承下来的洞经会活动的实际状况。

第十七章 杨道台（时行）的事迹

一、简历

杨时行，字安园。琅井河尾人，生于清乾隆年间，幼时聪颖好学，因家境清寒，无力深造，有学者于归善寺设馆，师嘉其才，始获续学。馆距家较远，住馆发奋攻读，鸡鸣早起，夜习三更。终日手不释卷。二月入馆至端阳节未归家门。父往探视，被卷原封未动。冬至吃糍粑，学友烧熟招食，本应蘸蜂蜜，但他错蘸改作业的红土水，食不知味，染红了嘴唇。众学友哄堂大笑，他却不知其然。后读书成才，乡试考取秀才，会试中了举人，于清嘉庆年间，出任广东罗山县知县。离家上任时，带走琅井瓦窑头赵、友二姓两名彪形大汉做贴身侍卫。在任七年，曾严惩了残害百姓，历任官员不敢缉拿的彭四、彭五兄弟，受民敬爱。后升任时，百姓请命留任而上司不准。离任时百姓献给"万民伞"。也深得上司青睐，表奏朝廷，晋升为肇罗兵备道道台兼肇庆府知府。身为文官并兼武职，显赫湖广。在此期间，上司调任京都，曾暗示入京后，保荐其升任。杨道台专候却无音讯，认为上司在京出事，官意遂恢。又因年事渐高，身处异地为官，担心受其打击者寻机暗害，曝尸他乡。遂上书辞官，返居原籍以求安度晚年。

杨时行辞官回籍，因官高自傲，亲朋前往迎接，不卸轿复礼，曾受长辈训斥。后在家设宴，累邀亲朋而皆不往，自觉有愧于乡里，迁居落籍昆明，继又看破尘世，离家修行，后人不知其所终。①

二、倡修星宿桥

道光乙酉年（1825），杨安园致仕回籍，路过禄丰，适绿衣江江水暴涨，阻断商旅，安园先生临江兴叹，慨然捐银3000两，倡发修桥，于是阖邑士民各倾己囊，共襄善举。杨奔走于昆明、禄丰之间，捐资壮举震动全省，波及川、黔、桂、闽、浙、鲁、豫、甘诸省，捐银多者上千两，铭刻捐资人名碑8块，其中第二、三两块是驮盐赶马人员捐资，第四块是省城各行各类大号，仅行会、货栈、旅店、药堂就达724家，共捐资万两有余，影响之广，数额之大，民众之多，实为历史罕见，而清政府未见公款支拨分文。阅六载而桥成。

因绿衣江"渊深莫测，众石磊落，状如列星，故称星宿江"。桥也名星宿桥（见图17-1）。全桥长90.5米，宽9.8米，桥墩8个，过水洞7个，桥面两侧有高0.6米、宽0.4米的石栏杆，石栏杆外侧嵌二十八星宿②名之大理石碑。

---

① 参见罗应起《琅井简史》。
② 所谓二十八星宿，是我国古代天文学家，将黄道——太阳和月亮所经天区——的恒星分为二十八个星座，以北斗斗柄所指角宿为起点，由西向东排列，它们的名称与四象的匹配如下：
东方苍龙七宿：角、亢、氐、房、心、尾、箕；
北方玄武七宿：斗、牛、女、虚、危、室、壁；
西方白虎七宿：奎、娄、胃、昴、毕、觜、参；
南方朱雀七宿：井、鬼、柳、星、张、翼、轸。
古人根据星辰来确定方位和季节时令。

杨道台（时行）的事迹 第十七章

图 17-1　禄丰星宿桥

　　桥下为船形石墩 8 个，各长 18 米、宽 4.3 米。星宿桥整座建筑全用红砂石砌成，石块间用石灰掺糯米浆浇灌，黏连紧密。是云南石拱桥中规模较大的一座。桥东有琉璃瓦顶木牌坊一座，四柱三门，斗拱飞檐，甚是壮观。木柱两旁为扁形石鼓，上雕龙虎图案。坊上正中有木匾楷书"星宿桥"三字，题款是"道光十年岁庚寅孟秋太子少保云贵总督阮元题"。背面横匾则是滇南使者伊里布所题"星宿桥"三个篆字。在桥西有石坊一座，十柱九碑，右边第一块嵌《修建星宿桥碑序》，余为功德碑记。石坊横额为迤西兵备道春庆题四字——"坤维永镇"。东西桥头各置石狮一对，威武雄壮形态各异。木石两坊上共刻楹联 8 副，撰者均为当时云南省官场要人，如阮元、王崧、春庆、赵容恭等。

　　举首测星垣，望井鬼分野，一道彩虹天外度；
　　披胸罗宿海，喜笮邛归极，五都贡象日边来。

　　　　　　　　　　　　　　——石坊正中春庆所题楷书

　　汉人昔越兰津，中外咸通，遂使西南半壁车同轨、书同文、行同轮，象占得朋、端藉此桥远达。
　　舆地今逾黑水，圣明相继，久经震旦诸番赖其利、畏其神、用其教，民无病涉、因将旧绩重新。

　　　　　　　　　　　　　　　　　　　　——王崧所题

盐不由衷
　　——琅盐井历史新探

南郊尊礼社东山禄丰壮三迤
北极拱星垣西域车书通万里
　　　　　　　　　——星宿桥东木坊柱上（隶书）

前人经始无亟后人津观厥终始其明途
居着养而不穷行者利有攸往实受其利
　　　　　　　　　——星宿桥东木坊柱上（楷书）

数载绩方成既倒狂浪难独挽
千秋名不朽中流砥柱赖同擎
　　　　　　　　　——迤西兵备道春庆题于道光十一年（楷书）

雄跨通津看夹水虹光直引星辰而上
功资利涉喜朝天骠乐咸尊道路以来
　　　　　——云南府事永昌知府橘洲胡启荣题并书（桥西石坊上楷书）

人以铁索西来雁齿重经雄争津要
水合金沙南注鳌头永镇庆叶康庄
　　　　　　——禄丰县事前翰林院庶吉士陆源（桥西石坊上楷书）

觉路指迷津敢冒天功为己力
安浪通垣道全凭共事有同心
　　　　　——禄丰县儒学训导滇西保山赵容恭题并书（桥西石坊楷书）

　　星宿桥不仅过去是省城昆明通往滇西的地区的咽喉，也是现存石拱桥中建造最好的一座。将近180年，桥上人来人往，马驰车驶，至今仍屹立如初。其设计之合理、工程之精良可见一斑。云南辛亥革命前辈李根源先生赞誉此桥"工程精良，甲滇中之冠"。

1973年，星宿桥被禄丰县人民政府公布为"禄丰县第一批重点文物保护单位"。1983年被云南省人民政府公布为"云南省第三批重点文物保护单位"。现在星宿桥及周边地区，已被辟为休闲、娱乐和瞻仰文物的风景名胜区了。

杨时行不仅首先倡议带头捐银，而且还亲身参与桥梁的设计和大事的筹措，往返奔波于昆明、禄丰间。例如，桥身外侧二十八星宿名的石刻，就是他崇奉道教思想的体现；云南省官场要员的题匾、题联，也只有他道台出面才能得到。琅井人杨时行，为禄丰建造了一座永远的丰碑。

三、扩修杨家大坟

杨家大坟在原琅井所属甸心坝子北的高山包上，背靠山顶，左右山梁依势伸延，宛如圈椅，坟地就在中央。俯瞰龙川江蜿蜒左流，右面是通往琅井、牟定乃至大姚的大道。青龙白虎，气势恢宏。原来绿树葱郁，与红砂岩交相辉映，确是风水宝地。

杨家大坟占地3000平方米，有坟墓80多冢，其中明代嘉靖至万历年间6冢、清代60冢、民国以后14冢。墓地内有嘉庆二十四年（1819）诰封碑2块，还有高达6米的石雕标杆一对，石雕狮、象、鹿、马各一对以及墓茔上的精美石雕，并且都刻有道家太极阴阳鱼图案及有关道家思想的文字，如钟乾健等（见图17-2至17-5）。此外，还有光绪二十四年（1898）诰封碑和1916—1921年间任云南盐运使兼省长的云龙为杨锦堂作的墓志铭，规模的大小、历史年代的久远、保存文物的丰富，以及石刻艺术的精美，都远远超过有些已被公布为重点保护文物的墓葬群。然而，杨家大坟至今仍得不到保护，任盗墓贼肆意破坏，任"飞机草"满山淹没，实是令人惋惜！为了不致因被盗而湮灭，现将御赐诰封碑和由云龙写的墓志铭附录于后，以便保存。同时笔者对杨家大坟已经录像，可作为历史和现实的佐证。

盐不由衷
　　——琅盐井历史新探

图 17-2　杨家大坟圣旨石雕

图 17-3　杨家大坟石雕

图 17-4　杨家大坟石狮

图 17-5　杨家大坟墓头（局部）

四、杨时行思想行为的探讨

杨家世为琅溪望族，按其辈分排序为：生、翠、时、友、嘉、甲、承、开、本、先、作、则12字。在第三版《琅盐井志》中有生字辈5人、翠字辈14人、时字辈6人参与修志，在209人的修志队伍中，杨家三代有25人参与，约占总数的12%，确是望族。现在"开"字辈已经绝世，只剩"本、先"两代，"本、先"以下未从遗训来取名了。

杨时行读的书当然是孔孟之道，修身、齐家、治国、平天下。中举考试自然是代圣贤立言的八股文章。忠于王事，惩处了几个残害百姓的恶霸，却又担心被他们报复；得到民众送给的"万民伞"，官场得意，职位被擢升时，又感到后台的根基不稳；孝于祖宗，请来了圣旨褒奖、扩修了坟墓，却又惹起了师长和亲戚们的妒忌，天地君亲师应同等敬重呀！当仁于乡里、发起修建了星宿桥，本意是方便商旅，但更方便了镇压民众的军车战马；当功成名就、银财丰盈、辞官返里、乡饮亲朋，施义于邻里时，乡亲们却不买账而冷眼相向。忠、孝、仁、义的事功却有相反的结果，杨时行不得不深深地寻思。这时他想起来在他出仕之前，吕洞宾在梦中给他授道，传他一断烦恼，二断色欲，三断贪嗔的剑术。他在任上剑术未学好，可为吕祖在开宁寺修建了殿宇和法身，并且开始了对道家思想的探究，在杨家大坟上的太极图和星宿桥上的二十八星宿名的石刻，都体现了他对道家思想研学的轨迹。渐渐地，他明白了太极图是无头无尾、无上无下、无左无右、无方向、无结果，永远运动，永不停息的。"反者道之动，动必有反"。因而，他经历的那些忠、孝、仁、义的事功和它们的反果都不奇怪了。要斩断烦恼、斩断色欲、斩断贪嗔，只有潜心学道，于是，他飘然而去，谁也寻不到他的踪迹。

第十八章　土司李氏袭承谱及其简评

在乾隆《琅盐井志》以后，琅井再没有编纂过志书。1986—1988年，琅井人罗应起写了《琅井发展简史》。笔者于2000年8月，根据手抄复印本，在电脑上打字复印，散发了若干本。罗简史的"考证依据"有5条，其中主要是乾隆《琅盐井志》和《李氏世袭土官巡检家谱记事》。现仅就李氏家谱做如下评介。

（1）李氏家谱有几个版本，各个版本间也有差异，现将道光二十八年（1848）李秉和为申请袭承"土巡捕"而写的家谱为蓝本，整理如下：

一世李普政，于明洪武六年（1373）寻获卤泉在琅井的茂林深箐中，率土兵砍树林掘井眼，汲卤煎盐，报充兵饷（按此时仍是蒙古贵族梁王统治云南，因此李普政很可能是威楚盐使司派去找盐的小头目）。至洪武十五年（1382），平西侯沐英率兵收滇，李普政率地方百姓和户口册籍投诚归附，并在进攻大理段氏时，备献粮草，充当向导，随军攻破龙首龙尾二关，斩获贼级验明记功。洪武十六年（1383）随颖昌侯班师入京觐见，赏给黄字符命，准授琅井土官巡检，子孙世袭。永乐十一年（1413）病故。

二世李晟承袭，景泰四年（1453）病故。

三世李恺承袭，成化十八年（1482）安宁井地震卤泄，安宁灶丁具报移煎，李恺点集土兵，大开卤源，请设署、建桥、安置灶丁（这些事情有盐课司或盐场大使管理，土巡检或许只参与其事）。正德二年（1507）病故。

四世李琼承袭，嘉靖三十七年（1558）病故。

五世李淮承袭，李淮年老无子，未经议定承袭，崇祯二年（1629）野

土司李氏袭承谱及其简评

贼猖獗，不时临井抢劫，人民逃窜，房屋被毁，皇颁符纸并毁无存。

六世李时蓁，李淮亲枝长孙，悉捐家资，召集土兵，躬先奋勇，四路逐贼，擒斩贼渠贼众无数，安集众心，招徕民众，仍袭前职，赐给褡符并加衔守备。永历十一年（1657）病故。

七世李化枢，李时蓁嫡子。时流贼四出滋扰，李化枢承袭前职，并给游击褡符，捍卫井地。后降清，洪承畴临滇，李化枢投诚安普道，奉批以土官巡检加衔都司，责成率土兵缉私护课保守盐井。康熙三十六年（1697）病故。

八世李先实，化枢嫡子告请承袭未准，只授为"土巡捕"。现存"琅盐井提举司土巡捕之钤记"木质条印一枚（见图18-1）。康熙五十三年（1714）病故。

九世李涞，先实嫡子，以家贫无力供职，请停袭，未准。（李涞是乾隆《琅盐井志》的"监修"。李涞的同门弟兄参与编写志书的大约还有三人）何时去世不详。

十世李襄，李涞嫡长孙承袭（由他这一辈定下以后辈分排名顺序为：大、清、永、保）。

十一世李大源，于道光二年（1822）承袭。道光二十七年（1847）病故。

十二世李秉清，于道光二十八年（1848）呈请承袭未果，咸丰六年（1856）奉委发牌。

十三世李秉和，秉清乏嗣，此系大源之侄。同治十三年（1874）代办"土巡捕"（同年提举司已由琅井迁往石膏井，琅井只设盐课司。土巡捕隶盐课司）。

十四世李永森，承袭"土巡捕"至清朝灭亡。

（二）根据唐朝樊绰的《云南志》，南诏时期郎井盐洁白味美，专供南诏一家所食。又据杨善墓碑在宋元时期，琅井称为"威楚盐使司琅泉郡"。乾隆《琅盐井志》中说："（琅井）明初设盐课司大使。"明万历甲申年（1584）琅井人杨中策墓碑题为"大明吏部考选盐场副史"。万历四十八年（1620），巡案云南兼理盐法山西道监察御史潘漴，在云南考察"全滇盐政考"，琅盐井志还保存有序言。这些都是琅井历史的文字证明。

（3）李氏土官巡检，子孙世袭的黄字符命，以及后来的加衔，大约都毁于匪火。从一世李普政到十三世李秉和相隔475年，仅凭口传记忆来写的承袭报告，很难恢复历史原貌，难免有过誉不实之处。

（4）在编纂乾隆《琅盐井志》时，九世李浹是监修，与他一起参与编纂工作的同门兄弟不下三人，他们也是认同志书的记载的。

图18-1　李氏承袭谱证件之一　"琅盐井提举司土巡捕之钤记"木质条章

第十九章 特恩袁旻、戴武大人

一、特恩袁旻

清朝乾隆五十三年（1788），据云南地方官奏称："琅盐井学岁贡袁旻，年八十四岁三场完竣，未经中试。"乾隆皇帝为鼓励如袁旻这样年过80仍勤学不倦、参加科举考试的读书人，特恩准偿给袁举人出身，并准予参加会试（见《云南教育志》）。这在当时是轰动全省的特大新闻，给读书人莫大的鼓励，同时也扩大了琅井的知名度。一时之间，请袁旻题词写字的络绎不绝。昆明琅井会馆大门的横额，就是他的墨迹。然而年代久远，遗存湮灭，这笔记载倒给人们留下了无穷的想象空间。

袁举人给他家后代取名的排字为：联、合、本、祖、有、志、秉、心、从、宗十辈。

科举制度是封建社会统治者收买士人为之服务的一种手段，一些士人为此至死不悔。开科取士是从唐朝兴起的。所谓科举，就是开一些科目，经考试来选取官员，唐朝就开了秀才、明经、进士、俊士、明法明字、明算等50余科。这比原来的门阀荐举制有进步，但是也有禁锢读书人思想的另一面，当时就有诗人叹道："太宗皇帝真长策，赚得英雄尽白头。"琅井的袁旻正是这样的"白头英雄"。

清代的科举考试很重要的一科，即八股文。所谓八股文是以四书的内容作题目，文章的开头是破题、承题、起讲，起讲后分起股、中股、后股、和末股四个段落，每个段落都有两段相比偶的文字，共合八股。清朝

盐不由衷
——琅盐井历史新探

的科举考试制度如下：

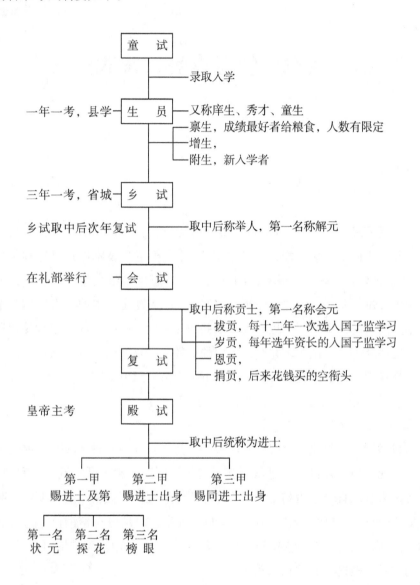

琅井的袁旻，看来是三次参加乡试都没考中，皇帝特准参加会试，这是到北京礼部参考，想来也是未中了，虽然如此，皇帝的恩赐也很荣耀，

也不妨碍举人挂上"进士"匾；以后琅井挂"进士"匾的，大约十来家。现在琅井还有两家保存着"进士"匾。一家是罗文朴的，是道光二十四年（1844）立的。另一块是施承吉的，立于光绪七年（1881）。其余的，都已毁没。到光绪三十一年（1905）就明令废除科举制度了。

二、戴武大人传略[①]

戴公运明，字镜堂，定远小蒙恩村人氏。出身农家，少时略涉诗书，有胆识，智勇好武。常谓满眼悠悠现实不堪愁对，以定古今庶民跃于奇杰者，均属有志之士。遂不甘落拓田园。咸丰五年（1856），公二十四岁，时永昌府金鸡村回民杜文秀，高举反清义旗，联合回、彝、汉族民众，迤西数百里地面城乡人民，均为杜氏插遍义旗。东征昆明旌旗征鼓，喧震全滇。大有传檄可定三迤之势。为挽救岌岌可危清王朝，招募义勇扩大清军，公认为此乃烝庶徯苏之会，豪杰效命之秋，遂弃农投军，不期获遘楚雄人军门李信古青睐，赏于风尘之外。运明公幼习武略运筹之谋，深合主将之意，受其重用，由百千把总都守备擢升游击。公为清军先锋征蒙化、讨大理，横渡漾濞、澜沧二江，扛鼎之勇无坚不摧，远者响应，近者迎降。屡立军功，不逾数年光复永昌、腾越。扫平杜乱。荣膺花翎副将衔、建威将军称号，委镇雄参将职。公因腾越攻城战役，右脚负伤，旧创复发，未莅任。于同治十三年解甲归里，受诰命锡封三代祖父母。

[①]《戴武大人传略》原载罗应起著《琅井发展简史》手抄本，此次转载有以下说明：一、因文、白、简、繁问题，文字可能有错；二、立足于反清起义者的角度，戴武大人是参与镇压者；立足于清廷，是立功受奖者。这是历史资料，原文照抄，请自行研判。三、在给戴运明祖父母的诰封中，称戴运明为"花翎副将衔补用参将"。花翎副将是从二品，这个"补"字，说明尚未正式委用，是待补、候补的意思，是"未莅任"的原因，而非其他。另外所谓"建威将军"是武功一级的称号，（在圣旨中未见此称号）。戴运明之祖父戴大德因孙子立功而获封为"武功将军"。这是武功四级的称号。祖母封为"夫人"。四、琅井的诰封碑（圣旨）共有4块：嘉庆二十四年十月初十日给杨时行祖父的诰封碑（立于杨家大坟）；嘉庆二十四年（1819）十月初十日给杨时行祖母的诰封碑（立于杨家大坟）；同治十三年正月十八日给戴运明祖父母的诰封碑；光绪二十四年（1898）十月给杨时亮祖母的诰封碑（立于杨家大坟）。

盐不由衷
——琅盐井历史新探

受杜文秀起义的影响，各地民族头人，拥众据土，弄兵横地。琅井常遭沿河头人李××聚众洗劫烧杀抢掠，十室九空。在废墟重建之日，地方绅灶士庶，鉴于彝祸之惨，痛定尤悸，公议推派代表至小蒙恩向公请求，请公移家琅井定居，凭借公之威名，震慑群小。公允。由琅筹资建第。新第落成乔迁之日，髳阳（即牟定）官商士庶赠贺红底金匾一块，上书"髳阳屏障"四大金字。故落籍琅井焉。

运明公生于道光十一年（1831），逝世于光绪二十一年（1895），享年63岁。墓茔葬于妥安龙川江西岸之狗爬崖山巅。清光绪举人张文华、杨文清为公撰写墓志二，挽记公事迹，但因沧桑更参，墓已荡然无存。

曾孙戴世雄忆录留记（罗应起略有增删）

附录赐封戴公三代祖父母诰命

戴运明因为清廷立有军功，于同治十三年（1874）诰命赐封三代祖父母诰命一纸，系满汉文字体书写，今照汉文所载实录如下：

奉

天承运

皇帝制曰，宣扬国威，统三军而奏绩，来甄世德，溯四世以推恩。积庆有源流光自远。尔戴大德乃花翎副将衔补用参将，戴运明之祖父，纯心抱质，善气储祥，丕建乃家允肇弓裘于奕叶，克昌厥后，诞膺节于高门。爰贲徽章卑扬令问。兹以尔孙肃清大理蒙化等处案内出力，赏赠尔为武功将军，赐之诰命于戏！簪缨赫奕式隆一点之殊荣，纶诰辉煌用慰九原之凤志。祇承宠命，常播休声。制曰：德门积善衔余庆于后人，幕府策勋赐殊恩于先世。家声克大，闻范攸彰。

尔杨氏，乃花翎副将衔补用参将戴明运之祖母，佩服女箴，娴明母道，惠风肆好，留毂必于闺中。令诸二传，毓奇才于阃外。爰颁茂典，卑阐徽音。兹以尔孙肃清大理蒙化等处案内出力，赏尔为夫人于戏！涣汗诞遒用播深遐之泽，湛恩遍洒益杨淑贤之名，显命丕承幽光允贲。

同治十三年正月十八日

第二十章　江西会馆和琅井的瓷器

原琅井医院住院部的地方，原来称为萧祠，再早是江西会馆，江西人来琅井自然是做盐和瓷器生意的。罗应起在《琅井发展简史》中说：祠内供奉的是萧何和许仙，这是不对的。元、明、清三朝时，江西人崇奉的是萧公爷爷萧伯轩，是江西临江府新淦县人，生得龙眉蛟目、美髭童颜。为人刚正自持，言笑不苟。乡里的善善恶恶，都愿请他评断是非，深得乡里崇敬。他死于南宋咸淳年间，据说死后为神，灵魂常附于童子身上，预言祸福，灵验准确，保境救民，有求必应，福泽十方。乡民相率建庙于其家乡大洋洲上。元朝时，其子萧祥死而有灵，合祀于庙。明朝洪武初，尝遣官谕祭。永乐十七年（1419）其孙萧天任卒，屡著灵异亦祀于此。诏封"水府通灵广济显应英佑侯"，是江西人独有的供神。

在萧祠中另供一位许仙，是除蛟的许真君，名许逊，字敬之，江西南昌人，生于三国吴赤乌二年（239）正月二十八日。其母先梦金凤坠于怀中而有妊。祖、父世慕致道，真君弱冠，师从大洞真君吴猛。得授三清真法，博通经史，举孝廉，拜蜀旌阳县令。故又称他为许旌阳。江西累遭水害，认为是蛟唇精作怪，许真君与之数次斗法，终除蛟精。西晋太康二年（281）八月一日，举家白日升天。俗语说"一人得道，鸡犬升天"即指此事。宋徽宗政和二年（1112）五月十七日，封为"神功妙济真君"，明朝又加赠"至道应玄"四字。有诗云：

从来世代出神仙，争似旌阳拔宅登。
屈指算来千古后，应当还有凤珠吞。

其庙宇楹联:

三尺龙泉,追残幽壑千年魄。
一根铁柱,锁定江西万古湫。

有江西会馆在,还愁没有瓷器?笔者不敢断定下列瓷器的年代,但是它们也绝不是清代以后的物品。

(1)冰纹青花狮戏球云纹瓶(见图20-1),高52厘米,口径18.8厘米,最大胸径23.87厘米,底径16.55厘米。底部款识有刀刻"成化年制"四字。口沿、中部和脚边各有一道赭色刻饰。其余是白底冰纹并罩青狮滚绣球的图案。青狮二大四小,瓶颈有两只小青狮滚球,瓶耳两侧有腊梅花,枝干为赭色,梅花为黄色,在空白处有青花云纹饰。

(2)青花大果盘(见图20-2),直径32厘米,青花纹与故宫收藏相似。

(3)彩瓷带盖瓷罐(见图20-3),高9.5厘米,外径7.2厘米,题词为"花香如雅壬寅年定州",底部识款为"官窑内造"朱砂四字。罐身有彩绘喜鹊衔梅,盖上有黄鹂、花卉,并有"八大山人"四字。此罐是定州官窑当是肯定的,但"八大山人"四字并非真迹,八大山人朱耷生卒年份是1624—1705年,即明朝天启四年至清康熙四十四年,其间壬寅年只有1662年,由于不是他的真迹(因他的书画署款"八大"二字连写,"山人"二字连写,状哭笑两字),60年一轮,分别是1722年或1782年、1842年、1902年,再往后就到中华人民共和国成立后的1962年,不存在官窑了。因此,就算最晚的1902年,到现在已有100多年,也算一件古董了。

图20-1 青花狮戏球云纹瓶

(4) 另有一件茶壶（见图 20-4），也在底部识款上有"官窑内造"四字，画面是渔、樵、耕、读四景，落款为"周椿樵作于丙午冬书于客次"。丙午年较近的有光绪三十年（1906）、道光二十六年（1846）、乾隆五十一年（1786）。周椿樵何许人也？尚待考查。

此外还有很多其他瓷器（见图 20-5 至 20-7），不多做叙述。

图 20-2　青花大果盘

图 20-3　宫窑内造小瓷罐（正面和底部）

盐不由衷
——琅盐井历史新探

图 20-4 渔樵耕读扁壶

图 20-5 朱砂印泥盒

图 20-6 彩瓷碗

图 20-7 餐具

第二十一章　旌表烈妇

康熙九年（1670）圣谕："朕惟至治之日，不以法令为亟，而以教化为先。"于是颁布《康熙圣谕十六条》，这是教化民心，整齐风俗的基本纲领。琅井两版井志，均将康熙御制十六条列为艺文之首。

敦孝弟以重人伦，笃宗族以昭雍睦。
和乡党以息争讼，重农桑以足衣食。
尚节俭以惜财用，隆学校以端士习。
黜异端以崇正学，讲法律以儆愚顽。
明礼仪以厚风俗，务本业以定民志。
训子弟以禁非为，息诬告以全良善。
诫窝逃以免株连，完钱粮以省催科。
联保甲以弭盗贼，解仇忿以重身命。
以上诸条，著通行晓谕八旗并直隶各省府州县乡村，切实遵行。

康熙九年（1671）颁布圣谕十六条，提举来度在琅井每月初一、十五都传集士绅灶户居民人等于北极宫，逐条宣讲。并因此大力旌表"忠孝节义"。这在清代已经达到制度化顶峰。一般乡村忠义牌坊少见，而节孝牌坊多有。凡是有县志的，其中都有烈女节妇的篇章。黑白琅三井也不例外：

在黑盐井志中有烈女11人，《李节妇传》1篇，挽诗3首，皆为提举沈懋价作。

盐不由衷
——琅盐井历史新探

《白盐井志》中列有烈女19人，节孝合传1篇，挽诗3首。《琅盐井志》中列有烈女23人，烈妇传2篇、论1篇、解1篇，挽诗27首。

黑井的《李节妇传》，长篇大论约3100字；白井的《王孝廉先世节孝合传》，约770字；琅井的《景烈妇传》《景烈妇论》《景烈妇解》三篇合计约1800字，另一篇《烈妇王杜氏传》约350字。

就字数、人数、诗文篇数而言，琅井都首屈一指。特别是琅井的旌表活动，规模之大，档次之高，各井无出其右者。康熙十年（1672）由提举来度主导并亲自撰写了《景烈妇传》，省布政使司经历程封写了《景烈妇论》，楚雄知府高显辰写了《景烈妇解》；作挽诗赞叹的有来度、来坦、胡大定、田元恺（牟定县知县）、吴荫间等5人，后人和诗的沈鼐、王衍共7人27首挽诗，这次旌表活动可谓盛况空前。

与其由笔者叙述赵烈妇的故事情节，不如录来度的《景烈妇传》更直接：

烈妇姓赵氏，滇之黑井人。家贫，父兄以力自给。会琅井景孝廉同春晚年无子，卜妾为嗣续签计，因委禽焉。乃父以家世不薄，遂归于景。时盖十有五龄也。入门贞静逊顺，执小星礼惟谨，荆布自甘，操作罔懈，孝廉心嘉之。归孝廉四春秋不受娠，孝廉每感怀，赵辄解慰。孝廉亦辄开颜。然其心固已苦矣！岁辛亥夏，孝廉宿疾作，痈发于项，叫号痛楚。宛转床篑者三阅月，而躬侍汤药，晨昏不怠，惟赵是恃。既岐黄不灵，蕴毒溃决，腥秽呐呐，阃以内鲜有近者，而晷刻洗涤，持危扶颠，亦惟赵是恃。孝廉益心嘉许之。迨疾亟，孝廉知不起，念赵年少，靡所出，无守节理，间以微言动。赵辄泣血长号，誓从地下。孝廉领之。及集昆弟姻娅榻前析后事，孝廉固诗书起家，淡泊朴素不治家产，仅以田租二石属赵，为数俭。盖亦以赵之终不能称未亡人于景乎，未几孝廉卒，赵恸哭成礼。朝夕陈食，恭懂如平时，又独建议昆弟子嗣孝廉，持论严正无瞻狥。吊者咸啧啧怜其志、悯其劳、敬其行、服其识。然亦曰：事之、祭之、始之、终之如此其不少渝也已矣。越五日，丧车将发，赵设礼焚香，叩首灵床，哽咽不能出声。从容登楼，用所系麻绳悬梁上死。一时昆弟姻娅邻里远近闻见哀悼有泣下者。夫而后知向与孝廉誓从之言为不诬也。以康熙十年八月辛丑卒，得年十九。癸卯随孝廉柩合葬井北之鱼池山。双棺指途合并男女老幼以及商旅四方之人，无不酹酒相吊，夐塞衢路如堵，墙拥不得行，顽廉懦立莫不兴起。噫！异哉诸博士弟子员以事之有关风教也，合词闻于予。因慨然曰：嗟乎！赵氏死得所矣。为人妾可不死；茂龄无所后，可不守；有父母在可以归；独能尽瘁。生前议嗣，殁后而终不食其誓，竟从孝廉以死。嗟乎！独惜赵一弱女子耳。使易以须眉，登进士榜，必能致身君父，托孤寄命，临节不夺，为不二心之臣。彼豫国士弃中行而报智氏者，且拜下风矣。爰以贞烈题其旌并达舆情上当事，冀得疏请旌以慰贞魂于九原。因传其事而系之铭曰：

呜呼孝廉，有家无子；呜呼烈妇，有身能死。死又何妨，风扶俗匡。贵此正气，以存纲常。

来度的传，除了故事情节外，最重要的就是一段："登进士榜，必能致身君父，托孤寄命，临节不夺，为不二心之臣……"这是来度自己的人生目标。可是他实际的人生，却做了二臣，参加了吴三桂的叛乱，并且当其"财政部长"，志大，才也大，终做二臣，落得遗怨长啸的下场！

而布政使司经历程封的《景烈妇论》则说赵可以有四不死。无舅姑在堂可以不死；景有嫡妻在，置赵于外室，殉夫应嫡，赵可以不死；赵无子出，春秋共姜自矢，父母可夺而嫁之，赵可以不死；景死仅析田租二石不足供饭粥，无他资财虑人侵夺，赵可以不死。可以不死而死了，谓之烈。他赞赵"何其守身之善，见道之明，引义之决，赴节之从容而有礼"，其心与比干、孤竹之心相同，"而见于妇人女子是亦奇也"。

知府高显辰的《景烈妇解》则说："赵之所为，乃分内事耳，忠孝节义之在天下，天下人皆得为也，此为之，彼为之，此何奇；天下人皆不为，彼一为之，欲不为之奇耶？赵氏安可不传乎？"

总之，三位官员的传、论、解都是为赵树碑立传，都是歌颂赵的自

盐不由衷
——琅盐井历史新探

殉、自杀、自死；唯其如此，才符合他们的道德标准。但是，来度、程封、李匡、田元恺等人，只会去当吴三桂的二官，还会美其名曰：时势所迫，不得不为也。他们绝不会自殉以尽忠于清廷，可见这些官员，也只是嘴上夸别人，自己是不会去践行的！这就是旌表的背面！

鲁迅在《我之节烈观》中说："断定节烈这事是：极难，极苦，不愿身受，然而不利自他，无益社会国家，于人生将来又毫无意义的行为，现在已经失了存在的生命和价值。"鲁迅还说，这些烈妇是"可怜人"，是不幸上了历史和数目的无意的圈套，做了无主名的牺牲品。最后鲁迅呼吁："要除去于人生毫无意义的苦痛。要除去制造并赏玩别人苦痛的昏迷和强暴。我们还要发愿：要人类都受正当的幸福。"

琅井在乾隆二十年（1755）就已建成节孝祠，提举孙元相的《节孝祠记》如下。

人秉天地之气而生，则所以持纲常、维名教者，非直须眉事也。闺阁井臼中，亦每有冰雪为心，松柏成性，慷慨赴死，从容就义，深知饿死之事为甚小者。如夏侯令女之截耳断鼻。不以盛衰易节，不以存亡易心。固与卫之共姜，鲁之陶婴先后而辉映焉。《诗》颂《柏舟》诚有我仪我特之操，则自失靡他靡匿之节；歌成黄鹄，诚有方苴绿筠之贞良。自无再醮重行之失德。将未亡成仁舍生取义。夫岂古今人不相及耶！

向蒙圣天子立学校而重纲常，兴教化而旌名节。饰行省官师建节孝祠于学宫之外，载在祀典，礼备春秋。且命留心采访，抡次题旌。而于深山邃谷中尤为加意。此琅居僻壤，所以邀巨典而被恩荣者叠有其人。坊表聿新，祀祠典缺，是司牧之任也。爰度分司旧址，建立祀事新祠。馨香百世，俎豆千秋，芳名不朽，彝典攸光。岂非谓乾道成男，坤道成女，所以持纲常维名教者不均有其责哉！则凡得天地之正气而生者，亦可以奋然兴矣！祠室既成，余因乐为之记。

第二十二章 琅井的古建筑

琅井的古建筑,已经消失了的有:鳌峰山侧的塔,又称文笔,象征着文运的兴衰;黉学更体现了儒教所达到的高度;北极宫是道教真武大帝的宫殿,然而它后面却是比丘尼隆兴原来的庵所,也是一个道佛结合的例子;还有玉皇阁、西来寺、归善寺、慈寿寺、七宝寺、兴隆寺、文昌宫、一真庵、保宁庵、桂香殿、白马庙、奇峰寺、观音寺、潮音洞、武庙、三公殿、财神庙、城隍庙、土主庙、龙潭庙、萧祠、节孝祠等被毁的佛寺,这些都是很好的建筑。

现存的计有:

1. 鹿鸣桥

鹿鸣桥(见图22-1a),石拱砌成,这是中华人民共和国成立前琅井通向昆明的唯一桥梁,曾经承受过载重数吨卡车的过往而安然无恙。桥身下面正中有八卦图,桥头有石雕象(见图22-1b),憨态可掬,桥上两侧石雕龙头(见图22-1c)龙尾,盼望洪水如龙顺流而下。原来在桥西侧有修桥时建的功德碑,现已被毁,在高枧槽村应能查到它的遗存(包括石雕象)。后修公路时,在石拱桥下游另建一桥,鹿鸣桥即已闲置。

原有对联已毁。笔者有一联题鹿鸣桥:

驮盐输东迤　负笈向昆明

图 22 – 1a　鹿鸣双桥

图 22 – 1b　鹿鸣桥石象

图 22 – 1c　鹿鸣桥龙头

2. 大龙祠

大龙祠（见图 22 – 2a）开间广阔，气势宏大，雕刻精美，大殿前檐正中一个木雕（见图 22 – 2b）是火焰包围着太阳，寓意井盐是用火煮，海盐是靠太阳晒。龙祠是琅井煮盐事业遗留的唯一物证。大殿正中供奉《敕封灵源普泽龙王之神位》，这是应雍正二年（1724）云南巡抚杨名时

"以盐课充裕,民食有赖,请加各井龙神封号"的请求,雍正皇帝的御赐。整个建筑群应是原"筹井楼"旧址。大殿的匾额为"龙王祠"。在大殿前有一口盐井,在井上建有井楼,即提举周蔚所建的筹井楼,楼额"琅井"。楼是两层,如周蔚所说:"楼成,众灶者张剧楼上。"所以,第二层是戏台。第二版井志插图中在井楼与大殿之间,还有类似香炉与陪祭的建筑,后来拆除了,成为一个广场,便于观戏。后来此井报废,民国时期前厅为警察局占用,中华人民共和国成立前后是进步团体青锋社的图书馆,以后前厅被水毁,遗留部分现在卖给私人堆木材和烤酒。此处古建筑应赎回,整修后作为琅盐井盐业展览馆,展出盐文化的各种展品。笔者也有一联:

开井取盐,火用薪,釜用铁,昼夜煎熬方成,龙王在上明鉴,殿宇多供奉。

煮卤代耕,给有数,课有额,晨昏劳作也苦,提举于中操持,层楼数筹谋。

图 22-2a 大龙祠

图 22-2b 大龙祠立柱木雕

3. 张经辰烈士故居

张经辰故居在大龙祠的西侧,俗称高石坎,是三进、逐进升高的四合院建筑。大门上挂有"大夫第"匾,说明张氏祖上出过五品以上的官员,

盐不由衷
——琅盐井历史新探

过去有人说他家是中医（大夫），这是不对的。"大夫第"不是医病的大夫的宅第，而是五品官的宅第。张氏在琅井也是大族，有关他家的族系，过去还未有人整理过。对于张经辰烈士故居，应修缮后作为革命历史展览馆。推翻清朝，琅井有人参与；土地革命时期有张经辰所在的红军长征经过琅井；解放战争时期，有中共地下党领导的革命斗争；建设时期出过五一劳动奖章获得者和大批参加社会主义建设者。这些人的事迹，一定会使展览馆的内容丰富充实。笔者有一联：

大夫第内医世圣手　小山村中革命先锋

图22-3　张经辰烈士纪念坛选址人员合影

4. 温家大院

这是一套"四合五天井，走马串阁楼"的建筑，有一百来年的历史。可将它改建为招待所，遇有小型旅游团到琅井，一方面用它来接待客人，提供食宿；同时，它的天井还可作为小型文艺表演的场所，如耍钟馗、唱花灯、唱滇戏……见图22-4a和图22-4b。笔者有一联：

四合五天井，走马串楼阁。
三锅一对时，煮盐建庭院。

图22-4a 温家大院　　　　图22-4b 温家四合五天井

5. 武家大院

这是"一柱通天"的三层楼建筑，有百年历史，在它的建造时代，交通不发达，那一柱通天的长木柱，从外地运输到琅井，想必非常困难。它的门窗式样打下了时代的烙印——五族共和的旗帜。它的砖雕也很艺术，尤其是三楼佛龛上的绘画，别具特色。其山墙、地砖、转轴玻璃窗的处理都独具匠心。在建筑南面的空地上，原来是煮盐灶和堆放绿柴的场地，可将它利用起来，按一比一的比例构筑一座旧时煮盐的模型：盐灶有大锅、筒子锅，有蜡像人在烧火、舀捞盐沙……配上声光电效果，再现旧时煮盐场景，必成令旅游者驻足参观的一景。见图22-5。笔者有一联：

一柱通天三楼层　　殿军琅盐只武家

图22-5　武家三层楼

6. 李家大院

中街李家大院，是一座三坊一照壁的建筑，也有近百年的历史。它的门楼和厦廊的木雕，精美绝伦，在琅井堪称第一。此建筑修缮后也可作为游客接待处，同时将琅井的历史文化展品陈列于内，以丰富和提高此建筑的品位。见图22-5a和图22-5b。

图22-5a 李家大院木雕门楼　　　图22-5b 李家大院木雕房檐

7. 魁阁楼

在琅井小学内，三层建筑，基边长106米，高14米。一、二层为正四方形，三层为正八方形，由四方变八方是以骑梁跨柱的方法，在二层木梁上架建三层，翘角斗栱，雕梁画栋，现已列为州级文物保护单位。但是，在它前面立的文物碑有错误。它说一层是四方，二、三层是八方，此其一；其二，它不是康熙年间的魁阁，而是雍正二年（1724）重新建的，并铸魁星铜像供于三楼（到我这辈时在一楼还塑有泥像三尊：中间是造字仓颉，旁边是造纸蔡伦、制笔蒙恬）琅井庠生江自涵"登魁星阁"诗一首：

琅井的古建筑 第二十二章

凭虚结构矗凌云，入目溪山四望分。
东壁西园腾风采，光辉千载唤斯文。

好一个"光辉千载唤斯文"，在纪念张经辰烈士诞辰一百周年活动以后，县里投资修复，美轮美奂，魁阁楼已成了琅井的标志性建筑（见图22-7a 图22-7b 和图22-7c）。

图21-7a 魁阁楼

图22-7b 魁阁楼木结构骑梁跨柱　　　　图22-7c　魁阁楼斗拱

此外还有多处民居应予以保护：中街的"杨家大院""江家大院"，

盐不由衷
——琅盐井历史新探

后街的"张家大院""戴武大人家的大院",江家的看街楼,温家巷内的"施家大院",等等。总之,琅井的建筑除中街上多是一门一窗一铺台外,都按各自的环境条件,风格、形式各不雷同,异彩纷呈。

琅井还有许多极具文化韵味的建筑构件,如格子门上的木雕诗文,举例如下。

一堂六扇门上刻有三首诗:

江上扁舟日暮孤,片云天际有若无,
溪边野鹤惊栖止,月到梅花认雪途。

仙源有路通宵汉,何必乘槎泛斗牛,
心镜虚明百尺楼,虬松皓月几千秋。

谁道仙源路不通,桃花依旧笑春风,
若能进得竿头步,便上蓬莱第一峰。

开宁寺征集到一堂六扇格子门上刻有三首诗:

爱日堂前嘻笑声,春花秋月映长庚。
林泉乐志犹龙子,瑞霭三多爽气呈。

椿阴大树照棣萼,楣卷高凤凤鸣珂。
比户重重增声价,也应龙门感碧萝。

江山排闼到庭前,市井尘嚣不可迁。
老健时思新绿酿,高歌畅叙乐天年。

在另一家六扇格子门上的字是幅短语,每行四字:

第一扇
古语云世　间第一好　事莫如救
第二扇
人怜贫人　若不遭天　祸施舍能
第三扇
费几多故　济人不在　大费己财
第四扇
但以方便　存心残羹　剩饭亦可
第五扇
救人饥敝　衣败絮亦　可救人寒
第六扇
如此诚善　人矣

六扇连起来读——古语云：世间第一好事，莫如救人怜贫。人若不遭天祸，施舍能费几多？故济人不在大费己财，但以方便存心，残羹剩饭亦可救人饥，敝衣败絮亦可救人寒。如此诚善人矣。

第二十三章　契约

契约是社会经济活动的凭证，也是历史研究材料之一种。但是要根据契约材料研究得出某种结论，需要数量较多的契约。笔者所掌握的契约只有十份，其中七份，是李枝桂同志提供的，另外三份是笔者收藏的。现简要列出，以供参考：

（1）乾隆五十四年九月十二日，黄桂荣典出房屋一格，典金三千文，实收二千文，另一千文留在买主手中，以备其身后之用。十年内房屋修理、买卖双方记工、材费，赎取时照还。十年之外工价不言。

买主李荣（亲笔写文书）中人王茂连　杨昇　杨润枝　段荣佩

（2）嘉庆十一年九月二十三日，江自渭出卖祖遗楼房、天井、过道、空基一所，卖给李应宗之祖李洪义坐住，（乾隆四年事）接收叠次加银八十两，因缺用又向李应宗加找银二十两，前后共一百两。有银赎取，无银不得异言。

族人　江梦熊　江元
中人　张顺美　杨德昭　刘旺
代字　张复元

（3）咸丰元年五月二十日。

李毓林立分单文书

颠搭公称一分获扇子地壹份搭茅草房给次子李贞

凭族中　外祖滕宗起　亲长李有华
村邻　王恺　李纪　李有

代字　李秀亭

(4) 咸丰元年五月二十三日。

李毓林立分单文书

乾田一份搭瓦房给长孙李庆来

凭族中等人同上

(5) 咸丰元年四月十六日。

李庆来将原分得半格房屋，当给李庆来，折合银十两每人分得银五两。

凭族中等人同上

(6) 同治二年正月二十日。

李李氏将次子李发荣过继给堂嫂李夏氏为子。李夏氏配夫所生之子女房屋、田产同李发荣均分。

(7) 光绪六年四月初五日。

李何氏和子周从礼，为讨债逼死刘姓，经乡邻处理和息，和事银无着向堂孙李芳借银五两，作和事之用每月行息七分。

立借银信字人　李夏氏　男周从礼

凭中　杨膏雨代字　李正中　李观阔　王关元　李小三　于志

(8)(9)(10) 三份契约，均为同一家人典当房屋，两次追加找补用银的契约，都是民国时期的。都有中人、代字等姓名、签字画押等手续。

以上十张契约都是用云南产的白棉纸，用毛笔书写。从乾隆年间到民国，只缺了道光年间，内容有典当房屋及追加找补、分家、过继、借银等等，这些契约都有上百年的历史，难得保存到今，录以示人。说明几百年来在琅井，民间存在着社会经济的契约活动。在井志中还有很多未保存的契约，但确实有土地房屋买卖关系的记载：如明天启三年提举尹三聘，"买井民李腾龙等屋基以为内宅"改建司署；康熙五十年（1711）提举沈鼒在昆明，"买到孙生二家民房一所"兴建琅井会馆；明清之际提举简高，在重建学宫时，"外置学田，以供香烛用著永久之需"；提举周蔚对观音寺

盐不由衷
——琅盐井历史新探

常住（即寺产之田地）"三分之一予本山"（指归善寺）的寺产转移；提举孙芝兰对灶民杨启东、杨和给玉皇皇阁"奉施常住以供其香火"；提举沈鼎捐俸"购得近井民田四段，以为永久利物之业"。这些都是用碑刻和志书记载的产业转移证明。提举汪进士在《兴隆寺常住香火田记》中说："兹丁未春，庠生杨沛生谒余，曰：兴隆一寺，生父藻德曾捐资买水田四石付僧，以供香火。缘此田乃廪生张缉敬转售之产，康熙五十八年（1719）生父用价75两买入寺中。历年无异。今适原主取赎，而缉敬又将所买张九功水田二石，干田二石抵兑。虽田之高下不等，价值微殊，钱粮亦觉差重，但系绝卖之产，听从过割推收，永无他议，较前似觉妥便。且缉敬另换杜买契卷，生亦愿立永施文约特讫一记，以垂不朽。余因许可，并将契约钤盖印信，用彰善举。"契约已无存，但井志永留。类似现象各井都有，说明在契约研究中，志书的记载可作为特殊的契约研究资料。

第二十四章　琅溪八景

一、琅溪八景的文献综录

第二版《琅盐井志》胜景序：

滇南九井皆产于万山深谷中，琅虽四围皆山，高而不险；中分一水，曲而无声。平川四五里，景象开明，不觉其隘也。四时林木青葱，芳华不绝，水色山光，俨然图画。凡经其地者，莫不流连慨慕，叹胜景之不择地也。志胜景。

而第三版井志则说：

山巅水涯中，莫不有前代遗迹，昔贤芳躅，有难与荒烟芳草同其泯没者，至春花秋月，瑞雾朝烟，随时随地皆足怡人性情，动客诗思，亦在乎有心者自得耳。标而出之，以俟考古好奇者搜集焉。志古迹以名胜附。

两段序言各有侧重，前者概括了琅井之景，让人流连慨慕；后者继而动客诗思，强调"有心者自得耳"。两篇合读更为全面。

盐不由衷
——琅盐井历史新探

表 24-1 两版八景之比较

二版井志	陈廷夏诗	三版井志	江自渊诗
鳌峰锁水	一鳌挽住吸长川	鳌峰东锁	鳌峰东锁抵狂澜
天马西朝	万里腾开迎落照	天马西朝	天马西朝具大观
曲川烟柳	绿暗平川吐晓烟	翠障含烟	翠障含烟光鼎鼐
夕阳浴塔	风摇水面文峰晃	浮图倒影	浮图倒影莹琅玕
古柏苍天	傲雪经霜不记年	神祠古柏	神祠古柏虬龙现
古梅远荫	林逋昔有遗风在	萧寺奇梅	萧寺奇梅蛱蝶攒
玉带封山	雾锁山腰玉带悬	月挂金轮	月挂金轮千户晓
宝华圣泉	支公灵异出甘泉	山横玉带	山封玉带画中看

两版井志对琅溪八景的评定各有不同：两版中七景相同，一景有异：即二版取"宝华圣泉"，三版则取"月挂金轮"；陈廷夏是康熙时人，所以他的诗与二版取景一致；江自渊是乾隆时人，所以他的诗与三版井志取景一致。

对于"宝华圣泉"，二版的说明是："司治东开宁寺先无水道，开沟引水之工，不善疏凿，水出沟下丈许，势不得达。寺众呼佛虔祷，忽泉从沟上逆涌。寒香清洌，晨夕不竭。至今灵迹犹存。"又在"引沧浪"一则中说："在宝华山后，悬崖石壁，有泉一道，日出则流，日没则止。即圣泉源也。"古时开宁寺的饮用水就是沿"引沧浪箐"开沟穿洞至寺内的，但说得有些神秘，故称圣泉。还有"日出则流，出日没则止，"更为稀罕，真如此，又有何科学道理？现在沿通往横路村的公路，上至一石壁处，仍有泉水渗出，只因后来林木销尽，其泉流较小而已。这说明旧时之说，并非子虚乌有。

而三版井志对"月挂金轮"的说明则是："在宝应山之西巅，每望晓晨兴，明月如盘，挂于峰树之梢而不遽下，亦奇观也。"这是说每月十五日天刚亮时，很大很圆的月亮挂在宝应山西颠的树梢上，很久都不往下落，是一奇景。但这奇景要在特定的地方才能看到，在琅井河头和河尾看到的树梢挂金轮可能就不一样了，另外，金轮本是月亮的代称，"月挂金轮"，文义重复。笔者以为还是"宝华圣泉"好些。

井志中咏"月挂金轮"的诗只有一首，即杨诚明所作：

三台曙耿耿，古镜晃团团。林鸟梦初醒，潭龙瑞共寒。
晓花留皓魄，朝露挹冰盘。摇曳孤松顶，悠然快静观。

另有赵淳词一阕《西江月·宝山晓月》：

昨夜月明东岫，今宵影卦层峦。盈盈树梢晃金盘，应是嫦娥留恋。
我欲相留借问，曾否悔入广寒？须臾东旭振飞翰，遂使蟾趋兔散。

"月挂金轮"只是第三版《井志》所选，且文义重复，故唱和人少，也像蟾兔入广寒一样冷清！但"朝露挹冰盘""摇曳孤松顶"和"盈盈树梢晃金盘"都写出了此"景"的画面。特别是问月之句，与李商隐诗"嫦娥应悔偷灵药，碧海青天夜夜心"，有异曲同工之妙。"曾否悔入广寒？"当旭日东升，月即不见，自是"蟾趋兔散"了。紧扣一个"晓"字。赵老夫子的诗才，确是不俗！

而咏"宝华圣泉"的诗作却极多。

来度诗：

空山尘不到，是合有灵湫。分彼八功德，济兹大比丘。
筧飞寒玉泻，池静碧云流。水熟逢茶话，令人忆贯休。

周蔚诗：

宝华山下水泠泠，疏凿相传事不经。

盐不由衷
——琅盐井历史新探

爽气细浸新草碧，流声远带野烟轻。
老龙自异谁能蓁，古佛无心却有灵。
我过香台时煮茗，酿泉每忆醉翁亭。

沈鼏诗：

古刹清涟美，由来圣字传。水声通曲径，梵响散诸天。
不以人工巧，因之佛力绵。曹溪流一派，千古颂甘泉。

张约敬诗：

卓锡山前事已空，灵泉犹自响淙淙。
欲知圣水渊源处，只在天机淡荡中。
滴滴香厨澄皓月，涓涓碧沼冷清风。
老僧若识来何处，不向支流枉用功。

前面说过，宝华圣泉之源在石壁上，且"日出则流，日没而止。"这不正是"只在天机淡荡中"吗？

张常吉诗：

宝华泉水涌明沙，凿石沿山引到家。
自昔涟漪传圣字，于今梵宇灌琪花。
泉声入耳凝仙乐，草色连云润彩霞。
自是琅溪堪羡处，好从池畔一烹茶。

赵淳《宝泉山赋》：

系兹山之岂发，乃脉发于昆弥。既三台之叠峙，复四髻之崔危；远宗金马碧鸡之萃律，近接云龙象鼻之险峨；鳌峰文笔锁东而矗立，鱼池梅箐北逦而逶迤；宝华舒葶，绀海遗梨；四髻攒簇，自为奥区。其川则沧浪悬流，大溪中贯，夏秋暴涨，波浪浩瀚。自定远清河而发始，入金沙岷江而无畔岸。濯落用资祓除，龙潭可备浸灌。总未若井养之不穷，历古今而未闻其涣散（笔者注：此段主写山川，当地人自然熟悉）。

维彼编户，夹岸而居。依山结构，临水冶渠。鳞鳞比屋，攘攘接庐；境介隽濮，地近崎岖。胥趋利而樵薪薮，悉煮海以代葍葍。乃设官司而建治署，用营楼阁以固吾围。宫墙巍峻，圣庙崇也；鸟革翚羽，高阁耸也；烟霞雾横，玉带封也；北极西来，祠宇弘也；宝应兴隆，龙神荣也；楼名筹井，卤水丰也（笔者注：此段主写民居、建筑和煮盐）。

稽井之始，舐自神狼。厥色青碧，厥味淡良。取之不竭，汲之有常。汉置盐官，隋始开张。元少调剂，明制加详。煎之有额，置之有仓。其燃薪也，轰雷掣电；其锯解也，积雪堆霜。虞诩无容其增灶，孔仅一任其通商。建水、阿迷、宁州，胥调和而资鼎鼐；新兴、河西、通海，咸负载有以助腾骧。亚于邻井，利及遐方。固经费所从出，实课额所待偿（笔者注：写历史和琅盐之重要及其位置）。

自圣朝汰冗闲而专职守，兴学校以振纲常。厚生兼以正德，朴略进以文章。于是官勤厥职，吏称厥防。民安熙皞之素，士擅发越之长。接踵而取青紫，先后以仕乡邦。孝友嗣续，节烈留芳。家弦诵，户仓箱，歌解愠，诵无疆。则见夫，当春和，寻好友，访名胜，携榼酒，烹松萝于宝华，听黄鹂于烟柳。三实之梅如存，千秋之柏不朽。眺鱼池而一带闳甍，登宝岫而四山培嵝。松际月悬，台端风吼。鸳浦之塔影可观，鳌秀之笔峰难偶。要风景之各殊，惟达人之可否（笔者注：这一段写官吏之能，户民之殷和琅溪八景之美）。

若乃秋初，龙神降诞，官民赛会，法曲竞献，笙歌遏云，箫鼓惊电；

盐不由衷
——琅盐井历史新探

灯烛辉煌，委蛇宴衍；童叟喧阗，骈肩恣玩（笔者注：只40个字，写尽了龙诞赛会的热闹场面，赵淳确是大手笔）；合亿兆之欢心，与百灵同其仪奠。于是乎风雨和顺，山川效灵，嘉谷丰熟，泻卤充盈。盐无忧于壅滞，灶不因于菹薪，户肥饶而礼义足，家充裕而妇子宁。国赋时闻其浸溢，文治日昭其聿新。

为之歌曰：

惟坤道之斥卤兮，无殊海若之尾闾。调五味以和羹兮，实五行百物所必需。虽九井之一区兮，四山回合而为居。既不邻于沃土之思瑶兮，复不等于脊土之拘墟。淹涵滋育以生成兮，犹获睹敦庞浑噩之遗。长荷圣朝之熙育而渐摩兮，遐陬浃髓而沦肌。叠经鹾使之剂量而调适兮，举胶鬲而贡盐絺。鄙桑管之牟利而病民兮，折衷乎甄鳋与韩愈（甄琛、元鳋与韩子皆论盐）将德泽洋沛于千秋万世兮，更何虑夫巢诚与仙芝（笔者注：前面已指出赵淳的断言极不准确，他只是乾隆盛世的吹鼓手而已）。

赵淳的这首赋，在前文已有评述，笔者最欣赏的还是："若乃秋初，龙神降诞，官民赛会，法曲竞献，笙歌遏云，箫鼓惊电；灯烛辉煌，委蛇宴衍；童叟喧阗，骈肩恣玩；合亿兆之欢心，与百灵同其仪奠。"只53字，就把龙王诞辰的热闹场面呈现出来了。如今，这些场景在洞经会的太平会、耍钟馗时还能看到。

他写琅井四季景物时，则不如杨潮生的《琅川山水赋》：

当春和景丽，冻解岚封，藻荇暗生乎方沼，桃李远映乎高峰。梵宇飞玉梅之屑，曲川露金柳之容。燕语山斋兮清音叠叠，莺啼水阁兮雅韵重重。游人喜芳草之翠，达士醉杏花之泮。及夫东风既过，夏日初长，登高逍遥于林樾，临渊澡浴于陂塘；或煮茗泽畔，或远眺斜阳；屈天中而游观原泽，过星回而雨集川梁。于是秋逢龙诞，祀荐弥先，磴登有倒屐之屐，扶醉若乘马之船。发南山而采篱菊，攀丹桂以作瀛仙。无何山高月小，水落石出，岭秀孤松，溪环修竹，看红叶之枫林，踏白雪之江曲。

二、琅溪八景分说

1. 古柏苍天

第三版《琅盐井志》载：古柏"在土主庙中，大数十围，高十余丈，双干参天，旁无枝柯，苍形老质，势若虬龙。春不发萌，冬不改色。相传为有千余年古柏，疾风暴雨无所损折。其根蟠庙外，土人掘得必焚于神炉中，不敢私取毫末。时有灵蛇翠色金光，出没其上，颇称神异。提举沈鼐有古柏篇，诗人题咏甚多。"志载咏古柏诗十首：

署司安宁知州简而可诗：

琅井祀土神，伏腊走村民。祠前有古柏，问之不知春。
似松仍似桧，非梓亦非椿。叶消长雉尾，皮尽失龙鳞。
上则栖伭鹮，下则临幽渊。平献深林草一色，连绵卤汁赋千缗。
山岚乍起迷高下，惟有此树出风尘。
不花不实羞桃李，美栋美梁甘作薪。
嗟嗟我今困蒺藜，曾为东西南北人。
如此神物能几见，果然世上有灵椿。
惜君不生上林侧，羡君千年学隐沦。君不见，皇帝三女化三株，
雪为衣带玉为肤。天中二室今何在？观者于今费踟蹰。又不见，
邹峄枯桐长泰山，亭亭矗矗接山巅。云横石碣蝌斗灭，
故老犹疑封禅言。从来物生赖所托，有生无托终寥落。
任尔遐方几春秋，不蒙樾荫空槭檡。

来度诗：

何时老树竞参天，双干凌虚矗晓烟。

盐不由衷
——琅盐井历史新探

岁月直书尧甲子，祷祠应致汉神仙。
不须华表听归鹤，还向灵椿问大年。
今古沧桑成底事，春来芳草任芊芊。

周蔚诗：

炎起千寻直不回，祠前翘首逼崔巍。
苦心日久容虫蚁，苍干年深任藓苔。
际地老存消汉气，蟠天已具栋梁材。
欲撑大厦从今日，良匠何须问徂徕。

沈鼐诗：

君不见，崦嵫若木几千尺，离奇光怪撑天碧。
虞渊一浴喷河山，崑曜轰池顿开辟。
又不见，天上蟠桃覆万里，核能贮粟大如曦。
神仙种树不知年，虚诞荒唐何所始。
独有琅溪之古柏，萌芽出地山为圻。
摩山振岭便弗群，状若奔蛇非蜥蜴。
菌轮垂荫数亩宫，风雨呼号势不同。
虬干苔封嵌绿玉，盘根草腻护青铜。
几回挂月隐斜钩，亦作旋龙舞翠球。
落帽仰看入云汉，解衣抚摩走霜丘。
精灵直夺山川气，逆水神留人仿佛①。
报赛何人敢摘枝，阴阴古殿生云气。
春花开遍不再红，秋草萋萋塞上风。

---

① 土人云：先时有神牌自水流下，复逆水而上，盘旋不去，人遂依柏立庙。

琅溪八景 第二十四章

谁似铁冰为傲骨，亭亭直节出崆峒。
经霜迈节到今兹，叶□枝神末复垂。
玲珑碌硌坚如石，桡柫桠弯更离披。
长笔划天锋且锐，山精横槊白日晦。
有时饮血洒淋漓，跪拜擎拳人不昧。①
龙骨入地满郊原，野人掘得垄头根。②
办香尺寸皆灵异，不与荆棘弃荒垣。
古桧曾传先圣栽，龟纹左钮杂藓苺。
秃根大干系星斗，至使瞻望费徘徊。
几度登山探古迹，白驹易过甚可惜。
千年老木阅沧桑，劫火频仍烧不赤。
白发老翁忆少时，红颜对此见霜皮。
七十八十每瞩目，枝枝插天奋蛟螭。
我闻辗转更往复，痛悼人生不如木。
汉阙秦宫百卉研，尘埋榛长眠麋鹿。
层山围绕锁琅溪，天为苍枝作障堤。
鸟鹊惊飞无坠羽，狼狐潜迹绝尘泥。
从来乔木征风物，水秀土肥多葱郁。
树木何如更树人，栋梁岂被工人屈。
真人蓬岛驾龙车，山海奇珍未见疏。
嘘拂春风来邃谷，青藤翠叶复还初。

晋纬诗：

何年植此千尺柏，几历沧桑变为石。
兀突峥嵘如鬼工，瘦劲苍严若戈戟。

---

① 凡祭祀以血涂树复跪拜祷。
② 掘地得根，即以香送至庙内。

盐不由衷
——琅盐井历史新探

朝映山晖颜色青,暮滋溪水枝干碧。
虬须直奋鸟鹊惊,龙背盘旋狐兔吓。
傲骨偏经霜与雪,珊瑚森立撑天缺。
有才摇谷啸长风,怒肘霜皮常饮血。
吁嗟呼!
诸葛庙中古柏树,少陵爱惜留佳句。
宝泉气味默相连,叠嶂层峦神呵护。

孙复诗:

遥闻历代不知年,尽说灵根已得仙。
抱节固能常在世,化形犹恐竟飞天。
秋深古殿霜皮留,夜尽空山黛色连。
直逼云霄二千尺,祷祠应共武侯传。

张约敬诗:

柏老撑天际,峋嶙迥不常。千秋经日月,两干溜冰霜。
神物非凡种,灵根总异香。知为醛地瑞,与井共悠长。

本井庠生王衍诗:

极天老干插云孤,黛色横斜心不枯。
根屈已知蟠古殿,节坚混似炼洪炉。
金蛇隐约通灵气,仙杖森严入画图。
最爱深秋苔剥落,排空恍若碧珊瑚。

本井岁贡张秀起诗：

铁干撑天地，虬枝亘古今。长年生意足，鸾凤讵无心。

本井杨潮生大理教授诗：

浓淡琅泉倚伏多，独留乔木保天和。
虬枝不为风霜老，铁骨频经岁月磨。
新莆余根香仿佛，蜀祠旧影意婆娑。
苔痕溜雨皆生气，引凤栖鸾自有柯。

第三版井志编辑赵淳词：《天仙子》

孔林桧楷千秋格，诸葛祠前干如铁。何图此地亦挺生，
历烟霜，老风雪。轮囷魖离奇柯两列。
碧同枯骨龙虎色，根入九重香气彻，机不息，心常热。安得移栽？壮北阙。

以上11人的咏古柏诗，最短的4句20字，说最长的68句482字，即提举沈鼐的《古柏篇》。说古柏不知何年所种：有说"千秋经日月"，有说是蜀汉武侯祠的柏树种，最为夸张的是来度说"岁月直书尧甲子"，把这古柏的岁月一直上推到尧的甲子起始年代了。这说法虽然不可信，但这一联已成绝对，迄今尚无工整的对句！来度用"汉神仙"来对"尧甲子"，也欠工整甲子是天干和地支的配对，是尧皇起始的年代，是一序词；神和仙虽有区别，配对起来是一名词，但没有起始或接续的含义，所以说尚欠工整。对于柏树之高，有说"千尺"的（何年植此千尺柏），有说"二千尺"的（直逼云霄二千尺），更有说"千寻"的（炎起千寻直不回），古代八尺为一寻，千寻是八千尺，一个比一个高，当然这些都不是

盐不由衷
——琅盐井历史新探

实指,都是文学的夸张。把 11 位作者对同一古柏的咏诗集在一起,读者自己去比较、体会、把玩,也很有意思。值得提及的是简而可的诗,对柏感叹"嗟嗟我今困蒺藜,曾为东西南北人""从来物生赖所托,有生无托终寥落",看来这位简官人也是无所托者,只能东西南北地,困于蒺藜之中了,虽然已经当了安宁知府(一为知州),仍不中意。而来度的下场是"今古沧桑成底事,春来芳草任芊芊"(见前专章);而沈霨则是"痛悼人生不如木""树木何如更树人"。他的《劝纺织约》,也是树人之举罢!古柏长于琅盐井,自应是"宝泉气味默相连"的,更"因思鼎铉和羹重""知为磋地瑞,与(盐)井共悠长"。有人"惜君不生上林侧",而更有人却只想"安得移栽壮北阙"。让神瑞的柏树给君王壮丽北阙。诗如其人,信不虚也!

古柏长在奇峰山麓的土主庙内,土主神是主管田蚕五谷、虫蝗瘟疫之神。各地的土主并不统一,琅井土主的诞日是正月初三日,司官率其所属赴庙致祭。在土主庙内还有一神石,相传为天外飞来,颇具灵异,土人祀之;后有水漂神牌至山脚,潆洄不去,取视之即土主牌也,以为神所凭依,遂就神石设像于上,构祠栖之。灵应如响,祷祀不绝。赵州廪生邹屏翰有神石诗:

不皱不皱树滇琅,父老传闻镇一方。
可转何须分美恶,有灵岂复辨阴阳。
谁能射虎教翎没,几欲从龙应雨苍。
漫向君平求赏识,人今拜下学元章。

另有石屏李载膺(楚雄教谕)的词《踏莎行·飞来神石》:

地骨天成,云根烟覆,摩刍千载长依佑。雨旸祷赛应如神,憩仙拟是曾相遘。

文若峰峦,象如凤鹫,舞如三品阶垂袖。古传桂带显灵奇,欲遗圣瑞丹墀奏。

有如此众多的诗词歌咏的神石、神主、神柏，后来，被村中有权势者砍去，用作他们的棺材去了！真是"古今沧桑成底事，春来芳草任芊芊"！

2. 鳌峰锁水

第二版《琅盐井志》载："司治东，危峰矗立，岿然中流，琅溪尾闾，借以锁镇。"第三版《井志》另加："上建玉阁，左为文笔山，可登眺一川烟景。提举来度有诗。"这是琅井东面的鳌峰山（又称瑞螺山），它像一个大鳌，封锁了琅井东面的出口，山顶上旧时建有玉皇阁，山左另一山上稍高处建有宝塔，因此鳌峰山、玉皇阁、宝塔三者构成一组景物。现在宝塔被炸平了，玉皇阁倒塌了，而鳌峰山仍然矗立在那里，继续封锁着琅井。

咏"鳌峰锁水"的诗有九首。

来度诗：

岩峣陡绝俯溪流，螺形潆洄最上头。
壁立未应经禹凿，云开始觉有人游。
诸天何处藤萝迥，曲水依然荇藻浮。
我欲御风瞻帝阙，此身疑为画图留。

周蔚诗：

江河日下自何年，劈向中流竖一拳。
曲折沧浪归崴嵬，参嵯楼阁住潺湲。
辘轳井转双桥合，辐辏人喧两岸连。
携酒峰头舒老眼，俺栏人在沆寥天。

盐不由衷
——琅盐井历史新探

孙复诗：

撑起金鳌半壁天，一津独锁万家烟。
步虚有路云霞近，问道无由日月悬。
野岸花深鱼醉钓，山亭翠涌客停鞭。
故乡何处莼鲈切，空自登临高阁边。

张约敬诗：

螺峰崛起势嵯峨，恍似金鳌涌碧河。
峻岭回环皆拱翠，狂浪锁住不兴波。
风清高阁仙人集，月朗虚亭野客过。
今古许多垂钓者，金钩徒下奈伊何。

梁光吉（岁贡，黑井）诗：

撑起琅溪半壁天，金鳌独锁万家烟。
峰岚嶵绝迷云坞，蹊径萦回是辋川。
野岸花深来钓客，山亭月满集飞仙。
登临不尽高阳兴，且脱春衣当酒钱。

杨瀚生（大理教授，本井）诗：

谁上鳌峰独占雄，插天高阁鼓春风。
桃浓李艳新花样，柏翠松苍古树丛。
流水潆洄经锁钥，群山崒嵂俯葱蒨。
遨游欲挟飞仙侣，何处蓬莱问太空。

琅溪八景

杨允从（廪生，本井）诗：

逼天高阁耸于东，尽说金鳌气势雄。
疏凿不须神禹力，迁移自荷夸娥功。
中流砥柱风长聚，远水朝宗卤自隆。
今古几经垂钓客，持竿徒羡意忡忡。

杨翠洮（廪生，本井）诗：

曲径斜依绿水流，小桥底串碧山头。
亭栖峭壁藏仙迹，阁插苍天恋客游。
玉磬声从云里出，洞箫韵自月中浮。
一峰砥柱千峰定，万派朝宗赴壑留。

唐文灼（学博，晋宁）诗：

溪洄抱山根，返景入林薄。平芜乱汀沙，人烟满墟落。
遥望隔溪山，亭然耸高阁。去鸟间归鸦，一一顾有托。
徘徊古原上，太息尘滤浊。偶然契真意，欲语困篘缚。
坐听上方钟，苍苍出冥寞。

鳌，传说是海中的大龟，古代神话中有共工氏怒触不周山，天柱折，地维缺，女娲氏断鳌之四足以立地之四极。旧以鳌峰山为神仙所居之地，（湖南常德也有一鳌山，相传有僧宣鉴、义存、文邃三人同时在此山悟道）。在罗应起的文章中，琅井的鳌峰山也有传说：一位颇有道行之道长，采药十年，要炼仙丹，去琅井购粒盐作配料，岂知盐铺童子误将硝粒售给他，结果，炼丹爆炸，毁去道长十年心血，于是怒迁于琅井，决计阻断琅溪出路，让琅井变为泽国。先是玉帝侦知道人毒计，点化高枧槽村居民某

盐不由衷
——琅盐井历史新探

夜尔等有灾,应备爆竹火把,待有异响,即敲锣打鼓、燃放爆竹,点明火把,齐声呐喊,即可消灾。某夜道长摄许多巨石于其道袍袖笼中,驾云赴琅溪东口,展其袖内众多巨石倾泻而下,殊知村民齐按玉帝先谕行事,道长惊悚之际投下最大巨石即化为一山,因其形似鳌,后称鳌峰山;其余石料投放稍滞后,只投在下游河中并未形成石坝,琅井避过一劫。井民因感玉帝救命之恩,于是在鳌峰山顶建成玉皇阁,以祀香火云云。

后来有两位提举——孙芝兰、赵作梅都作过《玉皇阁碑记》(见本章附录)。赵作梅,在两版《井志》提举名录中都未见其名。但是他的碑记,在两版井志中都有刊载,而且他的碑记第一句就是"余不佞承乏鹾司",说明他确实当过琅井提举。而且碑记中还说:"昔人建寺山巅,供奉上帝三百年。"在第二版井志中此碑记未署名,第三版井志才署名"提举赵作梅"。碑记虽已署名,但在提举名录中又未列名,这是一个谜。在第三版井志中有"前明提举缺员,多委本省厅幕署事,未立题名,碑记中多缺略。"赵作梅可能就是"缺略"中之一。

假设赵作梅是明朝天启五年(1625)前后的提举,那么300年前应是1325年前后,即元朝泰定二年前后,可见此阁之历史已很久远了。第二篇碑记则写明是在明朝万历十二年(1584)修建,并铸有玉皇铜像。其作者提举孙芝兰,是清朝康熙二十七年(1688)琅盐井提举,两篇碑记所说建阁时间,前后相差约250多年,孰是孰非? 又是一个谜。

在罗应起的文章中说:"鳌峰山寺后有地穴一口,深不可测。近前则寒气逼人,玉阁倒塌后遂无人问津者。"有此地穴吗? 这是第三个谜。

2000年元旦,笔者只身登顶鳌峰有诗曰:

千禧之元,登顶鳌峰,玉阁何在,文笔无踪。
残砖断瓦,昭示其荣。寸土相争,何遗荒垅?
村民答曰:毁阁耕者,其疾疢疢①,闭户绝种。

---

① 注:疢:音忱,热病也。疒头下水字,音水,肿病也。毁寺病绝,其迷信乎?!

312

罗应起文中尚有一故事。清朝咸丰年间，彝民响应杜文秀起义，进攻琅井。途至鹿鸣桥，桥上一僧，持杖而立，阻众入琅，数名骁者，皆非其对手，遂罢而退。后侦知此僧住鳌峰山玉皇阁，于是趁夜围攻，毒弩中僧，跌落崖下古仙人掌刺丛中，毒发而死。惜后人未详其身世。

此则故事足以说明，鳌峰山及其下之琅溪河上，东有鹿鸣桥，西有玉带桥，真是"辘轳井转双桥合""一津独锁万家烟"，一夫立桥众莫开。玉带桥已没了，而鹿鸣桥还完好地保留着："民国十二年由琅井温正品捐资五百银元，发起动员民众捐资修复鹿鸣桥，主持者张应科，工头长冲温茂卿，石匠温跃才。两岸桥基用细修五面条石嵌砌，中间翻拱用细修五面条石筑成。桥高三丈，宽广二丈余。桥式雄伟而坚固，可承受三吨半载重汽车重压。桥头建有石碑，'鹿鸣桥'三字是李育之书写，张应科作碑文，记载民众捐银事迹。"此段为罗应起文摘。桥拱中间下游嵌有石雕龙头，上游嵌有龙尾，两岸桥头各有石雕小象，形态憨活可爱（已被窃走）。旧时鹿鸣桥是琅井东去的唯一通道，笔者有一联云：驮盐输东迤，负笈向昆明。

为什么取名鹿鸣？这是按《诗经·小雅·鹿鸣》之意，在宴请嘉宾时，所奏之乐章。井志载：每遇大考之年七月，井官要宴请赴考生员，宴设大堂，仪门设月宫桥，扮魁星给生员朱砂点额，预祝科考高中；宴毕，簪挂花红，过月宫桥，意月宫折桂预祝登科；井官亲送至鹿鸣桥，赠送券金，赴考登程。

3. 山横玉带

《琅盐井志》云："司治东南笔架山，三峰插天，有时白雾横锁峰腰。俨然玉带。"另说笔架山三峰两垭形如笔搁。

提举周蔚咏玉带封山诗：

岚光一线度山横，鳌带由来画不成。
起处银河还飘渺，移时玉冻转分明。

盐不由衷
——琅盐井历史新探

贯穿碧落星初晓,划断清风雨水晴。
封禅何缘逢圣代,一时翘首足平生。

提举孙芝兰咏笔架山诗:

三竺邻滇越,群峰高并天。危岩悬日月,曲磴锁云烟。
俯睇华山削,遥知海岛连。公孤从岳视,台曜纪文缠。
鼎峙苔纹古,云垂翠影鲜。欲描奇绝处,颖脱大如椽。

赵淳也有咏笔架山诗:

鳌岫之东何崒嵂,三峰笋峙临几席。
须知我亦中书君,到此相看难搁笔。

赵淳是云南修志专业户,自然也是中书君。在清代,中书是小官,如赵淳者,须有倚天笔,才能搁在笔架山上,否则只是"相看难"。

4. 天马西朝

《井志》云:"司治西,四髻山形势昂耸,如天马行空,奔腾而至。"故为琅溪八景之一。其实,四髻山之形胜,非登高远眺不能领略。秋冬季节,某日晨,大雾,笔者登高远望,云雾之上四髻宛如天马奔腾,骧首西来,蹄踏空群,嘶啸追风,即拍照存证,今飨读者(见图24-1)。

琅溪八景

图 24-1 "天马西朝"景观

来度诗：

极尔奔腾势，应从大宛①来。白云层不间，丹障几时开。
春雨芙蓉湿，秋风苜蓿衰。支公②结兰若，神寇独徘徊。

周蔚诗：

神骏追遥驾远空，盐车不合老青骢。
失之牝牡骊黄外，得向云山烟树中。
高瞩何曾怀茂草，长嘶有分托秋风。
凭人呼马还应马，漫与孙阳辨异同。

张约敬诗：

名称天马应星辰，川岳钟灵却有因。

---

① 大宛，古时西边一国，出名马，汉武帝求名马即汗血宝马。
② 支公，指高僧。

盐不由衷
——琅盐井历史新探

雨露滋润增骨格，云霞掩映长精神。
千人未许轻驱逐，八骏何能作比伦。
几欲腾空挥四极，时存壮志出风尘。

赵淳《天马西来歌》：

滇水滇山出骐骥，腾踏空群称辟易。
犹难质性本调良，历瑰登峰无委蘼。
往昔曾为汉武求，诗歌编入清庙志。
亦曾皇路效驰驱，千里万里须臾至。
未几老去困盐车，食少力微空伏枥。
闻声市骏遇孙阳①，骥首西来姑就次。

张起秀诗：

伏枥心何壮，长鸣性自豪。盐车逢伯乐，声价拟山高。
五花尚觉云满身，长啸犹胜追风骑。

张惠秀诗：

谁识苍茫似骏雄，西来朝拱若嘶风。
将驰皇路啣金勒，好藉天闲饲玉骢。
历块应知流血汗，莲钱恍若动花鬃。
房星若许离尘世，解使人间冀北空。

---

① 注：孙阳，即伯乐，善相马、驭马。

5. 曲川烟柳

二版《琅盐井志》云："司治北，沿堤百余株岸柳，春绿夏暗，每当晨烟夜月，溪流山岚，空濛掩映，俨如图画。"三版井志则说："今废，宜增植之"。两版志书相差44年，堤柳竟已消失余幼时所存岸柳不多，2003年以后，又种数十株，恢复甚易。只是原河道曲折，六七十年代改直河道，利于行洪。而今曲川，只在河尾一带，春来嫩绿，油菜花黄，间杂桃红数株，也是图画之中。

来度诗：

携将斗酒听黄鹂，好友飞觞藉软泥。
何事一官归未得，十年长自忆湖西。
淡烟无力日霏微，绿影随风到客衣。
一幅辋川图不尽，宦游谁个说忘机。

来坦诗：

万里人从雨雪来，轻烟又逐柳丝催。
天涯兄弟清樽好，须向溪头一醉回。

周蔚诗：

夹岸高低柳色新，琅溪春色正宜人。
潆洄朝旭青犹湿，摇曳轻风翠欲颦。
客屐盘桓烟漠漠，莺声宛转水粼粼。
此中别有闲天地，寄语渔郎好问津。

盐不由衷
——琅盐井历史新探

孙复诗：

曲岸春烟动柳堤，丝丝愁锁白云溪。
最怜色嫩凝妆怨，转恐情深归院迷。
翠幕朦胧千树晓，金梭隐现一莺栖。
乐饥亭上微茫处，无限香尘逐马蹄。

江曰宁《琅溪月夜波光》：

月渡清溪景异常，看来醉眼亦生凉。
银河浪滚三冬雪，玉兔浑腾十月霜。
应是云飞拖素练，居然剑舞射寒铓。
中流荡漾谁能捉，笑看蟾蜍自徜徉。

杨源生《翠幛含烟》：

翠屏开宝应，照眼倍鲜妍。秀笋千家屋，光浮一井烟。
阴晴俱霭霭，花鸟自娟娟。入画标佳胜，维摩妙笔传。

唐文灼三首：

其一　溪曲
村路绿溪曲，人家似辋川，树云低送雨，红草细含烟。
禾黍秋风外，牛羊夕照前。谁家伐樵响，惊起白鸥眠。

其二　曲川秋思
薄云低覆稻花天，一种澄鲜绝可怜。
钓渚应添红蓼水，琅溪才染白蕺烟。

愁生风雁雍容上，人老霜枫黯淡前。
欲买一樽谁慰藉，鳣堂萧瑟似僧毡。

其三　曲川晓色
沿溪一抹晓烟横，禾稼茸茸带露清。
重树重山看不足，又听流水尽情声。

6. 夕阳浴塔

二版《琅盐井志》载："井东鳌峰山左，旧建塔以象文笔。年久已颓。康熙戊辰年（二十七年，1688）署井司临安府经历陈士铨，重为砌建。塔距井西平田七八里，东西远隔，盼望依稀。每至五六月西田水满，夕阳斜照，塔影遥倒其中晃荡，俨如浴濯。亦异景也。昔人不觉，今人见之续补七景之后。"

而到第三版井志则改为："浮图倒影，鳌峰山左，旧建塔以象文笔，每至正月初旬，西田水满，夕阳斜照，塔影摇荡其中。"这是新"造"的景。

将夕阳浴塔的出现时间由"每至五六月"改为"每至正月初旬"。这改得不对。五六月是栽秧时节，田中灌满水，才会有山、塔倒影；而正月初旬，田中只有小春作物：小麦返青，蚕豆结荚，油菜开花，蜂蝶飞翻，生机盎然，哪里会有"西田水满"？更谈不上"浮图倒影"。这是赵淳之败笔。

陈仕铨重建之塔，到1978年前后，是已有290年的历史文物，被一些无知之人炸倒毁灭，用塔体石料去河中修了一座挡水坝，壅高水位，美其名曰增加灌溉面积，实则抬高了河床，效益甚微，而危害甚大。2015年，挡水坝又被炸掉了，河床下降了约2米，由此2016年的大水灾，没发生更多的田地被淹、更多的房屋倒塌和更多的财产损失的情况。然而历史文物被毁，是永远恢复不了的损失，也是无知者所造成的损失啊！

盐不由衷
——琅盐井历史新探

7. 箫寺奇梅

见前第十五章之"一"。

8. 宝华圣泉或月挂金轮

见本章之"一"。

三、琅溪新八景

琅溪八景的旧故事讲完了。开宁寺的吃水问题，前几年全靠收集雨水，后来花了4万元，从后山对面引来泉水，用了几年管道堵死了；再后来引上乡里的自来水，又时有时无，始终未能妥善解决。鳌峰山仍在，但玉皇阁倒了、宝塔炸了，风景三缺其二，虽仍锁水但不煮盐了，它就没有锁财之灵气；不煮盐，就没有那么多烟气，因而"山横玉带"风景的出现概率也少了。塔炸了也就没有"浮图倒影"了，"一花三实"的奇梅绝种了，"神祠古柏"被砍伐去做棺材了，"曲川烟柳"变为直川了，"月挂树梢"的树也被砍光了。只有西朝的天马，仍在云雾中奔驰，它们似乎不是奔向财富奥区，而是奔向更遥远的地方去了。山川依旧，风景可造，正所谓"有心者自得耳"！需要新的八景来妆点新的生活！笔者新造的八景是：

1. 井标魁阁

雍正朝重修的魁阁楼，经过彻底的修理，已成琅井的标志性建筑，也是琅井的名片。它当然是琅井首屈一指的风景。

2. 开宁鼎新

开宁寺在照圣法师尽心竭力的经营下，其规模之宏大，气势之雄伟，在县、州乃至全省都堪称一流。

3. 烈士魂坛

张经辰烈士纪念坛，建在古老的魁阁楼对面，同在一绿树成荫的归园中，历史、现实相互辉映，当然是人们瞻仰的圣地。现又在魁阁之东立起烈士铜像。

4. 水库倒影

大石拐水库，三面环山，杂树林立，每当天高云淡，山树倒影尽显水中，此时拍照正反相接，难分上下。即使非专业摄影人，也能得到悦目的照片（见图24-2）。

图24-2　大石拐水库倒影

5. 玉带两条

这里说的玉带，并非旧八景中的云雾缠绕山腰，而是登高北山，见两条玉带：一条是妥琅公路，像一条墨玉带，蜿蜒南山之麓；另一条粼光闪闪的则是琅溪，如玉带东去。如果按规划建成沿北麓之新公路，则登上南山，也有两条玉带，道树、岸柳间杂其间，水光泯灭，自有一番景致。

6. 绿树森森

这里说的绿森森的不是真树,而是河头田野中的荷包豆藤杆;荷包豆是琅井的特产,粒大而富有营养,是琅井宴筵八大碗中不可缺少的用料。当种苗出土后,要在塘边立竿,让豆藤攀爬,其茎叶茂密,宛如一棵绿树,而荷包豆必是多塘种植,以便花粉传授,于是形成绿油油一片"森林"。如果提倡大面积种植,并在技术上加以改良,其经济效益很高,景观效应也很好,是旅游发展的好项目。

7. 云海迷茫

每当冬季清晨,多有大雾,形成云海。此时登上南北两山俯视:一片云海,玉宇清澈,心旷神怡。远望对面山巅,林木萧飒,如蓬莱仙境。市镇村庄全被雾埋,虽鸡犬相闻而毫无踪迹。此时,化尽一切尘嚣,松驰全部身心,纵享冬日之可爱,饱览阳光消弭浓雾的过程。这是旅游得到的大收获!须知,观云海必须在两山之间(在大平原上看不到云海);且两山距离不能太远,视距太远,意境模糊;视距太近,一目了然,意境难生。琅井正是得天独厚,虽一山村僻壤,观云海实是极好去处。

8. 山花烂漫

宝华之阳乃引沧浪箐,一带荒坡,荆棘丛生。春风酥动,白刺花开,村姑农妇,巧手采摘,余水之后,制成佳肴,清热降火,苦凉清香,乃山野土菜十花之首。而当秋雨之后,灯盏花发,五色斑斓,聚开成带,间有蜂鸟,采蜜花丛,游人驻足,徘徊流连,不忍归去。所谓十花,即白刺花、棠梨花、金雀花、芋头花、麦瓜花、芭蕉花、石榴花、韭菜花、蚕豆花、小脚脚花,这十种花均可为菜肴佐食。

附录一　玉皇阁碑记（提举赵作梅）

余不佞承乏醝司，莅任以来，日以裕灶通商为事，绘图请命朝夕不遑，虽有名区，未尝过而问也。公出之时，眺览井治，见夫群山朝拱，一水潆洄，暮雨朝烟，不减武陵风致。而东南里许，矗突一峰，如螺盘、如鳌峙。上以关西来之风气，下以砥东注之狂浪；南北诸山藉以锁钥，文风卤脉实嘉赖之。昔日人之建寺山巅，供奉上帝，三百年来，称胜地焉。然有寺必有僧，而此寺无常僧；有僧必有食，而此僧无常食。匪第暮鼓晨钟，空山寂寂，而翚飞鸟革，几为风雨飘摇矣。及询其故，总因粮重租轻，除正供外，衣钵无资，虽屡次招衲，或一年或半年，飞锡而去。心实悯之。时有新任住持僧宗向，以钱粮无措请余，窃有志未逮也，批行两厅，会众计议，而绅衿众灶皆愿于三十二灶并安宁二灶，涡卤一灶，俱于薪银内递年扣助银三两五钱，办纳本寺钱粮。至于所获租米，聊供香烛之需，人无异议，确有同心，且期垂久，永为可继。余甚嘉阆井之乐输，而庆琳宫之丕耀也，因记其事，以寿诸碑。

附录二　玉皇阁碑记（提举孙芝兰）

粤籍琅阳所称鳌头锁水者，果何山耶？乃印心浮水面也。兹山也，上锁青霄，下环碧水，左有笔架之文峰，右有金马之依靠，龙回虎伏，万岭朝来，临流兴美，逝者如斯。且松柏数株，葱郁并联星斗灿；白霞一道，辉煌关锁玉鏊鲜。其间风气聚于斯，卤脉蕴于斯，人文萃于斯，冠裳济于斯，科甲开于斯，富庶聚于斯。种种奇特不可胜道，琅泉七宝当逊此山为第一也。所谓巍峨胜景非耶？

于万历癸未十二年阆井善信盐齐朱光亮等修建玉皇宝阁于上，耆老杨启东铸像于阁中，复同灶民杨和等奉施常住以供其香火。迄今玄都共玄机

盐不由衷
——琅盐井历史新探

并美,仙风与仙骨齐芳。独念所施常住有多寡,疆界有方隅,若不清楚分析,安知后日弗失于侵渔之手乎?用是商榷于众,勒碑刻铭,致令异日见其志,百世食其休,不负创建之初意云。

第二十五章 咏盐诗赏析

一、历代咏盐诗作

（一）晋

晋代郭璞的《盐池赋》：

水润下以作咸，莫斯盐之最灵。
修峻岳以发源，池茫尔而海亭。
嗟玄液之潜润。羌莫知其所生。
状委蛇其若汉，流漫漫以濚濚。吁凿凿以粲粲。
色曷然而雪朗，扬赤波之焕烂，光盱盱以晃晃。
隆阳映而不燋，洪岑沃而不长。
磊崔峰礭，锷刻棋方。玉润膏浸，雪白凌冈。
粲如散玺，焕如布璋。灿然汉明，晃尔霞赤。
望之绛承，即之雪积。翠涂内映，赪液外幂。
动而愈生，损而兹益。

盐不由衷
——琅盐井历史新探

（二）唐

唐代阎伯的《盐池赋》：

坤之美兮，焉可以测？盐之池潆沉兮，划开于郇瑕之侧。
廓平陆而无际，漫长天之一色。
……
仿佛圭璧，依稀琳珉。
入泽遐窥，喜晴天之速曙。隔林斜望，讶琼树之惊春。
……
懿夫天不秘宝，地不藏灵。
可以和梅羹之调鼎，致君于尧舜。
可以寓居肃之入荐，效祉于勋名。
尔河汾之宝，信同天成。
岂若分沟塍之绮楷，……则千里雪皓。
由斯言旟，有美自天。
幸无委于泥淖，将以报于陶甄。

李白的《梁园吟》：

人生达命岂暇愁，且饮美酒登高楼。
平头奴子摇大扇，五月不热疑清秋。
玉盘杨梅为君设，吴盐如花皎白雪。
持盐把酒但饮之，莫学夷齐事高洁。

杜甫的《盐井》诗：

卤中草木白，青者官盐烟。官作既有程，煮盐烟在川。

汲井岁榾榾，出车日连连。自公斗三百，转致斛六千。
君子慎止足，小人苦喧阗。我何良叹嗟，物理固自然。

"卤中草木白"一句说明杜甫对盐井是有真知的，不像有的作家说盐泉周围水草丰美。草木白是盐碱化的结果。这种盐碱化了的草木，牛羊并不爱吃；牛羊爱喝带盐碱的水，是因为能调理肠胃，帮助消化。云南边疆有的地方，牛放出去，傍晚会自动回来，只因为主人会在家门口放一盆淡盐水，牛是会回来喝淡盐水的。

白居易的《盐商妇》诗：

盐商妇，多金帛，不事田农与蚕绩。
南北东西不失家，风水为乡船为宅。
本是扬州小家女，嫁得西江大商客。
绿鬟富去金钗多，皓腕肥来银钏窄。
前呼苍头后叱婢，问尔因何得如此？
婿作盐商十五年，不属州县属天子。
每年盐利入官时，不入官家多入私。
官家利薄私家厚，盐铁尚书远不知。
何况江头鱼米贱，红脍黄橙香稻饭。
饱食浓妆倚舵楼，两朵红腮花欲绽。
盐商妇，有幸嫁盐商。终朝美饭食，终朝好衣裳。
好衣美食有来处，亦须惭愧桑弘羊。
桑弘羊，死已久，不独汉时今亦有。

（三）宋

曾在浙江定海的晓峰盐场做过盐官的宋代著名词人柳永，目睹盐民的痛苦，写成名篇《煮海歌》，歌中这样写道：

盐不由衷
——琅盐井历史新探

煮海之民何所营？妇无蚕织夫无耕。
衣食之源太寥落，牢盆煮就汝输征。
年年春夏潮盈浦，潮退刮泥成岛屿。
风干日曝咸味加，始灌潮波流成卤。
卤浓盐淡未得闲，采樵深入无穷山。
豹踪虎迹不敢避，朝阳出去夕阳还。
船载肩擎未遑歇，投入巨灶炎炎热。
晨烧暮灼堆积高，才得波涛变成雪。
自从潴卤至飞霜，无非假贷充糇粮。
称入官中充微值，一缗往往十缗偿。
周而复始无休息，官租未了私租逼。
驱妻逐子课工程，虽作人形俱菜色。
煮海之民何苦辛，安得母富子不贫。
本期一物不失所，愿广皇仁到海滨。
由兵洗净征输辍，君有余财罢盐铁。
太平相业尔惟盐，化作夏商周时节。

宋朝王安石的《咏盐禁》：

东海若知明主意，应教斥卤变桑田。
岂是闻韶解忘味，迩来三月食无盐。

（四）元

元代纳新的《卖盐妇》：

卖盐妇，百结青裙走风雨。
雨花洒盐盐作卤，背负空筐泪如缕。
三日破铛无粟煮，老姑饥寒更愁苦。

道旁行人因问之，拭泪吞声为君语。
妾身家本住山东，夫家名在兵籍中。
荷戈崎岖戍吴越，妾亦万里来相从。
年来海上风尘起，楼船百战秋涛里。
良人贾勇身先死，白骨谁知填海水。
前年大儿征饶州，饶州未复军尚留。
去年小儿攻高邮，可怜血作淮河流。
中原封装音信绝，官仓不开口粮缺。
空营木落烟火稀，夜雨残灯啼呜咽。
东邻西舍夫不归，今年嫁作商人妻。
绣罗裁衣春日低，落花飞絮愁深闺。
妾心如水甘贫贱，辛苦卖盐终不怨。
得钱籴米供老姑，泉下无惭见夫面。
君不见绣衣使者浙河东，采诗正欲观民风。
莫弃吾侬卖盐妇，归朝先奏明光宫。

（五）明

朱裳①《捞盐诗》：

二卅十县，盐丁万余。夏五六月，临池吁且。
临池吁且，炎暑熏灼。且勤且惧，手足俱剥。
手足俱剥，亦既劳止。载饥载渴，亦既病止。
亦既病止，公事靡临。彼此相念，岂敢辞劳。
岂敢辞劳，不日不月。当不怀归，宪法明切。
宪法明切，岂敢离伍。陟彼条山，瞻望父母。
瞻望父母，谁供饔餐？弱妇孺子，忧心如醺。

---

① 正德十年任河东巡盐御史。

盐不由衷
——琅盐井历史新探

忧心如醺,何去归哉。我心伤悲,莫知我哀!

王冕《伤亭户》:

……

清晨度东吴,薄暮曹娥宿。草床未成眠,忽起西邻哭。
小儿出起土,冲恶入鬼箓。课额日以增,官吏日以酷。
不为公所干,惟务私所欲。吏关供给尽,醝数屡不足。
前夜总催骂,昨日场胥督。今朝召尔来,鞭策更残毒。
灶下无尺草,瓮中无粒粟。日夕不可度,久世亦何福。
夜永深语冷,幽咽问古木。天明风运门,僵尸挂荒屋。

煎盐苦,煎盐苦,濒海风霾恒拂雨,赤卤茫茫人尽枯。
灶底无柴空积卤,借贷无从生计疏,十家村落逃亡五。
晒盐苦,晒盐苦,水涨潮翻滩没股。雪花点散不成殊。
池面平铺尽泥土。

(六)清

明清时流行一首类似诗歌《盐丁叹》,感叹盐丁悲苦人生:

煎盐苦,煎盐苦,煎盐日日遇阴雨。
爬碱打草向锅烧,点散无成孤积卤。
旧时叔伯十余家,今日逃亡三四五。
晒盐苦,晒盐苦,皮毛落尽空遗股。
晒盐只望济吾贫,谁知抽羹无虚土。

咏盐诗赏析 第二十五章

乾隆《咏煎盐者》：

一化蓬芦厂，载观盐灶民。樵山已遥远，釜海亦艰辛。
火候知应熟，卤浆配欲匀。可怜终岁苦，享利是他人。

太史公曰："利诚乱之始也。夫子罕言利者，常防其原也。故曰：'放于利而行，多怨。'自天子以至庶人，好利之弊何以异哉！"

乾隆这句"可怜终岁苦，享利是他人"中这个"他人"是否包括乾隆自己？毕竟，享利最多的是乾隆，其次才是盐官、盐商。乾隆自己肯定不会把自己包括进去，那么这句诗就也是言不由衷了。

乾隆二十七年（1762），南巡至浙江，目睹灶户盐工的辛劳和盐商的剥削，乾隆写诗云："苇庐灶户日煎盐，辛苦蝇头觅润霑，嘘欷胈胝耐燥湿，厚资原是富商兼。"还是只说富商剥削，不说官课。

郑板桥《潍县竹枝词四十首》中其二十四、二十五：

绕郭良田万顷赊，大都归并富豪家。
可怜竹海穷荒地，并篓盐挑力被拏。

行盐原是靠商人，其奈商人又赤贫，
私卖怕官官卖绝，海边饿灶化冤磷。

沈德潜《盐荚篇》：

海滨斥卤地，煎熬利经商。富国兼富民，天产逾蚕桑。
不知始何人，重利轻更张。府海殊管仲，析利师弘羊。
正课日渐增，四倍于寻常。羡余三十万，进献同输将。
商灶俱受困，剜肉难治疮。急公鬻家产，甚者罹桁杨。

官征尽纤秒，私贩走远方。出没山谷间，蔓沿江海旁。
其始拒捕捉，其后如探囊。我闻有元季，啸聚于淮扬。
士诚无赖徒，驱迫成陆梁。当今盛明世，国宪昭煌煌。
莠民虽易薙，要须慎周防。内本而外末，理财有纪纲。
勿用聚敛臣，恐令利源伤，盐荚何足云，请陈《大学》章。

谢元淮《蹉言二十首之一》：

夏书贡盐稀，管子正禹荚。王海致富强，权舆创霸术。
汉置大农丞，牢盆祖盐铁。后世供边储，度支此由出。
利权操自上，豪右息渔夺。均输榷渐增，禁令网稍密。
轻重得其宜。远近算无失。千古会计才，刘晏实英才。
在宋端拱年，输粟听转达。是为台商始，私贩因窃发。
有元行引钞，蠲逋传脱脱。明初立开中，商屯饷戍卒。
缺马中马盐，麒麟聚万匹。厥后流弊深，民困税亦绌。
富哉天地藏，岂能尽搜括。

吴慈鹤《官盐行》：

官盐如泥直四十，私盐二十翻雪泥。
官盐在城不在村，村人买盐还入城。
私盐远还随所至，夜半为市常喧争。
锥刀之末愚者趋，买贵弃贱愚所愚。
公家科条固严急，蚩民性命轻锱铢。
我谓不如弛其禁，贸迁往来来勿问。
但使关津出榷缗，何须淮奥公商运。
畴舆采风献至尊，此事亦足苏疲民。

咏盐诗赏析

陈偕灿《官查盐》：

五日不食米，合室忍啼饥。十日不食盐，长官要楚笞。
长官列鼎需调剂，可怜无食盐何需。盐何需，长官怒。
皂隶捉人声似虎。前来伏地哭哀诉。鼠窜归家典破袴，
破袴虽典钱无余。买盐销票驰如飞，鸣锣喝道长官归。

刘嗣绾《官搜盐》：

江船横关截楼橹，官来搜盐击官鼓，
搜盐但恐盐不多，私盐搜多官奈何。
搜盐奉官官横绝，盐快相看惊失色。
昔年搜盐盐快骄，今年搜盐盐户逃。
道逢盐户劝勿苦，地不生盐成乐土。

吴蔚光《悲灶户》：

灶户灶户家海边，搬柴运卤官盐煎。盐色白，厰口积。
盐色青，称头停。盐色黑且黄，捆配自少客入场。
场中连岁多苦雨，雨多无柴更无卤。
无柴尚可，无卤杀我，大信已过小信来，盼到天晴还弗果。
一灶煎得盐几斤，一斤卖得钱几文。籴米煮糜复难饱。
况复柴荒兼卤少，柴荒卤少口似箝，场户按户催盐煎。
有时旺产走相贺，商家早断付场课。

（以上6人诗选自《清诗铎》）

二、黑、白、琅三井井志中的咏盐诗

晋纬（教谕　呈贡）《咏琅盐井》（原载琅盐井志）

盐不由衷
——琅盐井历史新探

群山竞络绎，奔放赴灵湫。宝应山复凹，天开一线流。
洪濛凿混沌，鬼斧劈为滮。石破天来液，林深不可求。
河图龙马呈，洛数元龟生。酝酿几千秋，神狼舐其泓。
荆榛道路狭，棘栗寻山崅。贮水煎白石，丹成碎其铛。
共知井能养，卤可代于耕。汩汩涌珠玉，波翻千釜沃。
海咸万顷涛，地力默相束。雨露与土膏，潜滋亦继续。
桔槔日夜转，囊革晨夕数。九釜运坎离，淘熔堆素脂。
剖分州郡鬻，储蓄亦赖斯，从古登尺籍，而今无漏卮。
伐山取其薪，临井汲其渊。山树煮山泉，不知担荷辛。
挹泉岁复岁，樵采频更频。轮囷不蔽日，曲盘未见榛。
虽非蓄畲苦，烟火无断辰。一勺自回环，朱提似积山。
当炉乏寸木，谁复悯其艰。安得五弦琴，南风拂彼颜。
盐田一夜宿，千亩变于镁。安得火井嘘，吹来至汲庐。
熟煎非人力，奚用栎与樗。

陈廷夏（乙酉科解元　昆明）《琅井》：

玉绕琅山脉腺通，灵泉日夜汲无穷。
盐稀漫溯青州旧，斥卤休夸东海雄。
勺水已能享仕女，一源更自见天工。
和羹定是香于鼎，赢得金瓯味转隆。

张辑敬（恩贡　本井）《观琅井》：

一窟通灵源，绠汲无今古。扛卤煎卤人，终年汗如雨。

杨翠洮诗四首（原载于第三版《琅盐井志》）：

咏卤
琅溪卤淡用偏洪，难与他乡较啬丰。
宝鼎煎来成太极，全凭调剂赞天工。

咏薪
非关定制法难公，罔计他年山渐空。
伐木丁丁无秋夏，童山濯濯遍西东。

灶丁
运薪车马集如蜂，彻夜燎光彻夜功。
三日成盐堪挽运，忧思转虑额难充。

灶工
不计风炎不计凉，轮班到处即承当。
面容黧黑身憔悴，尝将血汗湿衣裳。

杨璿咏黑盐井诗四首：①

大井
万春山下古盐泉，卤脉开从众井先。
峰势云蒸看凤舞，水源时出道牛眠。
土风独冠舆图考，饷馈雄称赋役编。
极目古今名利客，谁能此地不流连。

---

① 原载《黑盐井志》。

盐不由衷
——琅盐井历史新探

伏井

飞崖峭壁水中流，凿石淘沙井眼求。
沟引羊肠空里过，卤呈玉液水中浮。
重修岁有千金费，劳力时深万灶忧。
盛德若能浮造化，洪波不掩雪花留。

重修东井告成即事志喜

石墩重砌砥中流，卤泉还咸众解忧。
费去金钱千百计，劳来人事几多筹。
洪波永息蛟龙伏，玉液长盈天地留。
漫道珠还合浦好，一时春色上眉头。

复隆井

卤出崩岩乱石中，回看大井杳难同。
细尝玉液疏清涧，远引银波度碧空。
陵谷一时生返复，阴晴四序变污隆。
长苴漂饭殊无定，闻道多邀造化工。

郭存庄《白盐井颂三章章八句》①：

茫茫姚州，山水融结，几世几年，蒸此膏泽。
灵象锁川，神龙据穴，造化为工，今古不竭。

汉唐初通，于今倍隆。增以石谷，盖以安丰。
五金同德，百谷同功。调羹裕课，转运无穷。

---

① 以下原载《白盐井志》。

醴泉献赋，甘露书祥，何如兹井，雪汁汪洋。
烹成太极，利赖殷昌，山川同庆，家国同光。

刘邦瑞《咏五井》：

龙德深潜吐气醇，功成润下涌天津。
分来大士瓶中露，洒作神羊界底春。[①]
乔木新荫连旧井，平沙香水逼河滨。[②]
五云聚会膏流远，日汲千家满瓮银。

《团盐谣》：

屋瓦鱼鳞翠烟起，居民穴火熬井水，
泾淫热灸不敢辞，辛苦终年事于此。
团盐抟成圆月样，赋额毕输禁私藏。
穷民鬻私贪直多，官家护得加笞掠。
斧斤旦旦纷樵人，豫章伐尽锄荆榛。
正余征盐八百万，不关井卤惟关薪。
尽道团盐白于雪，那知团盐红若血。
长官焦劳灶丁恐，但奉章程莫他说。
吁嗟呼！
凤沙之利诚古今，牢盆钛趾谁搜寻。
安得夸父千百之逐日杖掷去，四野遍地成邓林。

---

① 此二句指观界二井。
② 此二句指旧乔尾三井。

 盐不由衷
——琅盐井历史新探

赵淳竹枝词二首：

购薪
近山伐木已无声，樵采艰辛度百程。
增价购来真拟桂，灶中何以足煎烹。

换灶
减灶全凭增灶功，壁哥泥使总和同。
漫嫌改作殊多累，寸土翻成万选铜。

三、奇诗赏析

1. 两组对立的诗

在《黑盐井志》中有两组褒贬不同的诗词，现并列如下：

禄丰县署井事王毓琦　　　　　永昌府同知署黑井事韩隶
烟溪即事十首　　　　　　　　烟溪好寄调梦江口十首

其一　　　　　　　　　　　　其一

直下数千丈，层山抱一溪。　　烟溪好，朝夕不离他。
可怜乔木尽，不使好莺啼。　　山上松多风弄笛，
日午街无影，春晴径亦泥。　　门前水浅水吟歌。
壮夫几满万，俱不事锄犁。　　清况供人多。

其二　　　　　　　　　　　　其二

楼峻三层级，垣倾千户连。　　烟溪好，日日对花吟。
人多面黧黑，衣少色新鲜。　　风软一年常似夏，
土浸深坑内，泥封破釜边。　　香浓四季尽如春。

工人向余火，赤体卧冬天。　　　莫道不消魂。

其三

井汲常常涸，编民渐渐贫。
醝煎十万釜，课办百千缗。
裸体男抬卤，蒙头女负薪。
元宵与除夜，谁许岁更新。

其三

烟溪好，家住在山顶。
雾作重帘风自卷，
云为轻幕月常钩。
天许我清幽。

其四

万春新梵宇，五马旧津梁。
游览工夫少，追呼岁月长。
忍饥赴市井，含泪折居房。
碎股长流血，蒲鞭心也伤。

其四

烟溪好，倒也趁吾怀。
虽少笙歌消酒去，
却多山水送诗来。
得句亦清哉。

其五

险谷非幽谷，稀逢三代人。
谋深因致富，讼健愈生贫。
蛙目易为视，蝇头惟所亲。
从来多利地，风俗固难淳。

其五

烟溪好，山水不寻常。
几带清流环凤顶，
一痕仄径挂羊肠。
登眺欲褰裳。

其六

水急如龙吼，山高似虎蹲。
不堪清耳目，只欲断心魂。
昼永偷为弈，花开强对樽。
蓬蒿满道路，何处采芳荪。

其六

烟溪好，登眺更贪看。
一架飞桥连断路，
万家烟火接高天。
气象眼中宽。

其七

伐木从何所，半千里外山。

其七

烟溪好，暝色更难描。

盐不由衷
——琅盐井历史新探

无舟通水次，有石阻河湾。
终岁难稍息，严冬不敢闲。
望洋增浩叹，犹未济时艰。

雾为体轻浮水面，
云因力软困山腰。
把盏漫推敲。

其八

不获忘忧辱，敢云弃热凉。
石榴千树尽，盐肘百夫忙。
色嫩才经日，皮青未带霜。
殷勤须早荐，廉吏几人伤。

其八

烟溪好，最喜晚来清。
山大川虚风有力，
楼高天近月添明。
贪酒坐更深。

其九

远署皆盐灶，宵深未息煎。
案劳频拂拭，衣破屡更穿。
伤齿防粗粝，酸眸畏湿烟。
东风无早暮，秽气满庭前。

其九

烟溪好，有雨也宜人。
山幅青鸣千片玉，
水纹绿绉万丝银。
换出画图新。

其十

庭狭无佳草，临窗植几蕉。
霜皮秋后脱，雨韵夜深敲。
愁结增撩乱，孤眠送寂寥。
莫令芟削去，春日正抽条。

其十

烟溪好，宜是带阴多。
雾冷高幔山戴笠，
寒因低裹树披蓑。
此景问如何。

同是署井事，官品秩也差不多，面对同一个黑井，却有如此之不同的诗词，褒得空灵，贬得实在。也是奇事奇诗，两组共读，更得烟溪全貌。

2. 一诗两载

在《白盐井志》和第三版《琅盐井志》中都有一首七言绝句诗，作者相同，都是吴应枚，官职都是督学。4句28个字也完全相同，如下：

井卤煎熬抵海沙，釜形半破或如瓜。

年来鹾政清如水，无复心惊普洱茶。

所不同的只有3处：

(1) 在《琅盐井志》中作者吴应枚后面有（浙江）两字。

(2) 在《白盐井志》中第四句之后有注"二患今除"四字。

(3) 两首诗的题目不同：在琅志中题为《琅盐井》，在白志中题为《咏锅盐》。看来这首诗的前两句放到任何一个以井卤煮盐的地方都适合。

这两部志书都是赵淳编撰的。乾隆二十一年（1756）编撰《琅盐井志》，二十三年（1758）编撰《白盐井志》，前后只差两年，为何换个题目又选入《白盐井志》中？难道是因为他年事已高（七十多岁），昏愦了吗？他在《白盐井志》中有许多作品，说明他并不昏愦。奇怪的是：诗的后两句和《白盐井志》中的"二患今除"四字注解，让人产生了神秘感，普洱茶为何使人心惊？"二患"又是什么？关键是"年来鹾政清如水"这句，鹾政清才会除二患。那么鹾政浊（贪腐）就会有"二患"，普洱茶怎么是二患呢？猜测可能是在玩"谐音"，"普"和"捕"是谐音，"茶""查"是谐音。鹾政浊，有贪腐，就会遭到查和捕，就让当鹾政者心惊！赵淳在两井志中都选这首诗，也可能别有用心呵！这种猜测当否？还应请教于行家。

查乾隆二十一年（1756）八月湖南巡抚陈弘谋参劾藩司杨灏，将应发往长沙、湘乡、巴陵各县，买补谷价的二十多万两银子，每百两扣银一两三四钱，及二两六七钱不等，通计扣银三四千两，贪污入己。乾隆大怒，对杨灏处以斩监候，待次年复核时，湖南新任巡抚蒋炳，认为杨灏已经在一年内把赃银全部弥补，建议判他死缓，中央九卿、科道及其三法司都无异议。案卷呈送乾隆，乾隆"阅后不胜骇然""不胜手战愤栗"，气得手发抖。一日之内连下四道上谕说，杨灏是三品大员竟然克扣3000多两银子，本应立即斩首，斩监候已是宽大了。皇帝以为大臣们会建议斩首，不料大臣们居然一致认为改判死缓，如此恶劣的罪行，尚得宽免一死，"则

盐不由衷
——琅盐井历史新探

凡督抚大吏皆可视婪赃亏帑为寻常事,侵渔克扣,肆无忌惮","其何以饬官方而肃法纪耶?"杨灏立即处斩,提出改判的巡抚蒋炳被罢官抄家,附和此议的尚书、侍郎、给事中、御史等68人分别处以革职留任、降级留任、销级、销纪录、降级等处分。这是一起处分贪腐大案,对官场震动很大。

如果前例是湖南的事,那么,乾隆二十二年(1757)云贵总督恒文为给乾隆庆寿,准备"土贡"(即当地的土特产)。云南产金子,恒文就购买金子制作成几个金手炉,献给皇帝。当时的金价是14两银子一两,而恒文只给10两银子。这当然是名为购买,实为勒索。此事被揭露后,乾隆很感意外,恒文是他信任的大臣,竟然做出这种卑鄙下流的事,于是立刻赐恒文自尽,后查实是受下级怂恿,情有可原,遂改为终身监禁。同时给为恒文买金子帮过忙的云南巡抚、布政使、按察使一并革职,其他56名州县官员都受到了相应的处罚。这对云南官场的震动极为巨大。大约这两件案件,就是作者所说的"年来艖政清如水"的背景吧!

3. 吴思温的诗

吴思温,湖北江夏人。在明朝万历年间当过黑盐井提举,随后又于天启三年(1623),当过琅盐井提举,琅井的学校就是他首次创办的;天启六年(1626),他又到白井当提举,并且也首次创办学校。对这样一位有功于后世的人物,应该有所纪念,特录其诗一首:

祈晴(原载于《白盐井志》,有序云:有诸君在座,小诗识喜)

微忱敢信动元穹,积雨欣看化日融。
商旅争趋缘鸟道,冠裳相庆选龙宫。
峰头翠色浮青酿,槛外晴光映碧空。
取醉不妨迟夜月,欢情应与万家同。

第二十六章　盐业特产

饮食也是文化的一部分，尤其地方风味食品，各具特色，也有其历史的烙印。琅井在煮盐的时代，有很多种食品是有独特风味的如。

（1）盐柞食品：盐柞鸡、盐柞豬肝、盐柞青黄豆、盐柞青苞米等其制作方法很特别，不是用火加温食油来炸制食品、也不是用蒸气将食盐味焗焖入食品，更不是用醃制的方法将盐味鲊入食品，而是用高浓度的卤水在高温熬煮的状况下，将食品放入熬盐的筒子锅中，时间不能太长，根据不同的食材，按经验控制时间，使其既有原食物的风味，更有盐香，风味独特，是盐井独具特色的食品。这种食品可以长期存放，不会腐败，是馈亲送友的绝佳礼品。现在不煮盐了，这好味食品也绝迹了，但是只要有适合的盐水浓度和温度条件，重新制作这项传统美食，也是有可能的。

（2）形盐：盐虎，古时的形盐。《左传·僖三十年》："国君文足昭也，武可畏也，则有备物之飨，以象其德，荐五味，羞嘉谷，盐虎形，以献其功。"有人认为形盐与散盐相对，因此"自然属于岩盐"，并认为郑注之："筑盐以为虎形。""筑"与周官"形盐"本义不合。其实这个筑字很妙，笔者亲历，就是用热盐沙在模型中筑成的盐狮形，而并非是用岩盐雕成形的。盐狮取"严师"之音意，敬送师长。[①]

（3）盐管：长时间热卤滴成，可以消瘘。

（4）盐锭：以炉火熔盐成汁，浇为锭形，可做盐币。

（5）盐山：盐灶两旁或盐锅漏滴长时间滴成，如玉笋森列，峰峦参差，孔窍玲珑，如太湖石，可做盆景，坚可耐久。

（后三项，见《白盐井志》，但黑、琅二井有适合条件均可制成。）

---

① 《中国盐业史·古代篇》，第15页。

参考文献

[1] 樊绰．云南志补注［M］．向达，原校．木芹，补注．昆明：云南人民出版社，1995．

[2] 倪辂．南诏野史会证［M］．王崧，校．胡蔚，增订．木芹，会证．昆明：云南人民出版社，1990．

[3] 赵淳．琅盐井志［M］．孙元相，纂订．乾隆二十一年．禄丰县志办公室，校注．楚准印第97037号．

[4] 赵淳．白盐井志［M］．郭存庄，纂订．乾隆二十三年．

[5] 杨璇，等．黑盐井志（康熙四十九年）［M］．沈懋价，纂订．李希林，等点校．昆明：云南大学出版社，2003．

[6] 张约敬．琅盐井志［M］．沈鼐，纂订．康熙五十一年．

[7] 顾峰．云南碑刻与书法［M］．昆明：云南人民出版社，1984．

[8] 徐嘉瑞．大理古代文化史稿［M］．香港：中国图书刊行社，1985．

[9] 云南现代史料丛刊（第七集）［G］．昆明：云南社科院历史研究所，1986．

[10] 唐文基，罗关泗．乾隆传［M］．北京：人民出版社，1994．

[11] 王丕震．杜文秀［M］．台北：秋海棠出版公司，1995．

[12] 郭正忠．中国盐业史（古代篇）［M］．北京：人民出版社，1997．

[13] 唐仁粤．中国盐业史（地方篇）［M］．北京：人民出版社，1997．

[14] 陈然，等．中国盐业史论丛［M］．北京：中国社会科学出版社，1997．

[15] 张研．清代经济简史［M］．郑州：中州古籍出版社，1998．

[16] 曾仰丰. 中国盐政史 [M]. 北京：商务印书馆，1998.

[17] 段志刚，李朝真. 彝州考古 [M]. 昆明：云南人民出版社，2000.

[18] 中国人民大学历史研究所，郭康成. 康乾盛世历史报告 [M]. 北京：中国言实出版社，2002.

[19] 董建中. 乾隆御批（上下册）[M]. 2版. 北京：中国华侨出版社，2005.

[20] 曾凡英. 盐文化研究论丛（第四辑）[M]. 成都：巴蜀书社，2010.

[21] 吴海波，曾凡英. 中国盐业史学术研究一百年 [M]. 成都：巴蜀书社，2010.

[22] 贺长龄集 [M]. 长沙：岳麓书社，2010.

[23] 冯尔康. 清史史料学 [M]. 北京：故宫出版社，2012.

[24] 高王凌. 乾隆十三年 [M]. 北京：经济科学出版社，2012.

[25] 杨军. 南诏王国传奇 [M]. 北京：中国国际广播出版社，2014.

[26] 杨煜达. 乾隆朝中缅冲突与西南边疆 [M]. 北京：社会科学文献出版社，2014.

[27] 王仁湘，张征雁. 盐与文明 [M]. 沈阳：辽宁人民出版社，2007.

[28] 滕绍箴. 三藩史略 [M]. 北京：中国社会科学出版社，2008.

[29] 王赛时，杨恩业. 清代盐业活动的现实诗卷——读《清诗铎·盐篇》[J]. 盐业史研究，1997（4）.

[30] 黄一农. 史实与传说的分际：福康安与乾隆关系揭秘 [J]. 汉学研究，2013，31（1）.

后　　记

诺邓井的调查传记书名《微"盐"大义》；旅游杂志推介一些盐都的报道题目是《有盐在先》，写烹调的书把"言多必失"改为"盐多必失"，像是时尚潮流，而我把写琅盐井的书名题名为《盐不由衷》却不止于此。盐，本为人类生活所需，然而"盐不由衷"，盐变成了人类追名逐利、皇粮国赋乃至战役争夺的目标，"盐不由衷"也！

琅井自古产盐。我关注琅井的历史，约起自2003年，为筹备张经辰烈士100周年诞辰纪念，要展现琅井的历史文化，而开始收集资料。2006年8月写成《琅盐井历史新探》（以下简称《新探》）初稿，并把它和我组织拍摄的琅井碟片，交给为琅井申报"云南历史文化名村"的有关单位。2007年7月对《新探》做了修改；其间曾将这些资料送给《云南日报》的李成生先生，他在2008年12月出版的《秘境琅溪》中有了说明。以后，琅井人杨敬先先生又内部出版了《沧浪琅井》一书。再早还有李瑛同志在各种报刊上发表的一些有关琅井的文章。他们都是先行者。正如李成生先生所说："琅井的谜，像星星一样多，这也是琅井最大的魅力。"他的《秘境琅溪》被称作"琅井古镇的人文解读"。我作为琅井人，有责任尽我的能力，为琅井古镇历史的人文解读继续尽力。因前面的《新探》太粗糙，不敢出手。只有继续收集资料，其中得到了禄丰县博物馆刘建荣，妥安乡文化馆周立荣，开宁寺释照圣，昆明杨培、李恒、张永华、江凤英；楚雄杨敬先、杨忠义、杨增兴，牟定李枝荣，琅井刘勇、王彪、寇国雄、李庭、王永昌、已故李钑等故友新交的帮助，感谢他们提供了资料和图片。还有赵理、许永年、李希林先生点校的《黑盐井志》，本书多有借重。我不过是搜集者。图片整理和安排均由张云红、杨理完成。应向他们致谢！照实说我们都是非专业人员，文字、图片粗糙是肯定的，但有为家乡做点事的心，也就不怕献丑，请读者批评指正！

2017年3月初稿于兰州

掩卷再思，似乎中间还缺一段：即从康熙末期"称头勒索"（浮羡）到乾隆三十年清缅战争前，因琅盐井被迫停产三月，上下震动，官方控制有所放松，借给官本；李苾又在昆明设立总店和数十个分店，实行官销；雍正皇帝与云贵总督杨名时斗法，对杨以贪污撤职，杨却在昆明开坛讲学、自暴盐余浮羡银4万多两……其结果是：雍正将浮羡归公，改作文官养廉银，在此基础上重新修订了盐制。于是灶户是用官本煮盐，官店行销，各级文官已有养廉银滋润，不必再生浮羡，大家都好，造就了乾隆前、中期三十年云南盐业的顺利发展，也是赵淳在琅、白盐井志中歌功颂德的历史条件。书后又及。正是：

古稀关注家乡事，耄耋写书寄衷肠。
解碑析匾浑无力，抄经摘史钜饤强。
亲盼友勉老妻拄，补缺堵漏地圈梁。
疑义偏加抄炒吵，同音雅化狼郎琅。

2017年8月改定于广州

2017年3月，冒失地给曾凡英教授打了一个电话，其时他正在美国，半夜吵醒他实在抱歉！以后给他发去初稿，"8月得知已批准立项，其间经几次修改，于10月提出结项申请，2018年5月，得知批准结项。8月与中山大学出版社签订出版合同，由"项目稿"进入正式出书过程。在此：

第一，感谢中国盐文化研究中心和曾凡英教授、潘玉虹老师，他们的

盐不由衷
——琅盐井历史新探

雅量和耐心接收一个毫无写作经历的老者的书稿，并立项和结项。

第二，作者是退休人员，中心安排为"自贡市盐业历史博物馆"客座研究员，在项目立项、结项、经费划拨、出版合同签订等工作上给博物馆增加了很多额外工作，特此致谢！

第三，感谢中山大学出版社嵇春霞副总编辑，感谢责任编辑王延红以及其他有关编辑！他们的支持与努力，才使得这本粗糙的稿件得以成书。

这是付梓之前作者的由衷之言！

2018 年 12 月

"琅盐井历史新探"结项证书